Interaktion in der Familie

Herausgegeben von E. J. Brunner

Unter Mitarbeit von

W. Becker M. Bosch E. Brähler
I. Brintzinger-von Köckritz R. Brunner-Wörner
R. E. Cromwell D. G. Fournier D. Greitemeyer
H. Klein D. H. Olson A. Odronitz-Dieterle
A. Overbeck S. Reiter-Theil

Mit 4 Abbildungen und 12 Tabellen

Springer-Verlag
Berlin Heidelberg New York Tokyo 1984

Dr. soz. wiss. habil. Diplom-Psychologe
Ewald Johannes Brunner

Universität Tübingen, Institut für Erziehungswissenschaft I
Arbeitsbereich Pädagogische Psychologie
Münzgasse 22 – 30, D-7400 Tübingen 1

ISBN-13:978-3-540-13031-4 e-ISBN-13:978-3-642-69458-5
DOI: 10.1007/978-3-642-69458-5

2119/3140-543210

Einleitende Bemerkungen

E. J. Brunner

"We believe that the therapeutic arena has been extremely important in generating hypotheses, but that it is now essential to move beyond a clinical-impressionistic orientation toward a more 'hard-line' research approach in studying families, namely, family interaction research"
(Riskin u. Faunce 1972)

Obwohl sich das familientherapeutische Konzept im deutschsprachigen Raum zunehmender Verbreitung erfreut, handelt es sich bei der Domäne der Familientherapieforschung noch um ein weitgehend unbeackertes Feld. Dies trifft in besonderem Maße für die systemorientierte Familiendiagnostik zu.
Mit der Herausgabe dieses Buches verfolge ich jedoch nicht nur Forschungsinteressen. Da es in der familientherapeutischen Praxis an theoretisch gut begründeten und empirisch abgesicherten familiendiagnostischen Verfahren mangelt, geht es mir in diesem Buch auch darum, Familientherapeuten einen Leitfaden an die Hand zu geben, mit dessen Hilfe sie die Möglichkeiten und Grenzen einiger spezieller Verfahren besser abschätzen können (vgl. hierzu insbesondere den Artikel von Cromwell, Olson und Fournier, sowie meinen abschließenden Beitrag in diesem Band).

Theorie und Methodologie

Methodologisch gesehen steckt das Konzept der systemorientierten Familientherapie immer noch in den Anfängen; die systemtheoretischen Implikationen erschweren die Erarbeitung methodenkritischer Zugänge (E. J. Brunner 1982, Analysen familialer Interaktion im Kontext systemorientierter Familienberatung, unveröffentlichte Habilitationsschrift, Universität Tübingen). Im ersten Beitrag dieses Bu-

ches versuche ich, diese Problemstellung zu umreißen: Inwiefern erfordert die Familientherapie (die Systemtherapie) eine Neuorientierung in der Diagnostik? Diagnostische Probleme werden hier zunächst auf einer theoretisch-abstrakten Ebene angesprochen.
Diese theoretische Diskussion wird häufig mit der Bemerkung eingeleitet, beim Konzept der systemischen Familientherapie handle es sich um eine neues „Paradigma". Was es mit dieser Feststellung auf sich hat, behandelt Stella Reiter-Theil im zweiten Beitrag, in dem die wissenschaftstheoretischen Grundlagen der angedeuteten Neuorientierung in der Familiendiagnostik ausführlich erörtert werden.
Da es **die** Familientherapie nicht gibt, sondern bereits ein recht breites Spektrum familientherapeutischer Ansätze existiert (vgl. Gurman u. Kniskern 1981; Hoffman 1982; Hansen u. L'Abate 1982), ist es nicht verwunderlich, daß sich die jeweilige familientherapeutische Orientierung auch in verschiedenartigen Diagnoseansätzen und -methoden niederschlägt. Welche Spannbreite möglich ist, zeigen Stella Reiter-Theil und ich in einem Beitrag, in dem ein einzelnes Familiensystem aus dem Blickwinkel sechs verschiedener Schulrichtungen analysiert wird.
Die Zusammenhänge zwischen der innerfamilialen Kommunikation und der außerfamilialen Situation werden zwar in den familientherapeutischen Konzepten thematisiert, spielen aber für die Familiendiagnose in der Regel kaum eine Rolle. Dagmar Greitemeyer geht in ihrem Beitrag auf die Frage ein, welche sozialen Einflußgrößen Berücksichtigung finden sollten und wie die Wechselwirkung zwischen Familie und Gesellschaft beschrieben werden kann.

Das Spektrum der familiendiagnostischen Methoden

Der zweite Teil des vorliegenden Buches enthält Beiträge, in denen die Breite verschiedener familiendiagnostischer Zugänge beschrieben wird. Eine Systematik im engeren Sinne wurde jedoch nicht angestrebt (vgl. auch Jankowski 1978; Mattejat 1980; Reiss 1980; Filsinger u. Lewis 1981; zur diagnostischen Vorgehensweise familientherapeutischer Praktiker vgl. Brunner 1983).
Mit Rose Brunner-Wörner und Annegret Odronitz-Dieterle habe ich zu einem eigenen Forschungsprojekt (s. u.) Vorüberlegungen angestellt darüber, wie man eine Interaktionsanalyse in der systemorientierten Familientherapie theoretisch begründen kann und welche methodischen Zugänge generell möglich sind. (Aus diesen Überlegungen resultierte ein Forschungsvorhaben, das dann mit Unter-

stützung der Deutschen Forschungsgemeinschaft[1] durchgeführt worden ist; vgl. den Beitrag zum Reutlinger Familieninteraktions-Diagnosebogen RFD, s. S. 273 ff.; vgl. auch Brunner 1982; im Druck).
Die Bandbreite der Instrumente und Erhebungsverfahren in Ehe- und Familientherapie ist Thema der Ausführungen von Ronald E. Cromwell, David H. Olson und David G. Fournier. Diese Autoren liefern nicht nur ein theoretisch begründetes Raster zur Klassifikation der verschiedenen Methoden (die in der amerikanischen Originalfassung der Arbeit in ausführlichen Tabellen dokumentiert werden), sie geben auch viele interessante Hinweise zur Verwendung der Methoden in Forschung und Praxis. Die Methoden werden dabei nicht gegeneinander ausgespielt, die Autoren arbeiten vielmehr auf eine Integration der Verfahren hin.
Willfried Becker stellt in seinem Sammelreferat systematisch die gesprächsanalytischen Verfahren zur Erfassung familialer Interaktion und Kommunikation zusammen. Neben den Ausführungen zu den methodologischen Grundlagen der Gesprächsanalyse, die eher in forschungspraktischer Hinsicht von Interesse sein dürften, sind diejenigen Passagen für den familientherapeutischen Praktiker von Interesse, die über die Methodik gesprächsanalytischer Vorgehensweise Auskunft geben.
Elmar Brähler, Hildegard Klein und Annegret Overbeck berichten über ein Verfahren zur automatischen Analyse des Sprechverhaltens in Familientherapiegesprächen. Nach den vorliegenden Untersuchungsergebnissen der Autoren handelt es sich um ein Analyseverfahren, das sich in besonderer Weise durch Objektivität, Reliabilität und Validität auszeichnet.

Einzelne methodische Verfahren

Im dritten Teil des Buches werden einzelne familiendiagnostische Methoden vorgestellt. Den Reigen eröffnet Maria Bosch mit einer Arbeit über das familientherapeutische Interview. Je nach den Voraussetzungen, die eine Familie mit in die Therapie bringt, kann sich das Interview recht verschieden gestalten. Die Autorin begründet die verschiedenen Vorgehensweisen und dokumentiert sie anhand von Beispielen.

---

[1] Das Forschungsprojekt lautete: „Methoden der Interaktionsdiagnose bei Familienberatungsgesprächen" (Br643/1)

Isabella Brintzinger-von Köckritz konzentriert sich auf die projektiven Verfahren. Die Autorin beschreibt den Wandel in der Verwendung der Tests: Die ursprünglich individuellen Verfahren wurden durch die Veränderung der Fragestellung auch zu Methoden der Gruppen-, Ehe- und Familiendiagnostik. Die Verwendungsmöglichkeiten der Interaktionsdiagnostik werden anhand zahlreicher Untersuchungen aufgezeigt.

Im Anhang berichtet die Autorin zusammen mit U. Thurner über die Ergebnisse einer empirischen Untersuchung; Frau Thurner hatte Familien mit einem psychosomatisch kranken Kind mit Hilfe des Gemeinsamen Rorschach-Versuchs getestet.

Stella Reiter-Theil beschäftigt sich mit einem sehr wichtigen Aspekt familiendiagnostischen Vorgehens, der die Situation der Datenerhebung außerhalb der therapeutischen Situation betrifft. In einer empirischen Untersuchung stellte sich die Autorin folgende Frage: „Wie stellt sich der Zusammenhang zwischen den Beobachtungen der Interaktion in den Familien – aus den diagnostischen Untersuchungen mit dem Gemeinsamen Rorschach-Versuch – und den Einschätzungen der Interaktion durch die systemorientierten Familientherapeuten dar?"

Mein Beitrag zusammen mit Annegret Odronitz-Dieterle und Rose Brunner-Wörner bezieht sich auf den bereits erwähnten Reutlinger Familieninteraktions-Diagnosebogen (RFD). Es handelt sich um ein Kategoriensystem, das zur Kodierung der verbalen Kommunikation in der Familie erstellt worden ist.

Im Anhang referiere ich zusammen mit Gabriele Kramer die Ergebnisse aus einer Pilotstudie mit diesem Erhebungsverfahren.

Abschließend versuche ich, Kriterien für die Auswahl familiendiagnostischer Verfahren zu entwickeln. Anhand dieser Kriterien diskutiere ich die in Teil III vorgestellten Methoden.

Zusammenfassend lassen sich die Ziele dieses Buches wie folgt charakterisieren: Einerseits möchte ich den interessierten Leser mit Methoden vertraut machen, die bei der Diagnose von Familiensystemen eingesetzt werden können; auf der anderen Seite möchte ich dem Leser auch einen methodenkritischen Zugang eröffnen.

Für den Bereich der Familientherapieforschung erhoffe ich mir ein wachsendes Interesse und Engagement bei familientherapeutisch orientierten Praktikern und Wissenschaftlern.

Literatur

Brunner EJ (1982) Zur Analyse von Interaktionsstrukturen im Familiensystem. Prax Kinderpsychologie Kinderpsychiatr 31:300-307

Brunner EJ (1983) Eine ganz alltägliche Familie. Beispiele aus der familientherapeutischen Praxis von Helm Stierlin, Michael Wirsching, Alex Ammann u. a. Kösel, München

Brunner EJ (im Druck) Interaction analysis of family communication patterns. In: Kächele H. Mergenthaler E (eds) Computer-aided analysis of psychotherapeutic discourse. Springer, Heidelberg Berlin New York

Filsinger EE, Lewis RA (eds) (1981) Assessing marriage. New behavioral approaches. Sage, Beverly Hills London

Gurman AS, Kniskern DP (1981) (eds) Handbook of family therapy. Brunner/Mazel, New York

Hansen JC, L'Abate L (eds) (1982) Approaches to family therapy. MacMillan, New York

Hoffman L (1982) Grundlagen der Familientherapie. Konzepte für die Entwicklung von Systemen. Isko, Hamburg

Jankowski P (1978) Diagnostik in der Erziehungs- und Familienberatung. In: Pongratz LJ (Hrsg) Klinische Psychologie. Hogrefe, Göttingen (Handbuch der Psychologie, Bd. 8, 2. Halbband, S 1726–1755)

Mattejat F (1980) Familieninteraktion und psychische Störungen bei Kindern und Jugendlichen. In: Remschmidt H (Hrsg) Psychopathologie der Familie und kinderpsychiatrische Erkrankungen. Huber, Bern Stuttgart Wien, S 118–154

Reiss D (1980) Pathways to assessing the family: Some choice points and a sample route. In: Hofling CK, Lewis JM (eds) The family. Evaluation and treatment. Brunner/Mazel, New York, pp 86–121

Riskin J, Faunce EE (1972) An evaluative review of family interaction research. Fam Process 11:365–455

Inhaltsverzeichnis

Autorenverzeichnis

Willfried Becker, Dipl.-Psych, Psychologisches Institut der Freien Universität Berlin im Fachbereich Philosophie und Sozialwissenschaften I, Habelschwerdter Allee 45, D-1000 Berlin 33

Maria Bosch, Dipl.- Päd., Dr. phil., Institut für Familientherapie e.V., Buchenweg 7, D-6940 Weinheim

Elmar Brähler, Dipl.-Math., Dr. rer. biol. hum., Privatdozent, Abteilung Medizinische Psychologie am Zentrum für Psychosomatische Medizin der Universität Gießen, Friedrichstr. 36, D-6300 Gießen

Isabella Brintzinger-von Köckritz, Dipl.-Psych., Kinderklinik der Universität Tübingen, Rümelinstr. 23, D-7400 Tübingen 1

Ewald Johannes Brunner, Dipl.-Psych., Dr. soz. wiss. habil., Arbeitsbereich Pädagogische Psychologie am Institut für Erziehungswissenschaft I der Universität Tübingen, Münzgasse 22–30, D-7400 Tübingen 1

Rose Brunner-Wörner, Dipl.-Päd. (FH), Reutlinger Str. 18/1, D-7400 Tübingen 1

Ronald E. Cromwell, Ph. D., Prof., Department of Sociology and Counselor Education, University of Missouri, Kansas City, Missouri, USA

David G. Fournier, Ph. D., Family Social Science at the University of Minnesota, St. Paul, Minnesota 55108, USA

Dagmar Greitemeyer, Dipl.-Päd., Herrenbergerstr. 55 a, D-7400 Tübingen 1

Hildegard Klein, Dipl.-Psych., Abteilung Medizinische Psychologie am Zentrum für Psychosomatische Medizin der Universität Gießen, Friedrichstr. 36, D-6300 Gießen

David H. Olson, Ph. D., Prof. of Family Studies, Family Social Science at the University of Minnesota, 290 McNeal Hall, 1985 Buford Avenue, St. Paul, Minnesota 55108, USA

Annegret Odronitz-Dieterle, Dipl.-Psych., Prof. (FH), Ev. Fachhochschule für Sozialwesen Reutlingen, Ringelbachstr. 221, D-7410 Reutlingen

Annegret Overbeck, Dr. biol. hom., Abteilung Medizinische Psychologie am Zentrum für Psychosomatische Medizin der Universität Gießen, Friedrichstr. 36, D-6300 Gießen

Stella Reiter-Theil, Dipl.-Psych., z. Zt. am Institut für Tiefenpsychologie und Psychotherapie der Universität Wien, Lazarettgasse 14, A-1090 Wien

Teil I. Theoretische Grundlagen und methodologische Überlegungen

Probleme der Diagnostik in der systemorientierten Familientherapie

E. J. Brunner

DAS KONZEPT DER SYSTEMORIENTIERTEN FAMILIENTHERAPIE

Systemorientierte Familientherapie wird von denen, die dieses Konzept vertreten, als klar umgrenzte, eindeutig von anderen Therapieansätzen abgehobene Interventionsform angesehen (Haley 1977; Minuchin 1977; Selvini Palazzoli et al. 1978). Gelegentlich wird dabei relativ global postuliert, Familientherapie gründe auf einem neuen Paradigma im Sinne von Kuhn, auf einem Bezugssystem, das auf "signifikante" Weise Daten enthüllen und neu ordnen, neue Bedeutungen schaffen und wesentliche Perspektiven für die Forschung und die Praxis eröffnen würde (Stierlin u. Duss-von Werdt 1976). Daher ließe sich Familientherapie auch nicht einfach als neue Behandlungsmethode bezeichnen. Vielmehr zeige sie Ursachen und Behandlung psychologischer Probleme in einer neuen Sicht. Die gemeinsame Grundannahme der Familientherapeuten wird wie folgt angegeben: "Soll sich das Individuum ändern, muß sich das Umfeld, in dem es sich bewegt, ändern. Die Behandlungseinheit ist nicht mehr die Einzelperson ... , sondern das Beziehungsnetz, in welches dieses Individuum verflochten ist" (a.a.O.,S. 2).

Interaktion in der Familie
Herausgegeben von E. J. Brunner

Dieses Behandlungsmodell erfreut sich zunehmender Beliebtheit. Nach Angaben der Familientherapeuten scheint die Methode, sich nicht nur um einen einzelnen Menschen zu kümmern, sondern um das gesamte soziale System, in dem er lebt, sehr vielversprechend zu sein. Napier u. Whitaker (1978, S. 67 f.) sprechen davon, daß die familientherapeutische Behandlungsmethode "viel effektiver" sei als herkömmliche psychotherapeutische Verfahren. Nach einer Untersuchung von Epstein u. Vlok (1982, Psychologie Heute 1:17 f.) stellt sich Familientherapie immer mehr als "robusteste" Therapieform heraus. "In über 200 Studien erzielte sie bei 75% ihrer Klientel 'erhebliche Verbesserungen'. Bei Eheproblemen, psychosomatischen Störungen und Sucht scheint sie den anderen Methoden als Therapie der Wahl überlegen zu sein."

Wie kommt es nun, daß Familientherapie ein so effizientes und praktikables psychotherapeutisches Verfahren ist? Um dies in Erfahrung zu bringen, wäre es notwendig, sich nach den Ergebnissen einer familientherapeutischen Theorienbildung umzuschauen. Die theoretische Fundierung des familientherapeutischen Paradigmas scheint jedoch noch nicht abgeschlossen zu sein (vgl.dazu Reiter-Theil, S. 17 ff.). Insbesondere der Systembegriff, der von vielen Familientherapeuten für die Wirksamkeit familientherapeutischer Vorgehensweise ins Feld geführt wird, läßt sich (noch) nicht in befriedigender Weise für die Theorienbildung im Bereich der Familientherapie fruchtbar machen (E.J. Brunner 1982, Analysen familialer Interaktion im Kontext systemorientierter Familienberatung, unveröffentlichte Habilitationsschrift, Universität Tübingen). Am weitesten ist die theoretische Fundierung der Familientherapie bei der Ausführung einer dem systemischen Ansatz entsprechenden Theorie der menschlichen Kommunikation gediehen (etwa bei Watzlawick et al. 1969).
Es ist m.E. jedoch nicht ausreichend, wenn sich unter den Praktikern und Forschern ein gewisser "common sense" herausgebildet hat, für die Begründung der Familientherapie die "schlichte Erkenntnis" zu benennen, "daß Ehe und Familie soziale Systeme darstellen, welche für die Therapie symptomatischen Verhaltens eines Individuums am ehesten zugänglich sind" (Welter-Enderlin 1980, S. 12).

Kommunikationstheoretische Grundlagen

Die zunehmende Verbreitung einer familientherapeutischen Vorgehensweise mag zwar ein Indiz für die Effizienz und Praktikabilität des Ansatzes sein, reicht jedoch für sich genommen noch nicht zur Begründung eines Interventionsmodells für Beratung und Therapie aus. Systemische Familientherapie wird häufig umschrieben als "Familientherapie auf der Basis der System- und Kommunikationstheorie". In der Tat handelt es sich ja, wie bereits angedeutet, um ein Konzept, das die Formulierung neuer kommunikationstheoretischer Axiome und Theoreme provozierte. Mindestens bei einem der Begründer der Familientherapie, bei Bateson, waren bereits vor der Beschäftigung mit Familiensystemen kommunikationstheoretische Ansätze explizit vorhanden (Ruesch u. Bateson 1951).

Kommunikation, ein inzwischen in mehreren Wissenschaftsgebieten sehr strapazierter Terminus technicus, wird hierbei als Grundbestandteil menschlichen Verhaltens angesehen. Gemeint ist im Kontext der Familientherapie v.a. der Prozeß der interaktionalen Kommunikation, wie er beispielsweise bei Scherer (1977, S. 228) definiert wird: "Innerhalb dieses Prozesses übermitteln zwei oder mehrere ko-orientierte und wechselseitig kontingent interagierende Akteure im Rahmen zielgerichteter Verhaltenssequenzen Informationen durch Zeichenkomplexe in verschiedenen Übertragungskanälen." Entscheidend ist dabei, daß über die Informationsvermittlung sachlichinhaltlicher Art hinaus jeder Sender "Informationen über seine *Beziehungen* zu Personen, Gegenständen und Sachverhalten" äußert (a.a.O., S. 232 f.). Die Betonung des Beziehungsaspektes in der zwischenmenschlichen Kommunikation ist ein konstituierendes Element der Theoriebildung in der Familientherapie. Das Prinzip der Wechselseitigkeit kontingenten Verhaltens läßt sich auch mit Hilfe des Modells der funktionalen Verhaltensanalyse B.F. Skinners postulieren; die funktionale Abhängigkeit eines Interaktionspartners A von einem anderen Partner B (und umgekehrt die damit gegebene Abhängigkeit von B durch A) ist auch ein grundlegender Bestandteil in Homans Kommunikationstheorie: A und B bilden dabei funktional ein "System". Was jedoch weder bei Skinner noch bei Homans zur Geltung kommt, ist, daß für die miteinander kommunizierenden Individuen (quasi als Elemente eines sozialen Systems) die Relation zwischen den Elementen zur ausschlaggebenden Größe ihrer sozialen Matrix wird.

Nicht nur als praktikable psychologische "Technik" stellt sich Familientherapie also dar, sondern auch als eine kommunikationstheoretisch begründbare Interventionsstrategie. Soll diese nun nicht allein für die Fälle der sekundären und tertiären Prävention Gültigkeit besitzen, sondern auch für primäre Prävention, so muß sich die systemorientierte Familientherapie nicht nur im klinisch-psychologischen Bereich bewähren, sondern auch im Kontext einer Sozialisationstheorie ganz allgemein. Die Feststellung, "daß Änderungen des familiären Beziehungssystems zu Veränderungen im Verhalten und Erleben der einzelnen Familienmitglieder führen" (Ermann 1976, S. 184), gilt dann nicht nur in Therapie und Beratung (Mattejat u. Brumm 1977), sondern auch für pädagogisch-psychologische Sozialisationstheorien insgesamt.

Wenn es zutrifft, daß das Konzept des "sozialen Systems" eine bisher vernachlässigte Dimension repräsentiert, so müßten sich durch ihre Berücksichtigung bei der Behandlung verschiedener pädagogisch-psychologischer Themenkomplexe auch neue Erkenntniszusammenhänge eröffnen. Das familientherapeutische Paradigma würde dann nicht nur neues Licht auf Probleme abweichenden Verhaltens und auf verwandte sozialpsychologische Themen der pädagogischen Psychologie werfen; diese Modellvorstellung könnte auch Bereiche der kognitiven Sozialisation tangieren. So meint Krappmann (1972, S. 179) in bezug auf die Entwicklung der Lernfähigkeit eines Schulkindes, von einer praxisorientierten Analyse ausgehend, daß die Symptomatik eines "lerngestörten" Kindes in Beziehung zu familialen Konflikten gesehen werden kann. Krappmann schließt daraus konsequent: "Je jünger die zu behandelnden Patienten sind, als desto notwendiger erweist es sich, das Familiensystem als Ganzes zu sanieren."

Einem unilateralen und einem interaktionalen Modell des Wirkungszusammenhangs von Determinanten ist ein transaktionales Modell vorzuziehen (Sameroff 1978), das auch die wechselseitige Veränderung der Determinanten berücksichtigt, wie etwa den Tatbestand, daß eine Person durch ihre Handlungen selbst "spezifische Veränderungen in ihrer sozialen und materiellen Umwelt" bewirkt und "so die Einflüsse mit(bestimmt), denen sie individuell ausgesetzt ist" (Huber u. Mandl 1980, S. 643).

Diese "externe Dialektik der Interaktion zwischen Individuum und materieller bzw. sozialer Umwelt" (a.a.O.) ist auch konstituierendes Moment der systemorientierten Familientherapie: Eltern-Kind-Interaktionen bilden ein System von Stabilität und Veränderung zugleich, dessen Wechselwirkungsprozesse einer spezifischen Dynamik unterliegen. Was für die kognitive Sozialisationsforschung gilt, kann daher analog für die Erfassung familialer Interaktionen gesagt werden: Lineare, statistische Modelle sind nicht dazu in der Lage, den "zyklischen Charakter dynamisch interagierender Veränderungen" zu erfassen (a.a.O., S. 644). Dies wirft eine Reihe methodologischer Probleme auf, die in verschiedenen Beiträgen dieses Bandes diskutiert werden.

Kurze Charakterisierung einiger Grundannahmen der systemorientierten Familientherapie

Wenngleich es nicht Ziel dieses Buches ist, eine umfassende Darstellung der Familientherapie zu geben, so soll doch andererseits das Paradigma der systemorientierten Familientherapie von seiner materialen Seite her kurz charakterisiert werden. Ein solches Unterfangen ist jedoch in verschiedener Hinsicht problematisch. Zum einen fehlt es sowohl an einer genaueren historischen als auch an einer systematischen Aufarbeitung der Genese und theoretischen Konzipierung des Beratungs- und Behandlungskonzepts "Familientherapie". Zum anderen bietet die familientherapeutische Praxis alles andere als ein einigermaßen einheitliches Bild ; selbst Fachvertreter, die sich dem Systemparadigma zuordnen lassen, divergieren in ihren "Techniken", aber auch in grundlegenden Wertvorstellungen und Zielbestimmungen ihrer familientherapeutischen Arbeit (vgl. dazu Reiter-Theil und Brunner, S. 41 ff.).

Gleichwohl kann man versuchen, für die Vertreter der systemorientierten Familientherapie einen gemeinsamen Nenner herauszufinden. Dieser könnte in der expliziten Verwendung des Systemparadigmas liegen.
Systemorientierte Familientherapie rekurriert auf das unmittelbare soziale System (in der Regel die Familie) eines "psychisch gestörten" oder "sozial devianten" Individuums. Die symptomatischen Beschwerden oder Auffälligkeiten werden als Ausdruck für Störungen im B e z i e h u n g s system angesehen, ihre Behebung ist dann konsequenterweise eine Sache des betreffenden Familiensystems. Dieses System stellt die Ausgangsbasis für die therapeutischen Bemühungen dar. Die familialen Beziehungen können unter einem s t r u k t u r e l l e n wie auch unter einem f u n k t i o n a l e n Gesichtspunkt gesehen werden.

Strukturelle Aspekte

Der Kernsatz, die Familien s t r u k t u r betreffend, lautet, daß die Familienmitglieder sich als solche v.a. dadurch kennzeichnen, daß sie sich in bestimmten Relationen zueinander definieren, bzw. daß sie in solchen Relationen definiert werden. Die Art der Beziehungen wirkt sich direkt auf die psychische und somatische "Gesundheit" der Familienmitglieder aus. Im Familiensystem beeinflußt "jedes Mitglied die anderen und wird zugleich von den anderen beeinflußt" (Stierlin et al. 1977, S. 9).
Strukturell läßt sich das Familiensystem auch anhand seiner Subsysteme beschreiben (beispielsweise konstituiert sich ein System aus den Subsystemen "Ehemann - Ehefrau", "Vater - Kind" und "Mutter - Kind"). Von besonderer Bedeutung für die Familienstruktur ist nach Meinung der Familientherapeuten die Qualität der Beziehungen im elterlichen Subsystem. So bezeichnet Satir (1973, S.13) die eheliche Beziehung als "die Achse, um die herum alle anderen Familienbeziehungen geformt werden". Dieser Bedeutung des elterlichen Subsystems für die Familie gemäß wirkt sich auch eine Be-

ziehungsstörung in demselben besonders schwer auf die psychosoziale Befindlichkeit des Kindes (oder der Kinder) aus. Häufig ist nach Beobachtung der Familientherapeuten dann festzustellen, daß "Eltern ein Kind dazu benützen, ihren ehelichen Konflikt umzuleiten oder abzubiegen" (Minuchin 1977, S. 130). Die Ehepartner spielen sich über ein Kind gegeneinander aus, verbünden sich mit einem Kind gegen den Partner usw.

Solche Beziehungsdefinitionen werden in der familialen Interaktion sichtbar, also in den Formen, die die wechselseitige Bezogenheit der Familienmitglieder aufeinander annimmt. Das System "Familie" operiert "mit Hilfe von transaktionalen Mustern" (a.a. O., S. 70): Durch stets wiederkehrende Transaktionen, durch bestimmte Interaktionsformen und v.a. durch - mehr oder weniger festgelegte - Verhaltensmuster ergibt sich ein für jede Familie typisches Interaktionssystem. Es manifestiert sich in - bewußten oder nicht bewußten - Verhaltensgewohnheiten, Verbalisationsstrategien, Rollenzuschreibungen usw. Aufgabe des Familientherapeuten ist es, die für ein konkretes Familiensystem spezifischen Transaktionsformen herauszufinden, um adäquat intervenieren zu können. Dieser Gesichtspunkt der Diagnose eines Interaktionssystems ist das Schwerpunktthema dieses Buches.

Das Familiensystem wird von den Vertretern der systemorientierten Familientherapie als Subsystem umfassenderer Systeme angesehen. Im Kontext mit der Systemumwelt wird die Familie verstanden als "ein offenes System in Transformationen, das heißt, sie empfängt und sendet ständig Impulse von der extrafamilialen Umwelt und in die extrafamiliale Umwelt" (a.a.O., S. 69). In diesem Zusammenhang findet auch der Gedanke des mehr oder weniger "offenen" Systems Anklang, zumal sich damit offenbar bestimmte Phänomene von Abkapselung und Rigidität von Familiensystemen nach außen (z.B. Schwierigkeiten bei der Anpassung bei veränderten Umweltgegebenheiten) oder nach innen (z.B. als bedrohlich erlebte Divergenzen untereinander im Verhalten und Denken) begrifflich faßbar machen lassen (vgl. z.B. Luthman u. Kirschenbaum 1977, S. 31).
Wenn man die Familie als Subsystem umfassenderer Systeme an-

sieht, wird es zudem wichtig, auch soziale und gesellschaftliche Dimensionen in der Familiendiagnose und -therapie zu berücksichtigen (vgl. dazu Greitemeyer, S. 59 ff.).

Funktionale Aspekte

Transaktionsmodi, Regelstrukturen und Umweltbezogenheit des Systems Familie sind zugleich dessen Bestimmungsstücke, die auf seine F u n k t i o n hinweisen. Was den Binnenkontakt betrifft, so stellt die Familie offenbar ein wichtiges Potential an Emotionalität bereit, das sich in den Bedürfnissen nach Sicherheit, Geborgenheit, Anerkennung und sozialer Nähe manifestiert. Neidhardt (1975, S. 165) spricht in diesem Zusammenhang davon, "daß in den Familien der Wunsch nach Dauerhaftigkeit der gegenwärtigen Verhältnisse besonders stark ausgeprägt" sei. Der "psychosoziale Schutz der Mitglieder" der Familie (Minuchin 1977, S. 64) ist erheblichen Veränderungen, nicht nur von außen, sondern auch von innen, ausgesetzt. Die heranwachsenden Kinder stellen Eltern (und Geschwister) vor immer neue Tatsachen: "Die elterlichen Aufgaben sind je nach dem Alter des Kindes verschieden. Solange die Kinder noch sehr klein sind, herrschen die Funktionen des Nährens und Beschützens vor. Später werden Kontrolle und Führung wichtiger. Wenn das Kind älter wird - besonders in der Adoleszenz -, geraten die Wünsche der Eltern allmählich in Konflikt mit den Forderungen des Kindes nach der seinem Alter gemäßen Autonomie" (a.a.O., S. 78 f.). Das mündet in der Aufgabe der Familie, "zu erkennen, wann eines ihrer Mitglieder nicht länger Kind ist, sondern erwachsen wurde, fähig, Erwachsenenrollen und -funktionen wahrzunehmen" (Satir 1973, S. 33).

Zu den stets vorhandenen Binnenänderungen im System Familie treten noch die von außen an die Familie herangetragenen Veränderungen hinzu, fordern somit ein "systemerhaltendes" Moment in der Familie, das mit einer Tendenz zur H o m ö o s t a s e angegeben wird. Es handelt sich um die Fähigkeit, den sich ändernden Gegebenheiten zum Trotz eine gewisse Stabilität der familialen Beziehungsstruktur zu wahren. Auf der anderen Seite ist die Fähigkeit zur Transformation ebenso wichtig, damit die Familie in die Lage versetzt wird, auf Veränderungen der Umwelt wie in ihrem Innern durch Flexibilität in bezug auf Regeln und Verhaltensweisen zu reagieren. Zu diesem Zweck benötigt sie ein System von Regeln zur Veränderung von Regeln, sog. Metaregeln.

Zwei scheinbar widersprüchliche Funktionen der Familie stehen nebeneinander: Zum einen die (stark emotionale) Verflechtung in ein enges Kommunikationsnetz, das ständige Miteinander und Füreinander der Familienmitglieder, zum anderen der Prozeß der Individuation und Sozialisation, von dem jedes Mitglied der Familie, insbesondere die Kinder, für sich getrennt betroffen ist. Identität wird erfahren sowohl über ein "Zugehörigkeitsgefühl" als auch über ein "Gefühl des Abgetrenntseins" (Minuchin 1977, S. 65). "Das Individuum kann als Subsystem oder Teil des Systems angesehen werden" (a.a.O., S. 22). Bei ungenügender Abgrenzung besteht die Gefahr der Symbiose, bei zu starker die der Isolation (a.a.O., S. 73 f.). Stierlin (1975, S. 165-172) hat die Beziehungsdialektik zwischen "Bindung" und "Ausstoßung" zu einem eigenen Forschungs- und Behandlungsschwerpunkt herausgearbeitet.

Die Aufgabe des Familientherapeuten wird, wie oben bereits erwähnt, sehr verschieden gedeutet. Einige Vertreter gehen rein "strukturell" vor (Minuchin 1977; Haley 1976, 1977; Selvini Palazzoli et al. 1978; Andolfi 1979) und versuchen, durch Induktion neuer "Systemregeln" eine Neukalibrierung, also eine Neuregelung des Familiensystems, in die Wege zu leiten (Umdefinieren bisheriger Beziehungsdefinitionen anhand entsprechender Verhaltensaspekte in den familiären Transaktionsmustern). Andere Familientherapeuten versuchen, Beziehungsprobleme in der Familie auf dem Weg der Analyse kognitiver und emotionaler Diskrepanzen bewußt zu machen, Diskrepanzen, die die Mitglieder des Familiensystems zwischen sich und bei sich erleben (Satir 1973, 1975; Luthman u. Kirschenbaum 1977). Eine spezifische Klassifikation der verschiedenen möglichen Vorgehensweisen wird hier nicht vorgenommen. (Für den Bereich der Diagnostik spielt die Verschiedenartigkeit der Konzepte jedoch eine wichtige Rolle; vgl. dazu Reiter-Theil u. Brunner, S. 41ff.).

ZUM PROBLEM DER ERFASSUNG DES FAMILIENSYSTEMS

Vorausgesetzt, systemorientierte Familientherapie läßt sich theoretisch befriedigend begründen, stellt sich sogleich eine ganze Reihe von methodischen und methodologischen Fragen, die mit dem Problem der empirischen Überprüfbarkeit der theoretischen Annahmen verknüpft sind. Einer der schwierigsten Sachverhalte dabei ergibt sich durch folgende Ausgangsüberlegung der Familientherapieforscher: Der Wechsel im therapeutischen Zugang von der individuellen Monade zur Ebene systemischer Beziehungszusammenhänge macht eine entsprechend angemessene Diagnostik erforderlich (Keeney 1979, S. 117; vgl. auch Watzlawick et al. 1969, S.22). Wenn es zutrifft, daß "die mechanistisch-kausale Sicht der Phänomene, die die Wissenschaft bis in die jüngste Zeit beherrscht hat, aufgegeben und durch eine systemgerechte Betrachtungsweise ersetzt (wird)", so Selvini Palazzoli et al. (1978, S. 14 f.), dann mag in der Tat auch eine methodische Neuorientierung nötig sein, die sich freilich an den gängigen Standards psychologischer Methodenlehre messen lassen muß.

So wird z.B. der zyklische Charakter des Interaktionszusammenhangs im Familiensystem als ein konstituierendes Element systemischen Denkens angesehen (z.B. bei Selvini Palazzoli et al. 1978, S. 15): Das Verhalten eines Familienmitglieds beeinflusse unabdingbar das Verhalten der anderen. Es sei daher epistemologisch irrig anzunehmen, das Verhalten dieses Familienmitglieds sei die "Ursache" des Verhaltens der anderen; denn jedes Familienmitglied beeinflusse die anderen und werde zugleich von den anderen beeinflußt. Jedes Mitglied wirke auf das System ein und werde zugleich durch die vom System ausgehenden Kommunikationen beeinflußt. Welches Methodeninventar aber steht dem Familien- und dem Familientherapieforscher zur Verfügung, um diese Dynamik in angemessener Weise erfassen zu können?

Eine der vordringlichsten Aufgaben für die Entwicklung einer adäquaten Methodologie aus der Sicht der systemorientierten Familientherapie stellt das Problem dar, für das d i a g n o s t i s c h e Vorgehen des Familientherapeuten entsprechende Methoden bereitzustellen bzw. traditionelle methodische Ansätze auf ihre Brauchbarkeit für die neuen Fragestellungen zu überprüfen.

Der Bereich der Diagnostik wurde aus drei Gründen zum zentralen Gegenstand der Untersuchung erhoben:

- Zum einen ist die Qualität familientherapeutischer Interventionen unbestreitbar vom diagnostischen Prozeß und von seiner Güte abhängig.

- Zum anderen stellt Diagnostik ein wesentliches Element pädagogischen Handelns dar (Huber u. Mandl 1980): Entscheidungen im Bereich der Beratung und/oder Intervention bedürfen sorgfältiger Analysen.

- Zum dritten spielt die Qualität der Diagnostik als Grundlage für therapeutisches und wissenschaftliches Handeln eine zentrale Rolle, soll die systemorientierte Familientherapie, bzw. die Systemtherapie als Behandlung zwischenmenschlicher Beziehungen allgemein, als wissenschaftlich begründete Interventionsform ausgewiesen werden.

Nun ergeben sich aber bei der systemischen Betrachtungsweise erhebliche methodologische Schwierigkeiten. Theoretische Aussagen, die etwa auf den Charakter der miteinander in Beziehung stehenden Systemelemente eines sozialen Systems hinweisen, lassen sich nur schwer empirisch fassen.

Die klassischen Instrumentarien in der psychologischen Forschung basieren meist auf linearen Analysekonzepten. Kommunikationszusammenhänge werden graphisch so dargestellt, daß Linien oder Pfeile zwischen den kommunizierenden Individuen gezeichnet werden:

A ⇄ B

Entsprechend sind die Modelle aufgebaut, die wir zur Beschreibung der Kommunikationsabläufe verwenden. Den Austausch an Information und Energie verstehen wir linear-reziprok: A gibt an B eine

Nachricht weiter, B verarbeitet sie und antwortet A in irgendeiner Weise. Entsprechend wird der Prozeß der interaktionalen Kommunikation definiert (vgl. die oben angegebene Definition von Scherer 1977).
Analysiert man solche Kommunikationsabläufe mit Hilfe von Kategorien der funktionalen Verhaltensanalyse, so zeigt sich immerhin eine wechselseitige Verzahnung der korrespondierenden Verhaltenssequenzen darin, daß die operante Handlung eines Kommunikationspartners A zugleich diskriminativer Stimulus für den Partner B sein kann; daß B's Verhalten, das er daraufhin zeigt, für A Verstärkungscharakter haben kann usw.

Die systemische Betrachtungsweise sprengt jedoch den verhaltensanalytischen Rahmen, so daß sich hinsichtlich der methodischen Erfassung von Kommunikationsverläufen einschneidende Veränderungen ergeben.
Dies kann an einem einfachen Beispiel aus dem Bereich der familialen Interaktion verdeutlicht werden: Gehen wir von einem sozialen System aus, das sich auf die Dyade "Mutter - Kind" beschränkt. Nun mag sich beispielsweise in einer solchen Zweierbeziehung immer wieder folgendes abspielen: Das Kind ist trotzig, die Mutter bestraft das Kind dafür, das Kind fährt fort, trotzig zu sein, die Mutter fährt fort zu strafen usw. Diese Kommunikationssituation wird von beiden Seiten als anstrengend und aufreibend erlebt.

Geht man in der Analyse dieses Beispiels analog zur Vorgehensweise Skinners vor, so kann gezeigt werden, daß sowohl das Verhalten des Kindes als auch das seiner Mutter durch Verstärkungsprozesse aufrechterhalten wird. Man kann auch - wie eben schon angedeutet - die wechselseitige Verzahntheit der beiden Kommunikationspartner mit Hilfe dieser Analyseform aufzeigen: Das Kind beeinflußt das Verhalten der Mutter, diese wiederum beeinflußt das Verhalten des Kindes usw. Daß diese Analyseform nicht systemisch ist, sondern streng linear-kausal, kann daran abgelesen werden, daß quasi eine (linear angeordnete) Verhaltenskette resultiert:

Kind ⟶ Mutter ⟶ Kind ⟶ Mutter ⟶ Kind ⟶

Das heißt, mit Hilfe der eben skizzierten Verhaltensanalyse werden nicht die Zirkularität und die Gleichzeitigkeit der Kommunikationsprozesse erfaßt. Eine Familiendiagnose, die ja zudem mehr als zwei Interaktionspartner umfaßt, muß also das gesamte Kommunikationsnetz im Auge behalten und danach bestrebt sein, die gleichzeitig ablaufenden Prozesse in diesem System zu erfassen.

In der Kommunikationstheorie von Watzlawick et al. (1969) wird dem Prinzip der Linearität das der Zirkularität gegenübergestellt. Ein linear-kausales Vorgehen bedeutet in der Argumentation dieser Autoren, etwas rein monistisch, reduktionistisch zu zergliedern, was sich streng genommen - holistisch gesehen - gar nicht zerlegen lasse. Dies geschieht etwa, wenn ein soziales System (z.B. eine Familie) nur zu dem Zweck in Elemente (in Familienmitglieder) aufgeteilt wird, um unilateral gedachte Wirkungszusammenhänge aufzeigen zu können. Eine solche - reduktionistische - Vorgehensweise muß in der Tat zu Verkürzungen führen.

Neben den Problemen "Zirkularität vs. Linearität" und "monadisches vs. holistisches Vorgehen" ist für methodologische Überlegungen ein drittes Moment von Bedeutung: Die klassischen Verfahren, die sich mit der Analyse von sozialen Systemen befassen, setzen voraus, daß der analysierende Beobachter eine unabhängige Größe darstellt. Aus systemischer Sicht ist er dies nicht: Der Beobachter wird Teil des sozialen Systems. Als teilnehmender Beobachter liegt dies auf der Hand; der ethnographisch arbeitende Sozialforscher ist sich dessen bewußt, daß sein Auftreten in einem sonst nur geschlossen anzutreffenden Systemzusammenhang eine Erweiterung dieses sozialen Systems um seine Person als weiteres Subsystem bedeutet, mit all den Imponderabilien, die sein Auftreten für das Verhalten und Erleben der Beobachteten und damit für eine "objektive und zuverlässige" Registrierung durch ihn, den Beobachter, haben wird. Aber auch die verdeckte Beobachtung und die Analyse "objektiv dokumentierter" Verhaltensweisen in sozialen Gruppen (etwa über Videographie) haben ihre methodologischen Schwierigkeiten (Reduktion auf bestimmte Analyseabschnitte; Verzerrungen durch Vorwissen und ggf. Vorurteile der untersuchenden Sozialwissenschaftler).

Mit dem in diesem Buch beschriebenen Spektrum von familiendiagnoschen Methoden wird versucht, einen Leitfaden zu schaffen, der dem Familientherapeuten und dem Familienforscher bei der Überwindung der eben skizzierten methodologischen Probleme behilflich sein kann. Damit wird freilich nicht der Anspruch erhoben, daß hier mustergültige Strategien für die Bewältigung dieser Methodenprobleme vorgestellt werden. Vielmehr geht es darum, verschiedene Verfahren auf die Möglichkeiten und Grenzen hin zu untersuchen, inwieweit sie ein systemorientiertes Diagnostizieren zulassen.

Literatur

Andolfi M (1979) Family therapy. An interactional approach. Plenum, New York London

Ermann M (1976) Familientherapie. In: Dorsch F (Hrsg) Psychologisches Wörterbuch, 9. Aufl. Huber, Bern Stuttgart Wien,S 183-184

Haley J (1976) Problem-solving therapy. New strategies for effective family therapy. Jossey-Bass, San Francisco

Haley J (1977) Direktive Familientherapie. Strategien für die Lösung von Problemen. Pfeiffer, München

Huber GL, Mandl H (1980) Kognitive Sozialisation. In: Hurrelmann K, Ulich D (Hrsg) Handbuch der Sozialisationsforschung. Beltz, Weinheim Basel, S 631-648

Keeney BP (1979) Ecosystemic epistemology: An alternative paradigm for diagnosis. Fam Process 18:117-129

Krappmann L (1972) Die Entwicklung der Lernfähigkeit im Interaktionssystem der Familie und ihre Förderung in der Schule. In: Halbfas H, Maurer F, Popp W (Hrsg) Neuorientierung des Primarbereichs, Bd 1. Klett, Stuttgart, S 178-197

Luthman SG, Kirschenbaum M (1977) Familiensysteme. Wachstum und Störungen. Einführung in die Familientherapie. Pfeiffer, München

Mattejat F, Brumm J (1977) Kommunikationspsychologische Grundlagen. In: Pongratz LJ (Hrsg) Klinische Psychologie. Hogrefe, Göttingen (Handbuch der Psychologie, Bd 8, 1. Halbband, S 715-843)

Minuchin S (1977) Familie und Familientherapie. Theorie und Praxis struktureller Familientherapie. Lambertus, Freiburg

Napier AY, Whitaker CA (1978) Tatort Familie. Beispiel einer erfolgreichen Familientherapie. Diederichs, Düsseldorf Köln

Neidhardt F (1975) Systemtheoretische Analysen zur Sozialisationsfähigkeit der Familie. In: Neidhardt F (Hrsg) Frühkindliche Sozialisation. Theorien und Analysen. Enke, Stuttgart, S 161-187

Ruesch J, Bateson G (1951) Communication: The social matrix of psychiatry. Norton, New York
Sameroff A(1978) Austauschmodelle für frühe soziale Beziehungen. In: Riegel K (Hrsg) Zur Ontogenese dialektischer Operationen. Suhrkamp, Frankfurt
Satir V (1973) Familienbehandlung. Kommunikation und Beziehung in Theorie, Erleben und Therapie. Lambertus, Freiburg
Satir V (1975) Selbstwert und Kommunikation. Familientherapie für Berater und zur Selbsthilfe. Pfeiffer, München
Scherer KR (1977) Kommunikation. In: Herrmann T, Hofstätter PR, Huber HP, Weinert FE (Hrsg) Handbuch psychologischer Grundbegriffe. Kösel, München, S 228-239
Selvini Palazzoli M, Boscolo L, Cecchin G, Prata G (1978) Paradoxon und Gegenparadoxon. Ein neues Therapiemodell für die Familie mit schizophrener Störung, 2. Aufl. Klett-Cotta, Stuttgart
Stierlin H (1975) Von der Psychoanalyse zur Familientherapie. Theorie, Klinik. Klett, Stuttgart
Stierlin H, Duss-von Werdt J (1976) Einführung der Herausgeber. Familiendynamik 1:1-4
Stierlin H, Rücker-Embden I, Wetzel N, Wirsching M (1977) Das erste Familiengespräch. Theorie - Praxis - Beispiele. Klett, Stuttgart
Watzlawick P, Beavin JH, Jackson DD (1969) Menschliche Kommunikation. Formen, Störungen, Paradoxien. Huber, Bern Stuttgart Wien
Welter-Enderlin R (1980) Anstelle eines Vorworts: Gedanken zur Situation der Familientherapie. In: Duss-von Werdt J, Welter-Enderlin R (Hrsg) Der Familienmensch. Systemisches Denken und Handeln in der Therapie. Klett-Cotta, Stuttgart, S 7-15

Wissenschaftstheoretische Grundlagen zur systemorientierten Familientherapie

S. Reiter-Theil

EINLEITUNG

Die seit einiger Zeit in Gang gekommene "Paradigmadiskussion" in der systemorientierten Familientherapie soll uns in diesem Kapitel ausführlicher beschäftigen. Begriffe wie "Paradigma" oder "wissenschaftliche Revolution" sind bereits über die Grenzen der Wissenschaftstheorie hinaus bekannt und in den Sprachgebrauch empirischer Wissenschaftler und Praktiker aufgenommen worden. Diese Offenheit gegenüber wissenschaftshistorischen und -theoretischen Konzepten ist zu begrüßen. Wichtig erscheint es allerdings, diese Begriffe möglichst eindeutig und authentisch zu verwenden. Dazu gehört auch, daß der jeweilige Kontext, aus dem sie entnommen sind, mitbedacht wird.

Bei der Paradigmadiskussion in der Familientherapie sind - wie wir meinen - verschiedene Unklarheiten oder Mißverständnisse zu beseitigen. Teils wurde die Erklärung der systemorientierten Familientherapie als neues Paradigma im Sinne Kuhns (1967) als Ermutigung aufgefaßt, sich - als Vertreter dieser Therapiepraxis - nun um so mehr mit dem erfolgreichen Ansatz zu identifizieren und an diesem festzuhalten. Dieser Vorgang kann es aber mit sich bringen, daß bei denjenigen, die sich dem neuen "Paradigma" verschrieben haben, gerade die von Kuhn so eindrücklich dargestell-

Interaktion in der Familie
Herausgegeben von E. J. Brunner

ten irrationalen Haltungen (mangelnde Kritikfähigkeit dem eigenen Ansatz gegenüber und Abwehr von anderen als dem eigenen Denken entsprechenden Modellen) auftreten bzw. unterstützt werden.

Weder für die Weiterentwicklung der systemorientierten Familientherapie noch für die Psychotherapieforschung kann dies von Nutzen sein. Wenn man einen rational begründbaren und durch empirische Forschung zu sichernden Fortschritt der Psychotherapie anstrebt, muß man für die kritische Prüfung der theoretischen und praktischen Bestandteile des jeweiligen Paradigmas eintreten und kann sich nicht mit Begeisterung und Intuition allein zufriedengeben.

Manche Probleme in der Paradigmadiskussion gehen aber auf die Unschärfe des Paradigmabegriffs selbst zurück, wie er von Kuhn 1967 in Die Struktur wissenschaftlicher Revolutionen verwendet worden war, und auf daraus entstehende Mißdeutungen. Deshalb wird hier der Versuch gemacht, mit Hilfe einer Differenzierung des Begriffs "Paradigma" mehr Klarheit in die Diskussion zu bringen und einige Schwierigkeiten auszuräumen.

Der wissenschaftstheoretische Ausgangspunkt

Auf der Grundlage seiner wissenschaftsgeschichtlichen Untersuchungen entwickelt Kuhn (1967) ein Konzept der Wissenschaftsentwicklung und des Wissenschaftsvollzugs. Demnach stehen sich in der Wissenschaft zwei voneinander grundlegend verschiedene Phasen gegenüber: die Normalwissenschaft (Konzentration auf ein Paradigma, konsequente Ausarbeitung und Verteidigung desselben) und die wissenschaftliche Revolution. Charakteristisch für Kuhns Auffassung ist, daß seiner Ansicht nach nicht von der Wissenschaft als einem kumulativen Prozeß gesprochen werden kann, der womöglich zu einer Annäherung an die Wahrheit führe. Vielmehr hebt er in seiner Untersuchung und Argumentation gerade die irrationalen Momente in der Wissenschaft hervor, die besonders im Zusammenhang mit wissenschaftlichen Revolutionen - Krisen, Rivalitäten, Übernahme und Stabilisierung von Neuem - zu beobachten seien. Entsprechend wird die Normalwissenschaft als die eigentliche wissenschaftliche Seite des Gesamten angesehen und favorisiert.

Konstitutiv für diese polarisierende Auffassung von Wissenschaft (Normalwissenschaft vs. wissenschaftliche Revolution) ist Kuhns Begriff des Paradigmas. Statt von herrschenden oder rivalisierenden Theorien spricht er von Paradigmen, die umfassender sind als Theorien. Der größere Bedeutungsumfang des Begriffs Paradigma gegenüber dem der Theorie macht auch plausibel, daß Kuhn den irrationalen Aspekten der Wissenschaft so viel Aufmerksamkeit widmet. Schließlich umfaßt ja ein Paradigma nach Kuhn neben den rationalen Bestandteilen einer Theorie (die sich vielleicht noch in Entwicklung befindet) auch eine Weltanschauung, konkrete wissenschaftliche Errungenschaften sowie ein methodologisches Instrumentarium.

Kuhn diskutiert sein Konzept an diversen Beispielen aus den Naturwissenschaften, meist der Physik. Besonders prägnant sind die Beispiele aus der Astronomie, das System des Ptolemäus und das des Kopernikus, da aus diesen der metaphysische Gehalt von Paradigmen ersichtlich wird, der im Fall der Rivalität zwischen zwei Paradigmen ganz wesentlich zu den von Kuhn beschriebenen irrationalen Phänomenen in der Diskussion beiträgt.

VERSUCH EINER ANTWORT AUF DIE FRAGE NACH DEM NEUEN PARADIGMA

Drei Positionen von Vertretern der systemorientierten Familientherapie

Die Stellungnahmen verschiedener Autoren im Bereich der systemorientierten Familientherapie zur Frage nach dem neuen Paradigma sind nicht einheitlich. Unter den drei Positionen, die hier zur Sprache kommen sollen, ist die von Welter-Enderlin (1980) eine eher kritische und bescheidene. Ihrer Ansicht nach befindet sich die Familientherapie als ganze in einer Phase des Wandels und der Bildung von Schulen. Neben zahlreichen Unterschieden zwischen verschiedenen familientherapeutischen Ansätzen gebe es aber auch wesentliche Gemeinsamkeiten unter den Forschern und Therapeuten innerhalb der Familientherapie: Jeder vertrete auf seine Art das neue Menschenbild, nach dem der Mensch als aktive Persönlichkeit aufgefaßt werde, als Organismus, "der in der Auseinandersetzung mit seiner biologischen, sozialen und physikalischen Umwelt seine eigene Wirklichkeit schafft" (a.a.O., S. 7).

Mit ihrer Beobachtung, daß sich die Familientherapie in einer Phase des Übergangs befinde, hängt ihre Einschätzung zusammen, eine einheitliche Theorie systemorientierter Familientherapie sei noch nicht zu erkennen. Vielmehr visiert die Autorin die Entwicklung einer integrierten Feldtheorie an, die erst nach Jahrzehnten "geduldiger Weiterentwicklung der verschiedenen Aspekte" erreicht werden könne (a.a.O., S. 11). Vorläufig gebe die neue Denkweise, die der systemorientierten Familientherapie, nicht mehr als ein grobes Raster für Zusammenhänge, die bisher nicht hätten gesehen werden können. "Selbst klar systemisch orientierte Forscher und Therapeuten stehen irgendwo in der Übergangsphase, allein schon von den sprachlichen Mitteln her, mit denen sie ihre Beobachtungen so interpunktieren und beschreiben, als ob sie diese linear verstünden" (a.a.O., S. 11). So habe sich beispielsweise die Vorstellung etabliert, Familientherapie bedeute die Therapie des Patienten Familie, mit dem Ziel, daß der Indexpatient als scheinbar schwächstes Mitglied der Familie erstarke. "Statt des Individuums wurde die Familie zum Patienten oder Sündenbock gestempelt und wiederum eine (Kausalität implizierende) Interpunktion gemacht" (a.a.O., S. 12). Dabei wird ihrer Meinung nach verkannt, daß sich die Ansatzpunkte Ehe und Familie für die Therapie symptomatischen Verhaltens eines Individuums eben als am ehesten zugänglich erweisen, verglichen mit Schule oder Arbeitswelt. Welter-Enderlin hält es daher für konsequenter, in Zukunft nicht von systemorientierter Familientherapie, sondern von System- oder Ökotherapie zu sprechen, da der Ansatzpunkt für eine solche Therapie auch ein anderer als die Familie sein könne.

Die Auffassung vom Übergangsstadium der Familientherapie findet man, in etwas anderer Form, auch bei Keeney (1979). Seiner Vorstellung nach existieren aber bereits Vertreter des neuen Paradigmas, die diesen Übergang bereits ganz vollzogen haben, neben denen, die noch im Übergang begriffen sind, und solchen, die weiter das alte Paradigma vertreten. Für die Ebene der Theorie und ihrer Entwicklung aber muß auch Keeney feststellen, daß der Übergang noch nicht vollendet worden ist, daß noch vielfach Begriffe und Methoden des alten Paradigmas verwandt werden müßten, aus Mangel an Alternativen. (Zu Keeneys Entwurf eines ökosystemischen Modells für Diagnose und Therapie s. S. 31 .)

Guntern (1980) entwickelt seine Thesen über die wissenschaftstheoretische Bedeutung der systemorientierten Familientherapie und ihrer Metatheorie aus historischen und systematischen Überlegungen, in denen er auf Kuhns (1967) Konzept wissenschaftlicher Revolution zurückgreift. Während er für die Epistemologie (Erkenntnistheorie) v.a. von einem Übergang (vom sog. reduktionistischen zum systemischen Paradigma) spricht, diagnostiziert er bei Psychiatrie und Psychotherapie eine vollständige Umwälzung: Einen Siegeszug der systemorientierten Familientherapie über die am medizinischen Krankheitsmodell ausgerichtete Psychopathologie.

Bevor wir uns der Beantwortung der Frage nach dem neuen Paradigma zuwenden, soll noch einmal Welter-Enderlin zu Wort kommen: "Die Gefahr ist nicht zu leugnen, daß die Anwendung der systemisch ökologischen Denkweise auf dem Gebiet der Psychotherapie als absolut neue Entwicklung gepriesen und bereits wieder zum Dogma erhoben wird, bevor sie noch aus ihrer vorwissenschaftlichen Phase heraus ist" (1980, S. 11). Gerade den hier erwähnten vorwissenschaftlichen Charakter der systemorientierten Familientherapie gilt es u.E. nach Möglichkeit zu verändern, nicht aber zu vernachlässigen, was durch den Jubel über einen "Sieg" des neuen Paradigmas leicht geschehen kann.

Schwierigkeiten bei der Entscheidung der Frage nach dem neuen Paradigma

Nicht nur Kuhns schillernde Definition des Paradigmabegriffs bereitet Schwierigkeiten, sondern v.a. die Übertragung seiner Begriffe auf andere als naturwissenschaftliche Gebiete. Westmeyer (1981) ist der Ansicht, daß Kuhns Konzepte in der Psychologie viel mißbraucht würden. Seine Begriffe implizierten Werturteile und lösten Emotionen aus, die sich dann in der wissenschaftstheoretischen Diskussion niederschlügen. Gerade die Uneinheitlichkeit der Darstellungen von Psychologen, die Kuhnsche Begriffe auf die Psychologie als Wissenschaft übertragen hätten, zeige, mit welchen Unklarheiten eine solche Praxis behaftet sei. Als Beleg führt Westmeyer drei Autoren an, von denen jeder zu einer anderen Einschätzung der gegenwärtigen Lage der Psychologie als wissenschaftlicher Disziplin komme: Palermo (1971) glaube, in der Psychologiegeschichte zwei Paradigmenwechsel feststellen zu können; Breger (1969) dagegen fasse die Psychologie als vorparadigmatische Wissenschaft auf, während Lachman et al. (1979) schließlich sie als multiparadigmatisch ansähen.

Diese Verwirrung geht unserer Ansicht nach aber nicht nur auf die ungeklärte Frage der Anwendbarkeit Kuhnscher Begriffe auf die Psychologie zurück, sondern in ganz erheblichem Maße auf die nicht ausreichende Definition des Paradigmas und des Paradigmenwechsels durch Kuhn. Dadurch wird die Übertragung des Begriffs auf einen neuen Gegenstand erschwert: Je unklarer der Paradigmabegriff definiert ist, um so weniger kann festgestellt werden, welches Paradigma oder welche Paradigmen auf einem Wissenschaftsgebiet herrschen, was demzufolge als "Anomalie" (dem Paradigma widersprechendes Forschungsresultat) zu bezeichnen wäre, und wann eine wissenschaftliche Revolution stattgefunden habe.

Eine weitere Schwierigkeit resultiert daraus, daß in der Fachliteratur meist eine Kluft besteht zwischen metatheoretischem Denken, der Epistemologie und Wissenschaftstheorie auf der einen Seite und dem anwendungsbezogenen, hier dem familientherapeutischen Denken auf der anderen Seite. Das heißt, die Autoren beschäftigen sich überwiegend entweder mit der einen oder mit der anderen Thematik bzw. Ebene. Und versucht ein Autor, eine möglichst konstruktive Verbindung zwischen beiden herzustellen, hat er es mit beträchtlichen Schwierigkeiten - z.B. begrifflichen - zu tun.

Differenzierung Kuhnscher Begriffe nach Masterman und ihre Anwendungen

Den beschriebenen Vorbehalten gegen eine Übertragung Kuhnscher Begriffe auf die Psychologie wollen wir die Ausführungen von Masterman (1974) gegenüberstellen. Die Autorin wendet die Terminologie von Kuhn prinzipiell auf alle Wissenschaften an und differenziert Kuhns Beschreibung der vorparadigmatischen Wissenschaft, die bei Kuhn der monoparadigmatischen als der eigentlichen, entwickelten Wissenschaft entgegengesetzt ist.

Nach Masterman gibt es drei Formen vorparadigmatischer Wissenschaft: 1. die nicht-paradigmatische, 2. die mehrfach-paradigmatische und 3. die zwei-paradigmatische Wissenschaft. Nur die erste dieser drei Wissenschaftsformen ist ihrer Ansicht nach überhaupt nicht als Wissenschaft zu bezeichnen, während die zweite Form beispielsweise in Psychologie und Soziologie zu erkennen sei und eine Form echter Wissenschaft darstelle. In einer mehrfach-paradigmatischen Wissenschaft kann nach Masterman die Technologie in einzelnen Unterabteilungen schon sehr fortgeschritten sein. Normale, d.h. rätsellösende, Forschung kann bereits funktionieren. Solche Unterabteilungen seien aber enger und weniger bedeutend als das gesamte Gebiet, das letztlich nur intuitiv definiert sei. In einer mehrfach-paradigmatischen Wissenschaft seien ständig Grundlagendiskussionen im Gange, die erst dann aufhörten, wenn einmal ein Paradigma gefunden werde, das - wenn auch "roher" als die anderen - tiefer gehe als seine Vorläufer. Dann erst könne sich allgemein eine strengere und präzisere, zugleich aber eingeengte Forschung etablieren.

Bereits nach Kuhn handelte es sich bei der mehrfach-paradigmatischen Wissenschaft um vollgültige Wissenschaft, mit der Einschränkung allerdings, daß die wissenschaftlichen Kriterien strenggenommen nur auf die einzelnen Unterabteilungen, die jeweiligen Paradigmenbereiche, anwendbar seien, da zwischen diesen nach Kuhn (1967) bekanntlich Inkommensurabilität (Unvergleichbarkeit) besteht. Die zwei-paradigmatische Wissenschaft betrachtet Masterman als die Phase vor einer Krise, einer wissenschaftlichen Revolution. Durch die Rivalität zweier Paradigmen, bzw. ihrer Vertreter, stellten sich dabei auch manche Merkmale einer vorparadigmatischen Wissenschaft wieder ein. Dabei ist für Masterman (1974) - ebenso wie für Kuhn - das Einsetzen der Normalwissenschaft das Kriterium für das Vorhandensein von Wissenschaft. Dies entspricht einem Bekenntnis zur rätsellösenden Tradition als dem Hauptmerkmal jeder Wissenschaft.

Wir verdanken Masterman außerdem die Differenzierung des Kuhnschen Paradigmabegriffs in drei Komponenten. Als die drei wesentlichen Hauptgruppen der verschiedenen Nuancen des Paradigmabegriffs bezeichnet Masterman (1974):

1. das metaphysische oder Metaparadigma,
2. das soziologische und
3. das konstruierte Paradigma.

Obwohl es sich eigentlich um verschiedene Komponenten oder Aspekte eines einzigen, aber heterogenen und sehr weiten Paradigmabegriffs handelt, spricht Masterman immer von dreierlei Paradigmen. Dies legt die Annahme nahe, daß sich die drei Erscheinungsformen von Paradigmen, die sie herausanalysiert hat, auch einzeln manifestieren können.

Das metaphysische oder Metaparadigma enthält die abstrakten, allgemeinen und weltanschaulichen Teile des gesamten (Kuhnschen) Paradigmas. Es ist daher umfassender als eine Theorie. Das soziologische Paradigma bedeutet eine Reihe konkreter wissenschaftlicher Errungenschaften, die zu dem umfassenden Paradigma gehören. Es geht der (entwickelten) Theorie zeitlich voraus, ist konkret und beobachtbar. Durch den Reiz des Neuen wird eine Gruppe von Wissenschaftlern dazu motiviert, dieses neue - noch unfertige - Paradigma anzuwenden (zu erproben und zu verbessern), so daß es zu einem "soziologischen" Phänomen wird - daher wohl die Bezeichnung. Das konstruierte Paradigma ist weniger umfassend als eine Theorie. Es enthält diejenigen Teile des gesamten Paradigmas, die den Charakter von Lehrsätzen haben oder konkrete (Forschungs-) Anweisungen darstellen. Außerdem fällt hierunter das methodische Instrumentarium, mit dem die theoretischen Voraussagen des umfassenden Paradigmas untersucht werden, und das somit auch die Aktivitäten der dazugehörigen Wissenschaftler bestimmt.

Auf die Frage, welche Abhängigkeit zwischen der Entwicklung des einen Paradigmas von der der anderen besteht, die sich in diesem Zusammenhang stellt, können wir noch keine ausreichende Antwort geben. Man kann wohl davon ausgehen, daß in dem gesamten Prozeß, in dem sich ein Paradigma im Sinne Kuhns etabliert, das soziologische Paradigma eine frühe Erscheinung ist, das die Theorie enthaltende Metaparadigma eine spätere. Die Ausarbeitung des konstruierten Paradigmas schließlich beruht auf den beiden anderen Komponenten und kann daher erst erfolgen, wenn diese schon in einem fortgeschrittenen Entwicklungsstadium sind.

Mit Mastermans Ergänzungen läßt sich unserer Ansicht nach die Übertragung des Kuhnschen Paradigmabegriffs auf die Erkenntnistheorie wie auch auf die Psychologie bzw. Psychiatrie rechtfertigen. Wir gehen davon aus, daß das systemische Paradigma in der Erkenntnistheorie, wie es Battista (1977) beschrieben hat, teilweise dem Paradigmabegriff von Kuhn, insbesondere aber dem Begriff des Metaparadigmas von Masterman (1974), entspricht. Unserer Auffassung nach ist in der Erkenntnistheorie keine abgeschlossene wissenschaftliche Revolution zu verzeichnen, eher ein Nebeneinander und Gegeneinander zweier einigermaßen abgegrenzter Paradigmen. Der These, wir befänden uns in der Epistemologie in einem Übergang vom reduktionistischen zum systemischen oder holistischen Paradigma, pflichten wir bei. Diese Ansicht wird außer von Guntern (1980) auch von Keeney (1979) und von Gray et al. (1969) geteilt. Es hat demnach - noch - kein vollständiger Paradigmawechsel stattgefunden, in dem Sinn, daß das neue Paradigma das alte erkenntnistheoretische vollständig ersetzt und verdrängt hätte.

Auch nach Battistas (1977) Ansicht haben wir es mit dem Übergang vom alten reduktionistischen zum neuen systemischen Paradigma zu tun und nicht mit einer bereits vollzogenen wissenschaftlichen Revolution. Dies gilt um so mehr, als nach Battista das holistische Paradigma valide Teile des mechanistischen oder reduktionistischen und auch des vitalistischen integriert. Das heißt aber, daß zwischen den erkenntnistheoretischen Paradigmen eine partielle Verträglichkeit und Vereinbarkeit bestehen muß, was in dem Konzept einer wissenschaftlichen Revolution nach Kuhn keinen Raum hätte.

Obwohl Guntern auch bezüglich der Psychiatrie von einem Übergangsstadium zwischen zwei Paradigmen spricht, stellt er doch die These auf, mit dem Erscheinen der systemorientierten Familientherapie habe in der Psychiatrie eine kopernikanische Revolution stattgefunden. Dies würde aber, wie schon dargelegt, voraussetzen, daß das neue Paradigma das alte vollständig verdrängt hätte. Wir sind der Meinung, daß dies auch hier nicht der Fall ist. Erstens hat, wie Guntern selbst einräumt, die systemische Familientherapie andere psychotherapeutische Verfahren nicht ersetzt. Nach wie vor werden psycho- und verhaltenstherapeutische Methoden (ohne "Systemkonzept") angewandt. Zweitens können wir nicht davon ausgehen, daß nun alle psycho- und verhaltenstherapeutischen Konzepte außer der systemorientierten Familientherapie überflüssig geworden wären. Weder auf dem Gebiet der Psychotherapie, der klinischen Psychologie, noch innerhalb der Psychologie als ganzer sollte man von einer durch die systemorientierte Familientherapie ausgelösten wissenschaftlichen Revolution im Sinne Kuhns sprechen.
Von der Psychoanalyse z.B. meint Guntern (1980) selbst - ebenso wie Welter-Enderlin (1980) -, sie könne noch von therapeutischem Nutzen sein. Unserer Auffassung nach geht es aber nicht nur um

diese beiden Therapiekonzepte, die man als soziologische Paradigmen in der Psychotherapie bezeichnen kann, sondern um das Verhältnis aller praktizierten Verfahren zueinander.

Nach Gray et al. (1969) hat die allgemeine Systemtheorie für die Psychiatrie (oder Psychotherapie) sogar eine Integrationsfunktion: Sie könne sowohl die biologisch wie auch die intrapsychisch orientierten, spezielleren Systemtheorien umfassen. Daher erscheint es uns nicht überzeugend anzunehmen, daß es sich in der gegenwärtigen Entwicklungsphase der Psychotherapie um eine Entweder-oder-Alternative - entweder Einzeltherapie oder Systemtherapie zu praktizieren - handle, wie es nach dem Konzept der wissenschaftlichen Revolution, nach dem "Sieg" eines Paradigmas über ein "rivalisierendes" anderes, zu erwarten wäre.
Vielmehr sind wir mit Keeney (1979) der Meinung, daß es weniger um die äußere Form der Therapie geht als um die Frage, nach welcher Erkenntnistheorie man in Diagnostik und Therapie verfährt, ob man in Zusammenhängen - systemisch/ökologisch/holistisch - denkt oder ob man einem linearen Erkenntnismodell folgt, über dessen Mängel weitgehende Übereinstimmung besteht.
Wie es Ciompi (1980) am Beispiel des Verhältnisses von Psychoanalyse und Familientherapie skizziert hat, wäre auf therapeutischer Ebene eine fruchtbare Weiterentwicklung im Sinne einer Integration von spezieller und allgemeiner Theorie wünschenswert, die, wie wir glauben, durch die Rivalität zwischen (zwei) Paradigmen bzw. ihren Vertretern sicher nicht zu erreichen ist. Daher läßt sich die systemische Familientherapie zwar als neues Paradigma in der Psychotherapie bezeichnen. Dies wird hier aber mit der besonderen Betonung versehen, daß sie zu anderen Therapiemethoden nicht in Rivalität geraten muß, sondern mit diesen in ein offenes Austausch- und Ergänzungsverhältnis treten kann und soll.

Ausgehend von der Frage der Indikation sehen wir die Chance, daß sich die wissenschaftliche Psychotherapie als ganze gegenüber dem Kriterium der Praxisrelevanz und angesichts humanitärer Ziele bewährt. Dazu gehört die Entwicklung einer Theorie, nach der die verschiedenen und unterschiedlichen Wege der Behandlung gezielt eingeschlagen werden können - das bedeutet, eine wirklich "praktische" Theorie zur Integration und differentiellen Indikation psychotherapeutischer Verfahren zu erarbeiten.

Zusammenfassung in Thesen

Zusammengefaßt ergibt sich folgendes Bild, wenn man Mastermans (1974) Differenzierung der Kuhnschen Begriffe "vorparadigmatische Wissenschaft" und "Paradigma" für unsere Ausgangsfrage zu Hilfe nimmt. Zunächst läßt sich, auf der Ebene der Erkenntnistheorie, ein Paradigmenwettstreit zwischen dem mechanistischen (oder reduktionistischen) und dem systemischen (oder holistischen) Paradigma erkennen - wenn man so will, die Situation einer zwei-paradigmatischen Wissenschaft.
Für die Psychotherapieforschung schlagen wir die Bezeichnung einer mehrfach-paradigmatischen Wissenschaft vor, die von Masterman selbst für die Soziologie wie für die Psychologie als ganze geltend gemacht wird (1974). (Unabhängig von Masterman sind auch andere Autoren zu dieser Einschätzung gelangt;vgl. Reiter u. Becker 1977.) Davon ausgehend kommt der Kuhnsche Paradigmabegriff mit den drei Differenzierungen von Masterman sowohl für die Beschreibung der Erkenntnistheorie (Epistemologie) wie auch der Psychotherapieforschung als Ebene der Anwendung in Frage. Die von Westmeyer (1981) vorgebrachten Einwände sollen auf diese Weise berücksichtigt werden.
Somit wird das holistische oder systemische Paradigma, wie es Battista (1977) beschrieben hat, als neues Metaparadigma bezeichnet. Die systemorientierte Familientherapie bzw. Systemtherapie sehen wir als neues soziologisches Paradigma an. Das dazugehörende konstruierte Paradigma, auf dem die eigentliche, empirische Erforschung der in den beiden anderen Paradigmakomponenten enthaltenen prüfbaren Hypothesen aufgebaut werden müßte, ist noch nicht klar zu erkennen. Es würde sich hierbei um einen die systemorientierte Familientherapie betreffenden Teil allgemeiner empirischer Psychotherapieforschung handeln.
Aus den Beziehungen zwischen den drei Komponenten des (bei Kuhn umfassenderen) Paradigmabegriffs geht für die Diskussion über die Entwicklung der systemorientierten Familientherapie hervor, daß

aus der vorhandenen Metatheorie, der allgemeinen Systemtheorie, noch nicht in ausreichendem Maße theoretische Grundlagen erarbeitet worden sind, die für die diagnostische und therapeutische, also die anwendungsbezogene Ebene von Bedeutung sind. Desgleichen - und damit zusammenhängend - fehlt auch noch eine entsprechende methodische Basis für die angemessene empirische Untersuchung der gemachten Annahmen.

Kuhns Konzept der Wissenschaft bietet neben Vorzügen auch den Angriffspunkt, daß mit seiner Auffassung von Normalwissenschaft als der allein produktiven Seite der Wissenschaft - gegenüber der als völlig irrational gekennzeichneten wissenschaftlichen Revolution - eine zu wenig offene und kritische, dafür aber zu engstirnige und konservative Haltung des Wissenschaftlers propagiert werde (Canguilhem 1979; Feyerabend 1974). Wenn auch durch bestimmte Weiterentwicklungen des Kuhnschen Entwurfs die sog. rationale Lücke, das Fehlen eines Verifikations- oder Fortschrittskriteriums in der Wissenschaft, geschlossen worden sein mag (Stegmüller 1979), sollten doch bei der Verwendung Kuhnscher Begriffe auch ihre Implikationen bedacht werden. So anschaulich und plausibel seine Darstellungen auch in wissenschaftsgeschichtlicher Hinsicht sind, so leicht können sie doch den Eindruck erwecken, es gehe in der Wissenschaft letzten Endes doch nur um sozialpsychologische Prozesse oder Gruppendynamik, um die Durchsetzung des eigenen Standpunkts nämlich.

Wer diese Assoziationen nicht wecken will, sollte vorsichtig mit dem Gebrauch Kuhnscher Begriffe sein. Gerade in der Psychotherapie mit ihrer relativ jungen wissenschaftlichen Entwicklung sehen wir auf eine Geschichte mit (noch andauernden) Schulstreitigkeiten und Spaltungen, Ideologisierung und Polemik zurück. Es kann nicht im Interesse einer Weiterentwicklung dieser Wissenschaft liegen, die irrationalen Begleiterscheinungen von wissenschaftlichen Kontroversen heraufzubeschwören oder zu verstärken, die gerade von Kuhn so drastisch - und als beinah unausweichlich - beschrieben worden sind. Damit würde wohl nicht nur der Wissenschaftlichkeit der Psychotherapie insgesamt, sondern auch denen, die sie brauchen, ein schlechter Dienst erwiesen.

DISKUSSION DER KONSEQUENZEN AUS DEN THESEN ÜBER DAS NEUE PARADIGMA FÜR METHODOLOGIE, DIAGNOSTIK UND FORSCHUNG

Methodologie

Will man die Kuhnsche Terminologie und Wissenschaftskonzeption für den Forschungsbereich der Psychotherapie fruchtbar machen, also über eine bloße Beschreibung des Status quo als Übergangszustand zwischen Paradigmen hinausgehen, muß man sich mit den Konsequenzen dieser "wissenschaftsgeschichtlichen Diagnose" befassen. Nach der vorgestellten Auffassung vom Entwicklungsstand der systemorientierten Familientherapie als soziologischem Paradigma und der damit verbundenen (meta-)theoretischen und methodologischen Aspekte kommen wir zu dem Schluß, daß ein an wissenschaftlichen Kriterien orientierter Ausbau der vorhandenen Ansätze notwendig ist, wenn die systemorientierte Familientherapie über das gegenwärtige Stadium einer nur von Eingeweihten verstandenen oder ausgeübten "Geheimlehre oder -praxis" hinauswachsen soll.

Das methodologische Instrumentarium für eine im Kuhnschen Sinne normale Forschung, das konstruierte Paradigma, ist noch nicht ausreichend entwickelt. Es geht deshalb jetzt darum, einerseits zu prüfen, wie weit man mit herkömmlichen Mitteln der Psychotherapieforschung - vom systemischen Standpunkt aus gesehen - relevante Information erheben kann, andererseits aber auch nach neuen Untersuchungsinstrumenten bzw. -methoden zu suchen. Der erste Zugang wird vermutlich oft zu dem Resultat führen, daß gerade eine solche Information, die die Vertreter des systemischen Ansatzes als für diesen besonders charakteristisch ansehen, in den erhaltenen empirischen Daten nicht in der entsprechenden Form wiederzuerkennen ist. Der zweite Zugang wird den Forscher der strengen Kritik seiner eigenen, aus dem empirisch-experimentellen Rahmen stammenden methodischen Ideale sowie der Kritik der Wissenschaftlergemeinschaft aussetzen. Um aus dieser Zwickmühle herauszufinden, ist es sicher nötig, den Blickwinkel gerade in methodischer Hinsicht zu erweitern.

Ein zwar wenig formalisiertes Vorgehen, unserer Meinung nach aber ein einleuchtender und vielversprechender Anreiz zur weiteren Entwicklung, ist in Devereux (1976) erkenntnistheoretischer Grundlegung der Wissenschaften vom Menschen bzw. der Verhaltenswissenschaften zu erkennen. Ziel ist hier gerade, aus den Hindernissen und Schwierigkeiten einer Untersuchung wesentliche Erkenntnisse zu gewinnen, z.B. das "Fehlende", das wider Erwarten nicht auftritt, zu berücksichtigen, oder für selbstverständlich gehaltene Erscheinungen vorurteilsfrei zu analysieren. Einer solchen dialektischen Vorgehensweise im Erkenntnis- und Wissenschaftsvollzug bei Devereux, die wir hier nicht weiter erläutern können, entspricht das Postulat einer relativen Beziehungsdiagnose, das von Guntern (1980), Welter-Enderlin (1980) und Keeney (1979) für die systemische Diagnostik und Therapie formuliert wird.

Diagnostik

Keeney (1979) stellt mit seiner "ökosystemischen Erkenntnistheorie" (a.a.O., S. 117) eine Alternative für die Diagnostik vor, die auf kybernetischen, ökologischen und systemtheoretischen Annahmen beruht. Auf dieser Grundlage sollen Problemsituationen in ökologischen und systemischen Termini beschreibbar werden. Seine Arbeit ist ein Ansatz zur Ausarbeitung eines formalen theoretischen Rahmens für die Familiendiagnostik (oder die Diagnostik von Beziehungen), der dem ökologischen und systemischen Denken angemessen ist.

Die gesamte Diagnostik muß seiner Ansicht nach neu konzipiert werden, um die diagnostische Sackgasse zu vermeiden, in die der Familientherapeut gerät, wenn er die Diagnose mit dem medizinischen Krankheitsmodell der Psychiatrie identifiziert. Daher schlägt Keeney vor, die Diagnostik in das ökologisch-systemische Paradigma zu integrieren, ihr somit einen neuen erkenntnistheoretischen Rahmen zu geben. Keeney geht davon aus, daß jeder Therapeut - bewußt oder nicht - Problemsituationen auf der Grundlage einer (impliziten) Erkenntnistheorie beschreibe. Bateson verdeutlicht diese Behauptung: "All descriptions are based on theories of how to make descriptions. You cannot claim to have no epistemology. Those who so claim have nothing but a bad epistemology. And every description is based upon, and contains implicitly, a theory of how to describe" (zitiert nach Keeney 1979, S. 118).

Wenn auch der Entwurf Keeneys für eine systemorientierte Diagnostik hier nicht in gebührender Ausführlichkeit dargestellt werden kann, sollen doch einige wichtige Thesen daraus wiedergegeben werden. Die Beobachtung größerer Einheiten als der eines Individuums bedeutet nach Keeney nicht notwendig, daß man ein System beobachtet: Man kann eine Familie beobachten, ohne das Familiensystem zu sehen. Es gehe dabei nicht um eine Dichotomie von Individuum oder Familie; vielmehr sollten im systemtheoretischen Ansatz offene, miteinander verbundene Systeme - Einzelpersonen oder Familien - ins Zentrum der Aufmerksamkeit rücken. Auch die Frage, welche die geeignetere Ebene für therapeutische Interventionen sei, verdunkle häufig das grundlegende Problem, nämlich dasjenige, ob jemand mit einer linearen oder mit einer ökosystemischen Erkenntnistheorie arbeite. Es entstehe Verwirrung, wenn man zwar linear denke, aber dennoch versuche, Beziehungssysteme zu erkennen und zu erklären.

Ein Beziehungssystem beispielsweise als Kombination diskreter Eigenschaften, Rollen, Werte oder Motivationen darzustellen, bedeute, eine lineare anstelle einer ökosystemischen Erkenntnistheorie zu benutzen. Somit entstehe die entscheidende Polarisation der Meinungen nicht an der Frage "Individual- oder Familientherapie", sondern an der, ob man in Begriffen der Systemtheorie oder in Begriffen linearer Kausalketten denke. Die therapeutische Situation könne als System betrachtet werden; Substantive wie "Therapeut", "Familie", "Symptom" usw. aber implizierten eine lineare Erkenntnistheorie, die auf substantiellen Vorstellungen aufbaue. Im Gegensatz zur Kategorie der Substanz stünden im Zentrum der ökosystemischen Erkenntnistheorie aber die Kategorien Form und Muster ("pattern"). Durch die Begrenztheit unserer Sinne und Sprache begingen wir einen Fehler, den Whitehead "fallacy of misplaced concreteness" nannte, eine Hypostasierung theoretischer Konstrukte.

Statt Objekte zu erzeugen, indem man von Beziehungen und Interaktionen abstrahiere und sie mit Eigenschaften ausstatte, müsse der ökosystemische Therapeut eine neue Sichtweise lernen: Das Symptom des Patienten und die Intervention des Therapeuten sollten als Kommunikation in einem Informationsnetzwerk zwischenmenschlicher Beziehungen aufgefaßt werden.

Entscheidend für die Diagnose sei es, zu erkennen, welche Verbindungen in dem Netzwerk bestehen bzw. wie es strukturiert ist. So könnten die therapeutischen Interventionen als Versuche verstanden werden, dieses Netzwerk zu restrukturieren, ein Therapieerfolg als gelungene Restrukturierung. Zur Bedeutung von Symptomen sind laut Keeney (1979) in der Familientherapie bereits folgende Generalisierungen zustande gekommen :

1. Schwierigkeiten in einem beliebigen Teil des Beziehungssystems können zu symptomatischen Konsequenzen in anderen Teilen des Systems führen.
2. Symptomerleichterungen in einem Teil können Symptomtransfer auf einen anderen Ort bewirken.
3. Ein Bedeutungswandel, d.h. eine Veränderung in einem Teil des Systems, kann zu Veränderungen eines anderen Teils führen; von Speck und Attneave als "ripple effect" (Kräuseleffekt) bezeichnet.

Aus diesen Prinzipien gehe hervor, daß Symptome als Beziehungsmetaphern, als Kommunikation über Beziehung, anzusehen seien. Der Therapeut müsse daher bemüht sein, die kommunikative Funktion der Symptome zu erfassen; das Symptom werde so zugleich zum Indikator für die Ökologie der Beziehungen. Ziel der Therapie sei es, das ökologische Beziehungssystem dahingehend zu verändern, daß diese Metaphern der Beziehung sich änderten. Im Gegensatz dazu bedeute die Erfassung eines Symptoms in ätiologischen und pathologischen Begriffen - d.h. nach einer linearen Erkenntnistheorie - die Verdinglichung der Beziehungsmetapher: "The reification of symptoms perpetuates the myth of their having exclusive substantive locus within the boundaries of individuals" (a.a.O., S. 121).

Das Netzwerk, das die Familie als System repräsentiert, besteht nach ökosystemischer Auffassung aus Regelkreisen, die das System in Gang halten, also die Stabilität der Familie bewahren. Hoffman nennt sie homöostatische Zyklen ("homeostatic cycles"). Ein homöostatischer Zyklus, der notwendige Veränderungen in der Familie verhindert, wird in der Familientherapie zum Angriffspunkt therapeutischer Intervention: "When experienced family therapists find this cycle, they direct an intervention toward it with the precision of a laser beam" (Hoffman, zitiert nach Keeney 1979, S.121). Keeney fährt fort: "This homeostatic cycle is seen as cyclical sequence of behaviors that includes a piece of behavior tagged 'irrational' or 'symptomatic'" (a.a.O., S. 121).

Die Funktion dieses Zyklus bestehe darin, die Homöostase aufrechtzuerhalten. Demzufolge bewirke die Veränderung eines einzigen Elements, daß die anderen Elemente in der Weise darauf reagieren, daß das Ergebnis das gleiche bleibt. Statt sich auf irgendeinen isolierten Teil des Systems zu beziehen, soll der Therapeut das Beziehungsnetz diagnostizieren und behandeln. Dabei bestehe einer der ersten Schritte darin, das Symptom/Problem in zwischenmenschliche Begriffe zu fassen und somit neu zu definieren. Diese Schwerpunktverlagerung auf eine ökosystemische Erkenntnistheorie bedeute auch ein Abrücken von der Haltung, den identifizierten Patienten für seine Idiosynkrasie, oder ätiologische Faktoren für die Verursachung seiner Symptome verantwortlich zu machen.

Der Therapeut und seine Art zu diagnostizieren beeinflussen das System, das er behandeln will. Bateson sagt: "The probe we stick into a human material always has another end which sticks into us" (s. Keeney 1979, S. 122; zitiert nach Framo 1972). Und May stellte fest: "We don't study nature, we investigate the investigator's relationship to nature" (zitiert nach Keeney 1979,S.122). Also muß sich der Diagnostiker oder Therapeut in seine Beschreibung der Familie miteinbeziehen. Dabei geht es nach Keeneys Auffassung nicht darum, wie oft fälschlich angenommen, daß der Therapeut zu einer Art Machtagent in der Familie werden soll, der über die Machtverteilung Kontrolle ausübt.

Der Begriff der Macht wird in diesem Zusammenhang von Keeney als unzutreffende Metapher bezeichnet, die aus der physikalischen Welt der Wirkungen und Kräfte entnommen sei. Da diese Metaphern einem linearen Denken entsprächen, seien sie auch zur Beschreibung von Ereignissen und Prozessen der belebten Welt nicht geeignet. Diese sei besser durch Begriffe wie Information, Absicht, Kontext, Organisation und Bedeutung zu erfassen. Die Metapher der Macht solle, so Bateson, durch die ökologische Metapher "Teil eines Ökosystems" ("part of an ecosystem") ersetzt werden. Als wichtige Person im Familiensystem unterliege der Therapeut allen Zwängen und Notwendigkeiten der jeweiligen Teil-Ganzes-Relation. Er sei daher weder ein außenstehender Beobachter noch ein Manipulator noch ein Machtagent.

Dem Axiom der Kybernetik folgend, daß alle Teile eines Systems gleichzeitig aufeinander wirken, faßt Keeney die therapeutische Situation als ein System auf, das durch die simultanen Interaktionen aller Mitglieder gekennzeichnet ist: "The simultaneous interactions self-referentially identify, define and constitute the whole system" (Keeney 1979, S. 124). Der Begriff des selbstbezüglichen Systems wird seit von Foerster (Howe u. von Foerster 1975) "Kybernetik zweiter Ordnung" genannt; es ist nicht die Kybernetik des beobachteten Systems, sondern diejenige des Vorgangs, ein System zu beobachten. Für die Diagnostik liegt die wichtigste Implikation hierbei darin, daß der Therapeut die Eigenschaften des gesamten Systems nur dann kennenlernen kann, wenn er mit ihm in Interaktion tritt, meint Keeney.
Aus den Interaktionen des Familiensystems mit dem Therapeuten soll zu erkennen sein, ob der Therapeut als Teil des bereits strukturierten Beziehungssystems integriert wurde oder ob nicht. Im letzteren Fall restrukturiere das System sein Beziehungsnetz, so daß der Therapeut Teil eines neuen Musters werden könne, was einem Wandel des Systems entspräche. Minuchin (1977) nennt diese Form der Diagnose Interaktionsdiagnose. Diese verändere sich danach, ob die Familie den Therapeuten assimiliere, akkomodiere, ob sie sich restrukturiere oder ob sie den Restrukturierungsinterventionen Widerstand leiste.
Eine Interaktionsdiagnose ist nach Keeney (1979) äquivalent zu

dem, was Haley (1971) darunter versteht, nämlich aus den Reaktionen der Familie auf therapeutische Interventionen die Diagnose der Familienbeziehungen abzuleiten. Diagnose und Therapie erscheinen hier als nicht voneinander trennbare Vorgänge.

Forschung

Von den methodologischen Problemen herkommend, die eine wissenschaftliche Untersuchung der empirischen Inhalte des systemischen Paradigmas ergibt, sieht man sich in der diagnostisch-therapeutischen Praxis damit konfrontiert, in einer Art Versuch- und Irrtumsverfahren Hypothesen über die Beziehungen und Interaktionen in einer Familie bilden und prüfen zu müssen. Bereits erfahrene Familientherapeuten scheint der beschriebene Ansatz einer relativen Beziehungsdiagnostik, die an den Umgang mit der Gegenübertragung in der psychoanalytischen Situation erinnert, nicht abzuschrekken. Soll die systemorientierte Familientherapie aber als wissenschaftlich begründete Interventionsmethode mitsamt der in ihr enthaltenen theoretischen Konstrukte und, zumindest vom Anspruch her, nomologischen Aussagen ausgewiesen werden, muß für die praktische Forschung eine Verbindung von wissenschaftlich-methodischem Standard und therapeutischer Validität erreicht werden.

Um die beiden Gefahren, d.h. eine sich selbst bestätigende, zirkuläre Forschung auf der einen Seite und eine sterile, aber methodisch einwandfreie auf der anderen, zu umgehen, sollten therapeutisch relevante Hypothesen aus dem wachsenden Erfahrungsschatz systemisch arbeitender Therapeuten entwickelt werden, um sie dann möglichst vielfältiger empirischer Prüfung zu unterziehen. Dazu bedarf es auch der Arbeit an der weitergehenden Operationalisierung und Konstruktvalidierung wichtiger Begriffe, damit die Distanz zwischen Hypothese und empirischem Datum besser überbrückt werden kann.

Wissenschaftstheoretisch gesehen harmoniert ein solches Forschungsvorhaben mit der Konzeption der Psychologie als pluralistischer Wissenschaft bei Herrmann. Hauptmerkmal der Psychologie als Wissenschaft und Anliegen ihrer Vertreter ist nach Herrmann (1976) das Lösen von Problemen - bei Kuhn (1967) das Lösen von Rätseln -, was in verschiedenen Forschungeprogrammen unternommen wird, wobei aber eine gemeinsame und verbindliche nomologische Methodologie vorliegt.

Mit Herrmann läßt sich der kybernetisch-systemtheoretische Ansatz in der Psychologie als Beispiel eines Forschungsprogramms vom "Typ b" auffassen. Demnach wird eine "quasi-paradigmatische Theoriekonzeption" auf eine Sequenz empirischer Tatbestände bzw. Probleme angewandt. Die Typ-b-Forschung ist durch das gekennzeichnet, wodurch bzw. womit viele heterogene Gegenstände erklärt, vorausgesagt usw. werden sollen, während ihr Gegenstück, die Typ-a-Forschung, durch den gemeinsamen Gegenstand einer heterogenen Forschung zusammengehalten wird (vgl. Herrmann 1976, S. 29 ff.).

Den hier angesprochenen Forschungsgegenstand, die Annahmen der systemorientierten Familientherapie, könnte man demnach als Ausschnitt aus dem Typ-b-Forschungsprogramm allgemeiner kybernetisch-systemtheoretischer Forschung ansehen. Auch mit dieser Auffassung läßt sich die vorangegangene Argumentation in Einklang bringen, daß wir es in der allgemeinen Systemtheorie oder im systemischen Paradigma mit einem eigenständigen metatheoretischen Paradigma zu tun haben, auf dem die systemorientierte Familientherapie als soziologisches Paradigma beruht, und daß eine diesem Anwendungsfeld angemessene empirische Forschungsstrategie, das konstruierte Paradigma, noch weiterentwickelt werden muß.

Die Thematik eines Pluralismus in der Psychologie und in der Psychotherapieforschung ist hiermit angesprochen, kann aber an dieser Stelle nicht vertieft werden. Eine weitergehende Auseinandersetzung mit diesen Fragen sollte sich für den Bereich der Psychologie auf die methodologischen Erörterungen von Herrmann (1976, 1979) stützen, für die Diskussion über Pluralismus und interdisziplinäre Zusammenarbeit in der Psychotherapieforschung finden sich bei Reiter u. Becker (1977) klärende und programmatische Überlegungen. Wünschenswert wäre es, wenn die wissenschaftlichen Bemühungen um das - soziologische - Paradigma der systemorientierten Familientherapie auch den Ausbau der allgemeinen metatheoretischen und der spezielleren forschungsbezogenen theoretischen Grundlagen beflügeln würden, wenn durch ein Metaparadigma und ein konstruiertes Paradigma normalwissenschaftliche Forschung auf diesem Gebiet entstehen könnte.

Literatur

Battista JR (1977) The holistic paradigm and general system theory. Gen Systems 22:65-71

Breger L (ed) (1969) Clinical cognitive psychology. Prentice-Hall, Eglewood Cliffs

Canguilhelm G (1979) Wissenschaftsgeschichte und Epistemologie. Suhrkamp, Frankfurt

Ciompi L (1980) Psychoanalyse und Systemtheorie - ein Widerspruch? Ein Ansatz zu einer "Psychoanalytischen Systemtheorie". Psyche 1:66-86

Devereux G (1976) Angst und Methode in den Verhaltenswissenschaften. Ullstein, Frankfurt Berlin Wien

Feyerabend P (1974) Kuhns Struktur wissenschaftlicher Revolutionen - ein Trostbüchlein für Spezialisten? In: Lakatos I, Musgrave A (Hrsg) Kritik und Erkenntnisfortschritt. Viehweg,Braunschweig, S 191-222

Framo J (1972) Family interaction: A clinical dialogue between family researchers and family therapists. Springer, Berlin Heidelberg New York

Gray W, Duhl FJ, Rizzo ND (1969) General systems theory and psychiatry. Churchill Livingstone, London

Guntern G (1980) Die Kopernikanische Revolution in der Psychotherapie: Der Wandel vom psychoanalytischen zum systemischen Paradigma. Familiendynamik 5:2-41

Haley J (ed) (1971) Changing families. Grune & Stratton, New York

Herrmann T (1976) Die Psychologie und ihre Forschungsprogramme. Hogrefe, Göttingen

Herrmann T (1979) Psychologie als Problem. Herausforderungen der psychologischen Wissenschaft. Klett-Cotta, Stuttgart

Howe R, Foerster H von (1975) Introductory comments to Francisco Varela's calculus for self-reference. Int J Gen Syst 2:1-3

Keeney BP (1979) Ecosystemic epistemology: An alternative paradigm for diagnosis. Fam Process 18:117-129

Kuhn TS (1967) Die Struktur wissenschaftlicher Revolutionen. Suhrkamp, Frankfurt

Lachman R, Lachman JL, Butterfield EC (1979) Cognitive psycholoy and information processing. Erlbaum, Hillsdale

Masterman M (1974) Die Natur eines Paradigmas. In: Lakatos I, Musgrave A (Hrsg) Kritik und Erkenntnisfortschritt. Viehweg, Braunschweig, S 59-88

Minuchin S (1977) Familie und Familientherapie. Theorie und Praxis struktureller Familientherapie. Lambertus, Freiburg

Palermo DS (1971) Is a scientific revolution taking place in psychology? Sci Stud 1:135-155

Reiter L, Becker M (1977) Interdisziplinäre Zusammenarbeit und theoretischer Pluralismus: Programme und Probleme. In: Becker M, Reiter L (Hrsg) Festschrift für Hans Strotzka. Kindler, München

Stegmüller W (1979) Rationale Rekonstruktion von Wissenschaft und ihrem Wandel. Reclam, Stuttgart

Welter-Enderlin R (1980) Gedanken zur Situation der Familientherapie. In: Duss-von Werdt J, Welter-Enderlin R (Hrsg) Der Familienmensch. Systemisches Denken und Handeln in der Therapie. Klett, Stuttgart, S 7-15

Westmeyer H (1981) Zur Paradigmadiskussion in der Psychologie.In: Michaelis W (Hrsg) Bericht über den 32. Kongreß der Deutschen Gesellschaft für Psychologie in Zürich 1980. Hogrefe, Göttingen Toronto Zürich, S 115-126

Vergleichende Betrachtungen über verschiedene Möglichkeiten, ein Familienberatungsgespräch zu analysieren – Systematische Überlegungen zur Familiendiagnostik anhand eines Einzelfalles

S. Reiter-Theil und E. J. Brunner

EINLEITUNG

Grundlage der folgenden Überlegungen soll ein Beratungsgespräch sein, das zwei Berater[1] mit einer Familie geführt haben, der wir den fiktiven Namen "Gaus" geben. Dieses Gespräch wurde neben einer Reihe von anderen Familienberatungsgesprächen im Rahmen eines Forschungsprojekts[2] zu Analysezwecken videographiert und in eine lesbare Form transkribiert. Um möglichst reichhaltiges Material für einen Vergleich verschiedener familiendiagnostischer Ansätze zu erhalten, wurden die Teilnehmer eines Ausbildungskurses in Familientherapie am Psychotherapeutischen Zentrum[3], Stuttgart-Sonnenberg, gebeten, das Transkript dieses Familiengesprächs in Arbeitsgruppen nach sechs verschiedenen familientherapeutischen Konzepten diagnostisch zu bearbeiten. Die sich hieraus ergebende Diskussion zwischen den Arbeitsgruppen lieferte wesentliche Anregungen und Hypothesen zur Erfassung der in der Familie vorliegen-

1 Bei den Beratern handelte es sich um Studierende an der Evang. Fachhochschule Reutlingen, die das Beratungsgespräch im Rahmen eines Einführungskurses in Familientherapie durchführten.

2 Es geht um das im Einleitungskapitel erwähnte Projekt Br643/3, das mit Unterstützung der Deutschen Forschungsgemeinschaft durchgeführt wurde.

3 Wir danken Herrn Dr. Klaus Antons für die Ermöglichung und die freundliche Unterstützung dieses Vorhabens.

Interaktion in der Familie
Herausgegeben von E. J. Brunner

den Problematik.

Es muß einschränkend festgestellt werden, daß die Art der Gesprächsführung durch die beiden Berater, die keine der sechs zur Diskussion stehenden familientherapeutischen Orientierungen explizit vertraten, eher Spekulationen als fundierte Hypothesen über die Familie zuließ, zumal es sich um ein therapeutisches Erstgespräch handelte. Da es hier jedoch nicht in erster Linie um eine möglichst treffsichere und therapeutisch fruchtbare Beurteilung dieser Familie geht, sondern um grundsätzliche Fragen der Familiendiagnostik und ihre Veranschaulichung, können wir wohl von dieser Einschränkung absehen. Auch die Qualität des Gesprächs selbst soll uns hier nicht beschäftigen.

THEORETISCHE VORBEMERKUNGEN

Die sechs Ansätze, anhand deren wir die Möglichkeiten, ein Familienberatungsgespräch zu analysieren, darstellen wollen, sind die psychoanalytisch und die transaktionsanalytisch orientierte Familientherapie, das Wachstumsmodell, das Palo-Alto-Modell, die Mailänder Schule und die strukturelle Familientherapie. Wie sich in der Diskussion über einen Vergleich dieser Ansätze zeigen wird, lassen sich diese keineswegs vollständig voneinander abgrenzen. Vielmehr bestehen zwischen ihnen in systematischer und auch in terminologischer Hinsicht sowohl Gemeinsamkeiten als auch Unterschiede. Dies zeigt sich auch bezüglich der Entstehungszusammenhänge der einzelnen Ansätze, also in historischer Hinsicht.

Der Titel des Buches Von der Psychoanalyse zur Familientherapie von Stierlin (1975) deutet an, wie die psychoanalytisch orientierte Familientherapie entstanden ist: aus der Übertragung - bzw Modifikation - psychoanalytischer Denkmodelle auf die Familie als ganze. Die Transaktionsanalyse wurde in den USA von Berne (1967), ebenfalls einem Psychoanalytiker, als eine Psychotherapieform entwickelt, die für die Klienten leichter verständlich sein sollte als die Psychoanalyse, und die den zwischenmenschlichen Aspekten stärker gerecht zu werden versprach. Ebenfalls mit der Psychoanalyse durch Vertreter wie Charlotte Bühler, Erich Fromm und viele andere verbunden, wurde die wachstumsorientierte Familientherapie auf Vorstellungen der humanistischen Psychologie aufgebaut. Eher als Antithese zur psychoanalytischen Krankheitslehre und Therapie denn als Weiterentwicklung ist dagegen das Palo-Alto-Modell zu sehen. Watzlawick et al. (1969) beschrieben die konsequente Anwendung kommunikations- und systemtheoretischer Begriffe auf die Therapie von Beziehungen. Auf diesem theoretischen Fundament ruht auch die Familientherapie der Mailänder Schule um Selvini Palazzoli; diese Schule ist jedoch wegen begrifflicher und therapeutischer Weiterentwicklung vom Palo-Alto-Modell zu unterscheiden (Selvini Palazzoli et al. 1975). Dasselbe gilt auch für die strukturelle Familientherapie, die von Minuchin (1977) vertreten wird. Obwohl diese drei zuletzt genannten Ansätze rein systemisch orientiert sind, ist es doch interessant zu erfahren, daß auch hier die Neuerer vielfach ursprünglich eine psychoanalytische Therapieausbildung und entsprechende therapeutische Erfahrungen hatten.

FAMILIENDIAGNOSTIK IN SECHS VARIATIONEN

Bevor wir uns der Frage zuwenden, wie die Familie Gaus von den verschiedenen Ansätzen her gesehen werden kann, geben wir noch ein paar kurze Informationen über die Familienmitglieder. Das Ehepaar Gaus lebt mit drei Kindern in einem Haus, den beiden Söhnen Martin und Thorsten und der Tochter Ursula. Thorsten gilt als der Anlaß des Kommens; sein "Symptom" wird als Rückzugsverhalten definiert. Er und sein Bruder sind Zwillinge (15 Jahre alt); Ursula ist mit 16 Jahren das älteste der Geschwister.

Psychoanalytisch orientierte Familiendiagnostik

Nach einer psychoanalytisch orientierten Familiendiagnose lassen sich Anhaltspunkte für die Scheinharmonie in der Familie finden, die durch das Zudecken von Problemen zustandekommt, was besonders bei den Eltern festzustellen ist. Eine vorrangige Rolle scheint hierbei zu spielen, daß in der Familie immer wieder betont wird, daß alle Beziehungen zwischen den Familienmitgliedern gleich gut seien. Als Hauptthema in der Familie ist das Problem der Ablösung zu sehen; v.a. zwischen Mutter und Thorsten besteht eine Bindung, ein Mangel an Abgrenzung und Individuation. Ferner ist es möglich, daß der Vater oder die Mutter den identifizierten Patienten per Delegation zum Ersatzpartner der Mutter gemacht haben. Ganz allgemein scheint in der Familie eine nur unvollkommene Differenzierung zwischen den einzelnen Mitgliedern vorzuliegen, so daß die Vermutung, es handle sich um eine "psychotische Familie", zumindest erwogen werden kann. Weder hierfür noch für die Spekulation über eine "psychotische Pubertätskrise" bei Thorsten liegen jedoch genügend Hinweise vor. Lediglich die Tatsache, daß in dem Beratungsgespräch die Berater und die Familienmitglieder zunehmend aneinander vorbeireden, liefert eine gewisse Plausibilität dafür. Insgesamt scheint die Art des Beratungsgesprächs mit der Familie Gaus eine psychoanalytische Hypothesenbildung eher zu erschweren.

Transaktionsanalytisch orientierte Familientherapie

Um die Anwendung transaktionsanalytischer Begriffe in der Familiendiagnostik zu demonstrieren, entwerfen wir für die Familienmitglieder der Familie Gaus hypothetisch sog. Egogramme (Rogoll 1978). Darunter ist die graphische Veranschaulichung der Ich-Zustände zu verstehen, in denen sich die Person befinden kann oder zwischen denen sie wechselt. In der Transaktionsanalyse geht man von drei möglichen Ich-Zuständen aus: dem Eltern-Ich, dem Erwachsenen-Ich und dem Kind-Ich. Beim Eltern-Ich wird ein kritischer und ein nährender Anteil unterschieden; das Kind-Ich hat entsprechend eine angepaßte und eine freie Seite. Das kritische Eltern-Ich und das angepaßte Kind-Ich hängen mit der Grundposition "ich bin nicht o.k." zusammen, während das nährende Eltern-Ich und das freie Kind-Ich die Grundposition "ich bin o.k." einschließen. Zugleich zeigt ein Egogramm auf analoge Weise, welches Größenverhältnis zwischen den einzelnen Ich-Zuständen bzw. ihrem Auftreten besteht.

Hypothetische Egogramme

Egogramme (Tabelle 1), wie sie für die Mitglieder der Familie Gaus angegeben sind, lassen sich sowohl für die einzelne Person auswerten als auch, wie wir meinen, auf die Beziehungen zwischen

Tabelle 1. Egogramme der Familie Gaus

Ich-Zustand	Kritisches Eltern-Ich	Nährendes Eltern-Ich	Erwachsenen-Ich	Angepaßtes Kind	Freies Kind
Vater	+++	+++	+++	+	++
Mutter	+++	+	+++	+++	+
Thorsten	+++	+	+++	+++	+
Martin	+	+++	++	+	+++
Ursula	+	+++	++	+	++

den Familienmitgliedern hin untersuchen. Dabei fallen Ähnlichkeiten zwischen den Geschwistern Ursula und Martin sowie dem Vater auf der einen Seite auf, während sich auf der anderen Seite die Egogramme von Thorsten und seiner Mutter gleichen. Diese Übereinstimmungen können, ebenso hypothetisch wie die Egogramme selbst, auch als Hinweise auf Koalitionen oder Delegationen in der Familie betrachtet werden.

Im einzelnen ergeben sich folgende Hypothesen über die Beziehungsstrukturen in der Familie Gaus:

1. Mutter und Thorsten stimmen in allen Ich-Zuständen überein, so daß eine Koalition oder Delegation zwischen ihnen plausibel erscheint.
2. Komplementär dazu befinden sich die Geschwister Ursula und Martin mit dem Vater in einer Koalition; zwischen ihnen bestehen Ähnlichkeiten in allen Ich-Zuständen außer beim "kritischen Eltern-Ich".
3. Beide Eltern haben (nur) mit Thorsten eine starke Ausprägung des "kritischen Eltern-Ichs" gemeinsam, was auf eine Delegation entsprechender Anteile an den identifizierten Patienten Thorsten schließen läßt.

Wachstumsmodell

Wenn wir eine wachstumsorientierte Familiendiagnose (Satir 1973) der Familie Gaus skizzieren wollen, liegt es nahe, beim Selbstwertgefühl der Familienmitglieder anzusetzen. Das Beratungsgespräch bietet Anhaltspunkte dafür, daß das Selbstwertgefühl sowohl beim identifizierten Patienten, Thorsten, als auch bei den Eltern niedrig ist, während man bezüglich der Geschwister Ursula und Martin nichts dergleichen erfährt. Zwar versuchen die Familienmitglieder, mit Ausnahme von Thorsten, die Beziehungen in der Familie als durchwegs positiv zu definieren, was im Idealfall eine funktionale Familie bedeuten würde. Dies geschieht jedoch nicht in einer Art und Weise, die man als freien Austausch von Information (Satir) betrachten könnte. Vielmehr zeichnet sich die Kommunikation in der Familie Gaus durch recht starre Regeln, wie "keine Unterschiede machen" oder "Unterschiede verleugnen", aus sowie durch unvollständige Sequenzen und unklare Aussagen. Die Familie scheint aber, zumindest was die Kontakte der Geschwister Ursula und Martin zu anderen Kindern angeht, der Außenwelt gegengenüber in durchaus angemessener Weise offen zu sein.

Palo-Alto-Modell

Entsprechend der vorrangigen Bedeutung, die der Kommunikation in diesem Ansatz eingeräumt wird, fiel den Mitgliedern dieser Arbeitsgruppe zunächst auf, daß in dem Beratungsgespräch mit der Familie Gaus häufig nicht abgeschlossene Kommunikationssequenzen vorkommen: Oft wird durch das Abbrechen im Satz oder durch die Aufnahme eines neuen Themas das Vorausgegangene abgewertet oder entwertet. Die Stellung Thorstens als identifizierter Patient in der Familie erscheint isoliert, während zwischen dem Vater und den beiden anderen Kindern ein engeres Verhältnis, womöglich auch eine Koalition, angenommen werden kann. Systemtheoretisch betrachtet fungiert Thorstens Rückzug innerhalb der Familie als negative Rückkopplung. Er trägt dadurch zur Erhaltung oder zur Erhöhung der System- und somit der Familienstabilität bei. Die anderen Familienmitglieder, Eltern und Geschwister, geben sich Mühe, ihn in die Familie hereinzuholen, machen sich Sorgen um ihn und versuchen, ihn rücksichtsvoll zu behandeln. Dieser Mechanismus garantiert die Pseudostabilität der Familie Gaus, die eigentlich zerfallen müßte, wenn man vom vorherrschenden Kommunikationsstil ausgeht. Man kann demnach vermuten, daß die Familie ihren Zusammenhalt dem identifizierten Patienten verdankt, der zum Gegenstand gemeinsamer Bemühungen geworden ist. Mit dieser Sichtweise erübrigen sich auch Überlegungen darüber, ob Thorsten eine pubertätsbedingte Psychose habe oder nicht, die sich in seinem Rückzugsverhalten und geringen Kontaktbedürfnis ausdrücken könnte. Vielmehr kann man in der Art, in der er seinen Rückzug darstellt, erkennen, daß er anscheinend in der Lage ist, sich gegen Kontaktangebote - z.B. seitens seiner Schwester - abzugrenzen.

Mailänder Schule

Im Verhältnis zwischen den Eltern lassen sich Anzeichen sowohl einer komplementären wie einer symmetrischen Rollenverteilung erkennen. Komplementarität besteht insofern, als der Ehemann sich selbst als temperamentvoll darstellt, während seine Frau als ruhig erscheint. Für Symmetrie in der Beziehung spricht, daß nicht nur er, sondern auch sie in beruflichen Belangen Verantwortung übernimmt und Entscheidungen fällt. In der Familie besteht ein Widerstand, der verhindert, daß die Beziehungen definiert werden können. Damit zusammenhängend pflegt die Familie den Mythos, es gebe keine Unterschiede in den Beziehungen zwischen den Eltern und den einzelnen Kindern, alle Beziehungen in der Familie seien gleich gut. Die Grundregel der Familie, Unterschiede zu verleugnen, hilft diesen Familienmythos wahren. Einzig Thorsten als der identifizierte Patient in der Familie stört diese Grundregel des Familiensystems: Er stellt fest, daß seine Beziehung zum Bruder Martin nicht immer gleich sei, ja sogar, daß es Konflikte zwischen ihnen gebe. Folge davon ist, daß alle Kräfte in der Familie mobilisiert werden, Thorsten zu integrieren, um die Grundregel wieder zu festigen. Je stärker er aus der Familie herausdrängt, um so mehr werden die homöostatischen Tendenzen des Systems wirksam, um so mehr bemühen sich die Familienmitglieder, dies zu verhindern. Als Vermutung kann noch genannt werden, daß möglicherweise eine (verleugnete) Koalition zwischen dem Vater und den beiden anderen Kindern besteht, die nach Meinung des Vaters - wie er selbst - den temperamentvollen Gaus-Stamm verkörpern, während die Mutter und Thorsten nicht dazu gehören.

Strukturelle Familientherapie

Die Arbeitsgruppe zur strukturellen Familientherapie erlebte die Familie als pseudostabil und im Sinne Minuchins (1981) verstrickt. Unterschiede zwischen den Familienmitgliedern, bzw. in den Beziehungen zwischen den Familienmitgliedern, dürfen in der Familie nicht zugegeben werden. Als besonders typische Kommunikationsformen in der Familie seien genannt: beschwichtigen, bagatellisieren und ablenken, Unterschiede verwischen, andere für sich sprechen lassen sowie selbst für andere sprechen. Die Frage, wer welchem Familienmitglied am nächsten steht, erscheint als Familiengeheimnis. Darin kann man einen Hinweis auf versteckte Koalitionen bzw. Rivalitäten in der Familie sehen. Die Arbeitsgruppe vertrat die Ansicht, das Familienthema sei hier: "Nähe ist gefährlich. Zeige keine Gefühle gegenüber anderen Familienmitgliedern!"

Entsprechend der von Minuchin entwickelten graphischen Darstellungsmethode läßt sich folgender Lageplan zur Struktur der Familie entwerfen (Abb.1).

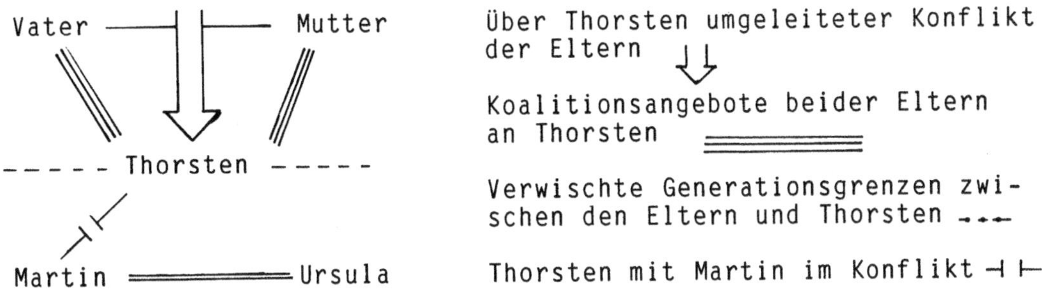

Abb. 1. Lageplan der Familie Gaus

Nach dem strukturellen Modell der Familientherapie kann die Funktion des identifizierten Patienten, Thorsten, in der Familie dahingehend interpretiert werden, daß er die anderen Familienmitglieder in mehrfacher Weise entlastet oder schützt. Er hilft den Eltern, ihren Konflikt auf der Elternebene zu halten (statt ihn auf der Ebene ihrer Beziehung auszutragen), so daß sie weiter zusammenbleiben können. Außerdem schützt Thorsten seine Geschwister davor, in den Konflikt der Eltern hineinzugeraten. Insofern ermöglicht er den anderen, in der bisherigen Weise miteinander zu leben, ohne ihre Beziehungen zueinander klären zu müssen.

VERGLEICH DER SECHS FAMILIENDIAGNOSTISCHEN ANSÄTZE

Die folgenden Überlegungen werden sich auf die diagnostische Anwendung der Ansätze beschränken und therapeutisch-technische Unterschiede ausklammern. Erstens würde ein Vergleich der Therapieformen den Rahmen dieser Arbeit sprengen, und zweitens, so scheint es, sind Unterschiede in der therapeutischen Vorgehensweise offensichtlicher und müssen daher nicht erst herausgearbeitet werden. Es soll jedoch festgehalten werden, daß es vielfach gerade diese therapeutisch-technischen Unterschiede zwischen den einzelnen familientherapeutischen Ansätzen sind, die eine wirklich deutliche Abgrenzung erst ermöglichen, während sich bei den theoretischen und diagnostischen Elementen sehr komplexe Verflechtungen und Überschneidungen zeigen.

Zum Vergleich der sechs familiendiagnostischen Ansätze wollen wir die Gemeinsamkeiten, die Unterschiede und die Widersprüche betrachten, die sich zwischen diesen ausmachen lassen.

Gemeinsamkeiten

Psychoanalyse, Transaktionsanalyse und Wachstumsmodell teilen miteinander die stärkere Betonung von intrapsychischen gegenüber nur systemischen Aspekten in der Familiendiagnose und -therapie.

Zwischen Transaktionsanalyse und Wachstumsmodell besteht eine auffallende Gemeinsamkeit: Beide enthalten als zentrale Variable das Selbstwertgefühl, was sich in der transaktionsanalytischen Terminologie in den Grundpositionen "ich bin o.k." bzw. "ich bin nicht o.k." ausdrückt.

Eine vorrangige Konzentration auf systemische Variablen findet man bei den drei Konzepten des Palo-Alto-Modells, der strukturellen Familientherapie und der Mailänder Schule.

Mit Ausnahme des psychoanalytischen Ansatzes in der Familientherapie kann man von den hier diskutierten Konzepten sagen, daß sie sich hinsichtlich der Diagnose vorrangig auf das Kommunikationsverhalten der Familienmitglieder untereinander stützen und dieses analysieren.

Allen Ansätzen gemeinsam ist die funktionale Deutung der Rolle des identifizierten Patienten, was eine mehr oder weniger starke Distanzierung bis hin zur völligen Abkehr vom medizinischen

Krankheitsmodell der Psychopathologie bedeutet.

Unterschiede

Der transaktionsanalytische Ansatz in der Familiendiagnostik unterscheidet sich von dem, mit diesem verwandten, psychoanalytischen Ansatz nicht nur in der Terminologie, sondern auch hinsichtlich des niedrigeren Abstraktionsniveaus seiner Begriffe, die beobachtbarem Verhalten entsprechen sollen. Zum Beispiel werden in der Transaktionsanalyse aus den Strukturen des psychischen Apparates bei Freud die Ich-Zustände, die leichter zu operationalisieren und daher zu "beobachten" sind.

Zwischen dem psychoanalytischen und dem transaktionsanalytischen Ansatz einerseits und den übrigen vier Richtungen andererseits läßt sich ein unterschiedlich starker Akzent auf intrapsychischen hier, bzw. systemischen Gesichtspunkten dort erkennen. Unter diesen vier, im strengen Sinne systemisch zu nennenden Ansätzen unterscheidet sich das Palo-Alto-Modell von den anderen, besonders aber vom Wachstumsmodell dadurch, daß in ihm vorwiegend das negative Feedbackprinzip als Erklärungsbasis benutzt wird, also eher homöostatische als entwicklungsorientierte Aspekte zum Tragen kommen.

Die Modelle der Mailänder Schule und der strukturellen Familientherapie weisen gegenüber dem Palo-Alto-Modell eine Hinzunahme spezifischer familiendiagnostischer Begriffe auf (z.B. Familienmythos, Familiengeheimnis, Generationsgrenze), so daß diese als selbständige Weiterentwicklungen einer ursprünglich rein kommunikationstheoretischen Orientierung anzusehen sind.

Widersprüche

Ein ausschließlich systemisches Vorgehen in Diagnose und Therapie weist nicht nur Unterschiede zu einem eher integrativen Bemühen auf, in dem der Versuch gemacht wird, gesamtfamiliale mit intrapsychischen, individuellen Aspekten zu vereinigen. Vielmehr widersprechen diese beiden Orientierungen einander in einigen Punkten, sowohl hinsichtlich der Diagnose und Erklärung pathologischen Verhaltens als auch bezüglich der daraus folgenden therapeutischen Strategien. Dieser partielle Widerspruch rührt von dem Ausschließlichkeitsanspruch einer reinen Systemdiagnose bzw. Systemtherapie auf Explikation bzw. Modifikation des Verhaltens her, aus dem sich auch die strikte Ablehnung psychopathologischen Denkens ableitet. Im Extremfall wird sogar die Möglichkeit oder Nützlichkeit intrapsychischer Erklärungen für pathologisches Verhalten überhaupt bestritten. Dies kann zur Folge haben, daß die subjektiven und lebensgeschichtlichen Zusammenhänge des Einzelnen ganz außer acht gelassen werden.

Ein weiterer grundlegender Widerspruch entsteht zwischen einer rein kybernetisch-mechanistischen Auffassung der Familie, die nach dem klassischen systemtheoretischen Ansatz des Palo-Alto-Modells (zumindest) als möglich erscheint, und humanistisch orientierten Vorstellungen. Sowohl im Wachstumsmodell wie in der Transaktionsanalyse steht der Wert der persönlichen Selbstverwirklichung wenigstens gleichrangig neben den auf die ganze Familie bezogenen Zielen. Auch in der strukturellen Familientherapie kommen durch das Konzept des Familienzyklus dynamische, entwicklungsorientierte Momente zur Geltung, die einer mechanistischen Interpretation der Familie widersprechen.

In diesem Zusammenhang soll kurz darauf hingewiesen werden, wie Ackerman (1971) die damit angesprochene Frage einer expliziten Wertorientierung der familientherapeutischen Praxis sieht: Seiner Ansicht nach bedeutet eine mechanistische Interpretation der allgemeinen Systemtheorie die Enthumanisierung der therapeutischen Verantwortung. Ackermans eigene, humanistische Auffassung dagegen bedeutet für ihn, daß Werthaltungen, die Gesundheit fördern, von solchen unterschieden werden, die zu Störungen führen. Damit soll einem kulturellen und ethischen Relativismus entgegengewirkt werden, nach dem jedes menschliche Verhalten und Zusammenleben als vollkommen "beliebig" beurteilt werden könnte.

HYPOTHESEN ZU EINER DIFFERENTIELLEN INDIKATION IN FAMILIEN-DIAGNOSTIK UND -THERAPIE

Aus dem Vergleich der sechs Familiendiagnosen kann man Hypothesen ableiten, die - wenn auch mit aller Vorsicht - für die Diskussion um eine differentielle Indikation in der Familientherapie fruchtbar gemacht und empirisch überprüft werden können. Dabei ist es natürlich nicht nur von Bedeutung, welche diagnostischen Erklärungsschemata der jeweilige Ansatz für pathologisches Verhalten anbietet, sondern auch wie sich diese in der therapeutischen Strategie niederschlagen.

Beim psychoanalytisch orientierten Ansatz erkennen wir eine "Tiefendimension", die also Unbewußtes in Diagnose und Therapie einbezieht. Dem Charakter der Psychoanalyse entsprechend liegt hier ein eher hohes Abstraktionsniveau der Begriffe und Erklärungsmodelle vor (z.B. in den Begriffen der Delegation und der Bindung), was die Bereitschaft und die Fähigkeit der Klienten zu Introspektion und abstraktem Denken zu Voraussetzungen der Therapie macht. In der transaktionsanalytisch orientierten Familientherapie haben wir es mit verhaltensnäheren und daher auch leichter nachvollziehbaren Begriffen zu tun. Individuelle und transaktionelle Gesichtspunkte werden in Diagnose und Therapie integriert und kombiniert. Die humanistische Wurzel sowohl der Transaktionsanalyse als auch des Wachstumsmodells kommt v.a. darin zum Ausdruck, daß diese beiden Ansätze der Entwicklung des Selbstwertgefühls in der Therapie besondere Bedeutung einräumen. Aber auch in der psychoanalytisch orientierten Familientherapie werden die Bemühungen, z.T. implizit, auf die individuelle Selbstverwirklichung gerichtet. Anders als nach dem psychoanalytischen oder transaktionsanalytischen Konzept wird jedoch in der wachstumsorientierten Familientherapie die Idee einer Krankheitsdiagnose aufgegeben, so daß keine psychopathologischen Erklärungsmodelle angewandt werden.

Von diesen drei Ansätzen zu unterscheiden ist das Palo- Alto-Modell, dessen axiomatische Grundlegung sich auch auf die Sprache der Diagnose und die Handhabung der Therapie auswirkt. Von psychopathologischen sowie introspektionsorientierten Vorstellungen ganz abgerückt, wird das Geschehen in der Familie in kybernetischen Begriffen diagnostiziert und mit Hilfe von (paradoxen) Verschreibungen therapiert. Die mechanistisch wirkenden Erklärungen von Verhalten legen dabei eher die Auffassung nahe, daß der Therapeut die Therapieerfolge "zwangsläufig" herbeiführe, als daß die Familienmitglieder diese selbst, mit Unterstützung des Therapeuten, erarbeiten - ein Merkmal, das bei den drei vorausgehenden Ansätzen erkennbar ist. Wie das Palo - Alto-Modell fußt auch das Konzept der Mailänder Schule auf der Kommunikations- und Systemtheorie, legt also die gleiche systemische "Epistemologie" wie diese zugrunde. Insbesondere die "Grundregel" des Familiensystems muß korrekt identifiziert werden, damit eine Veränderung der Familie durch Neuregulierung erfolgen kann. Demgegenüber ist der therapeutische Angelpunkt der strukturellen Familientherapie die Neustrukturierung der Familie, die, was wohl v.a. begrifflich von der Neuregulierung unterscheidbar ist, an der Struktur der Familie ansetzt. Auch hier obliegt dem oder den Therapeuten die Verantwortung, nicht nur diagnostisch, sondern auch therapeutisch das Familiensystem neu zu konzipieren und zu ordnen. Bei den rein systemischen Ansätzen in der Familientherapie steht und fällt der Erfolg der Behandlung mit den richtigen Interventionen und Verschreibungen des Therapeuten(-teams), denn allein diese sind das tragende Element der Therapie.

Aus den Überlegungen scheinen sich v.a. zwei Gruppen von Variablen zu ergeben, die für eine differentielle Indikation in der Familientherapie und -diagnostik wichtig sein könnten:

1. die "Beschaffenheit" der Familie als die Voraussetzung, die sie mit ihren Beziehungen und Mitgliedern in die Therapie mitbringt; auch die Schwere oder Dringlichkeit des Problems, z.B. bei Suizidgefahr eines Familienmitglieds;
2. die "Beschaffenheit" des Therapeuten, seine therapeutische Erfahrung, die Ressourcen, auf die er zu seiner Unterstützung zurückgreifen kann, wie z.B. ein gut funktionierendes Therapeutenteam; ebenso seine persönlichen Vorstellungen über Familie und Therapie, die er auf die familientherapeutische Situation anwendet und in diese hineinträgt.

Familienvariablen

Nach dem familiendiagnostischen Vergleich können wir die etwas schematische Hypothese aufstellen, daß die Ansätze der psychoanalytischen, transaktionsanalytischen und wachstumsorientierten Familientherapie diejenigen Eigenschaften, durch die sie sich von den rein systemischen unterscheiden und die deshalb besonders charakteristisch für sie sind, v.a. dann entfalten, wenn die Mitglieder der Familie die Bereitschaft und Fähigkeit zu Introspektion sowie zu der gemeinsamen Verarbeitung von Gefühlen mitbringen. Mit anderen Worten: Bei weniger rigiden Familiensystemen, in denen eine gewisse Offenheit für die Veränderung von Einstellungen und Verhaltensweisen, von Gewohnheiten und Ordnungen in der Familie bereits vorhanden ist, kommen die individuumzentrierten Aspekte einer Selbstverwirklichungsperspektive eher zum Tragen als bei Familien mit starren Verhaltensmustern.

Demgegenüber lautet die Hypothese zu den Ansätzen des Palo-Alto-Modells, der Mailänder Schule und der strukturellen Familientherapie, daß diese typischerweise dazu geeignet sind, gerade in rigiden Familiensystemen, bei denen oft die Gefahr besteht, daß der Therapeut mit in das Problem verwickelt wird, relativ schnell Veränderungen herbeizuführen. Das bedeutet, daß festgefahrene und in einen "clinch" geratene Beziehungen in der Familie wieder in Bewegung gesetzt werden können, so daß für die Familienmitglieder neue Erfahrungen und Verhaltensmöglichkeiten entstehen. Besonders wichtig ist dies für solche Familien, bei denen es v.a. darum geht, eine unmittelbar drohende Gefahr abzuwenden.

Therapeutenvariablen

Auch für den Therapeuten lassen sich entsprechende Hypothesen über "Indikationskriterien" formulieren. Die in einem therapeutischen Ansatz enthaltenen Ziele und die ihnen untergeordneten Mittel, die therapeutischen Strategien, müssen der Eigenart des Therapeuten angemessen und für ihn vertretbar sein. In den rein systemisch orientierten Vorgehensweisen wird eine stärkere Strukturierung der Therapie verlangt, für die das Training entsprechender praktischer Fertigkeiten sowie die Unterstützung durch ein Therapeuten- oder Supervisionsteam notwendig sind. Dem eher pragmatischen und v.a. aktiv-eingreifenden Charakter der rein systemischen Ansätze steht bei den anderen drei Vorgehensweisen ein permissiveres, weniger direktives Verhalten des Therapeuten gegenüber, das wieder andere Anforderungen an den Therapeuten stellt. Jeder Familientherapeut muß also sozusagen die "Indikation" stellen, welche Orientierung er vertreten will und kann, bevor er gezieltere Entscheidungen darüber trifft, welche therapeutischen Techniken im einzelnen bei einer Familie angezeigt sind.

Die Wahl einer therapeutischen Orientierung in der Familientherapie enthält neben der Frage nach dem Vorgehen und der Technik auch die Entscheidung für ein Denkmodell, eine "Epistemologie". In einer systemorientierten Familientherapie wird die Vorstellung von einer "kausalen Therapie", die einem linearen Erkenntnismodell entspringt, zu einem hinderlichen Überbleibsel aus der Psychopathologie. Im Licht der systemischen Erkenntnistheorie erscheinen Ursachen und Wirkungen einer Störung nicht mehr als getrennt, sondern als in einem Systemzusammenhang aufeinander wirkend. Unabhängig davon, wie weit man Individuelles in die Familientherapie einbeziehen will, muß man sich außerdem darüber klar werden, ob man die Therapie rein funktionsorientiert, eher mechanistisch betrachten will, oder ob man der Auffassung zuneigt, daß diese an bestimmten zwischenmenschlichen Werten ausgerichtet werden sollte, die aber - das muß man hinzufügen - erst noch in geeigneter Weise ausgearbeitet werden müssen. Daß beide Alternativen, sofern sie sich auch in der Praxis trennen lassen, Probleme bergen, kann nicht überraschen.

Eine "Familiendiagnostik", die sowohl therapeutischen als auch empirisch-wissenschaftlichen Anforderungen genügte, kann bisher wohl noch nicht praktiziert werden; zu komplex sind meist die Konstrukte, zu vereinfachend die Operationalisierungen. Zusätzlich zu den methodologischen Problemen, die sich bei der Untersuchung möglichst relevanter Prozesse in der Familie stellen, bereitet es auch Schwierigkeiten, brauchbare wertorientierte Kriterien für funktionale und dysfunktionale Familiensysteme zu finden, von Definitionen für "gesunde" und "kranke" Familien, wie Ackerman (1971) sie fordert, ganz zu schweigen. Folgt man aber Ackermans Ansatz, so kommt man, wie wir meinen, zu einer Programmatik für die Entwicklung der Familiendiagnostik und der Forschung über Familientherapie: Auf empirischem Wege, durch Familienfallstudien oder großangelegte Gruppenuntersuchungen, könnte man "gesundheitsfördernde" Werthaltungen klarer herausarbeiten und käme so zu Eckpfeilern für eine normative Familiendiagnostik. Parallel dazu müßte weiter an einer, allerdings sehr breit angelegten Familientypologie gearbeitet werden, die eine gemeinsame Ausgangsbasis für die zahlreichen familientherapeutischen Ansätze werden könnte.

Literatur

Ackerman N (1971) The growing edge of family therapy. Family Process 10:143-156

Berne E (1967) Spiele der Erwachsenen. Psychologie der menschlichen Beziehungen. Rowohlt, Reinbek

Minuchin S (1977) Familie und Familientherapie. Theorie und Praxis struktureller Familientherapie. Lambertus, Freiburg

Rogoll R (1978) Nimm dich wie du bist, 4. Aufl. Herder, Freiburg

Satir V (1973) Familienbehandlung. Kommunikation und Beziehung in Theorie, Erleben und Therapie. Lambertus, Freiburg

Selvini Palazzoli M, Boscolo L, Cecchin G, Prata G (1978) Paradoxon und Gegenparadoxon, 2. Aufl. Klett-Cotta, Stuttgart

Stierlin H (1975) Von der Psychoanalyse zur Familientherapie. Theorie, Klinik. Klett, Stuttgart

Watzlawick P, Beavin JH, Jackson DD (1969) Menschliche Kommunikation. Formen, Störungen, Paradoxien. Huber, Bern Stuttgart Wien

Die Berücksichtigung sozialer Einflußfaktoren bei der Diagnose der Familieninteraktion

D. Greitemeyer

Theoretische Konzepte haben einen bestimmenden Einfluß auf die jeweilige Art und Weise der Interpretation eines bestimmten Objektbereiches und auf die methodologische Orientierung. Im Hinblick auf Therapie fungieren sie als Handlungsanleitungen, d.h. die Wahrnehmung und das Handeln des Therapeuten sind abhängig von seinen theoretischen Leitkonzeptionen (vgl. hierzu: Keupp 1974; Watzlawick 1979; Kraiker 1980; Stierlin 1981). In der Familiendiagnostik spielen psychopathologische Konzepte eine wesentliche Rolle. Rückblickend stellt man eine Veränderung der Problemsicht fest, die sich als eine Erweiterung des Blickwinkels interpretieren läßt. Erklärungen für abweichendes Verhalten nahmen ihren Ausgangspunkt beim Individuum als "Sitz" der Pathologie. Die anschließende Weiterentwicklung läßt sich am Beispiel der Schizophrenie exemplarisch aufzeigen: Vom Individuum mit dem symptomatischen Verhalten ging man zur Dyade der Mutter-Kind-Beziehung ("schizophrenogene Mutter") als der entscheidenden Variablen über. Nachdem sich auch diese als isolierte Betrachtungsweise erwies, befaßte man sich mit dem Konzept der pathogenen Paarbildung des Ehepaarsubsystems. Danach ging man dazu über, die ganze Familie als System zu analysieren. Das Überschreiten des auf das Individuum und dessen Pathologie bezogenen Krankheitsmodells ist das Anliegen der Familientherapie.

Hier soll nun eine zusätzliche Erweiterung des Blickwinkels vorgenommen werden, indem aufgezeigt wird, daß die Familientherapie ihrem eigenen Anspruch nur dann gerecht wird, wenn sie auch das Umfeld der Familie in die Theorie und Praxis miteinbezieht. Die These, daß zwischen innerfamilialer Kommunikation und Problemkonstellation und den Lebensumständen der Familie ein Zusammenhang besteht, impliziert eine neue theoretische Auffassung über das Entstehen von "Störungen". Gegenüber dem Bisherigen sind damit andere Interpretationsmuster und Problemlösungsversuche im Umgang mit Familien verbunden, was sich in einer Erweiterung der Beziehungsanalyse durch eine Kontextanalyse auswirkt.

Diese These soll in einem ersten Schritt begründet werden. Dann wird aufgezeigt, welche Zusammenhänge zwischen Familie und Gesellschaft bestehen, und auf bereits vorhandene Literatur hingewiesen. Es schließen sich Überlegungen zu den möglichen Auswirkungen einer Einbeziehung gesellschaftlicher Faktoren in die Therapie an. Zuletzt werden Probleme im Zusammenhang mit der Erfassung und Analyse der Einflußfaktoren thematisiert.

BEGRÜNDUNG DER THESE

Die Neubestimmung des Gegenstandes läßt sich aufgrund systemtheoretischer Postulate, die als eine wichtige Grundlage von Familientherapie anzusehen sind, begründen. Danach wird vom offenen System der Familie ausgegangen, das in Wechselbeziehungen zur Umwelt steht. In der familientherapeutischen Literatur wird meistens auf diesen Tatbestand hingewiesen, aber leider wird der Zusammenhang zwischen Familie und Gesellschaft von der Mehrzahl der Therapeuten nicht weiter berücksichtigt. Die systemische Neuorientierung mit ihrem Schwerpunkt auf dem Erkennen von Zusammenhängen, dem Erfassen von Ganzheiten und dem zirkulären Denken stellt ja gerade den Ausgangspunkt dafür dar, auch die gesellschaftliche Umwelt einer Familie zum Objekt der Therapie zu machen. Mit der Vorstellung dagegen, Familientherapie habe sich nur mit der Familie zu befassen, wäre dagegen wiederum eine Interpunktion verbunden (Kausalitätsdenken) und die Familie zum Sündenbock gestempelt. Dreier (1980) ist der Meinung, daß Therapeuten implizit oder explizit vermitteln, daß die Familie der Ort und die Quelle der Probleme sei. So werden den Familienmitgliedern Gefühle der Schuld und Unzulänglichkeit vermittelt. "Dabei wird aber übersehen, daß die Familie eher Probleme des gesamten gesellschaftlichen Lebens vermittelt, dessen spezifischer Teil sie ja ist, und daß der Beitrag der Familie zu den in ihr auftretenden Problemen beschränkt und spezifisch, sowie selber von dem übergreifenden Zusammenhang her zu erfassen ist" (Dreier 1980, S. 233).

Nun läßt sich einwenden, daß dann die Forderung nach ganzheitlichem Denken auf noch größere Zusammenhänge ausgedehnt werden müßte, ja die ganze Welt umfassen müßte. Jedoch ist es für die Therapie schon aus pragmatischen Gründen notwendig, Kriterien einer Eingrenzung zu finden. Ridder (1977) spricht in dem Zusammenhang von der familienrelevanten Umwelt. Das bedeutet, daß im Umgang mit einer Familie herausgefunden werden muß, in welchen Austauschbeziehungen die betreffende Familie mit welchen anderen Subsystemen der Gesellschaft steht.

Der letzte Punkt der Begründung der Ausgangsthese ist die Tatsache, daß die Familienmitglieder einen großen Teil ihres Alltags außerhalb der Familie in anderen Erfahrungswelten verbringen, und daß Interaktionen zwischen der Familie und ihrer gesellschaftlichen Umwelt (z.B. Schule, Arbeitsplatz, Freizeiteinrichtungen, Wohnviertel) stattfinden. Dieser letzte Aspekt kann auch anhand soziologischer Analysen belegt werden.

BESCHREIBUNG DER GESELLSCHAFTLICHEN FAKTOREN

Mit Hilfe von soziologischen Konzepten soll nun der Frage nachgegangen werden, welche sozialen Einflußgrößen zu berücksichtigen sind, was also zum unmittelbaren Lebenszusammenhang der Familie gehört. Die soziologische Orientierung nähert sich, im Gegensatz zur psychologischen, der Familie von außen; sie kann aber die Wahrnehmung der Familienmitglieder einschließen, indem versucht wird, zu erfassen, was die jeweilige Familie als "Wirklichkeit" erlebt (Hess u. Handel 1975; Mollenhauer et al. 1975; Dreier 1980; Beicht et al. 1976; Wahl et al. 1980).

Bei der Durchsicht der soziologischen Literatur fällt allerdings auf, daß meistens Zusammenhänge zwischen Gesellschaft und Sozialisationsleistungen der Familie hergestellt werden (Überblick bei Abrahams u. Sommerkorn 1976). Das müßte bei einer Übertragung in familientherapeutische Konzepte berücksichtigt werden.

Seit Kohn (1969) in seinen Untersuchungen Zusammenhänge zwischen Arbeitsplatzmerkmalen und Erziehungseinstellung fand, wird besonders der materielle Aspekt der Lebenswelt der Familie geprüft. Wulf (1974) sieht Familienstrukturen als abhängig von den Produktionsbedingungen der Gesellschaft: Die Arbeitszeit bestimmt die Freizeit der Familie; die Arbeitserfordernisse bestimmen, wer mit den Kindern zusammen sein kann; der Arbeitsrhythmus determiniert den Familienrhythmus; die Produktionsweise verhindert eine Umgestaltung der traditionellen Geschlechterrollenverteilung in der Familie.

Rosenbaum (1978a,b) ist der Auffassung, daß die Art der Produktionsbedingungen zeitliche, räumliche und materielle Grenzen des Familienlebens setzt.

Nach Rupp (1981) sind es zwei Prozeßtypen, die die Familieninteraktion bestimmen: "Einmal wirkt die Arbeitssituation der oder des Ernährers und die subjektive, lebensgeschichtliche sowie subkulturelle Interpretation der Situation auf die Familieninteraktion, und zum anderen bestimmt die 'affektive Aufladung' mit der Möglichkeit zur tiefsten sozialen Kontrolle die Familieninteraktion" (a.a.O., S. 56). An einer anderen Stelle vertritt Rupp die Meinung, daß die Familientherapie in ihrer Analyse bislang "den Einfluß der Arbeitssituation und deren subjektive und subkulturelle Interpretation auf die Entstehung familialer Konflikte" (a.a.O., S. 101) vernachlässigt.

Mollenhauer et al. (1975) bemühten sich um die Aufklärung der Zusammenhänge zwischen familiären Kommunikationsstrukturen und der Arbeitsplatzsituation der Väter (vgl. auch Beicht et al. 1976). Die Ergebnisse lassen sich folgendermaßen zusammenfassen: Objektive Merkmale der Arbeitssituation wirken sich stark auf die Familienstruktur aus. Im Hinblick auf Kommunikation sind die Einstellung zur Arbeit, die Selbsteinschätzung und die Identifikation mit der Arbeit von Bedeutung (eine wesentliche Erkenntnis bestand darin, daß die subjektive Einschätzung der Arbeitssituation wichtiger war als ihre objektiven Merkmale). Wichtigstes Resultat dieser Untersuchung ist die Formulierung der Skepsis gegenüber der Behauptung, daß ein unmittelbarer Zusammenhang bestehe zwischen der Arbeitssituation und dem interpersonellen Geschehen in der Familie. Um die im Familiensystem repräsentierte Lebenswelt zu rekonstruieren, wurden die Hypothesen differenziert und Fallstudien durchgeführt. (Zum Komplex Arbeitsplatz und Familie vgl. auch: Osterland et al. 1973; Siegert 1977; Wegner 1979.)

Andere Autoren versuchen die Probleme der Familie als System-Umwelt-Probleme zu thematisieren: die Abgrenzungsprobleme innerhalb der Familie entsprechen z.B. der Isolierung der Familie gegenüber der Gesellschaft, oder die Kommunikation in der Familie unterliegt denselben Zwängen, die in der Gesellschaft herrschen.

Untersuchungen zum Komplex Arbeitsplatz und psychische Störungen wurden u.a. durchgeführt von Strotzka u. Leitner (1969), von Bolm (1980) und von v. Ferber (1977).

Zusammenhänge werden aufgezeigt zwischen Formen der Dysfunktionalität von Familien und der Struktur der Kleinfamilie: hierarchische Autoritätsstruktur, gegenseitige Abhängigkeit, starre Verteilung der Geschlechterrollen, emotionale Überbeanspruchung und Isolierung nach außen (Schmidt-Relenberg et al. 1976). Der Zusammenhang zwischen der innerfamilialen Problemkonstellation und den Lebensumständen der Familie wird z.B. von Martens (1974) mit den der Institution Familie innewohnenden Widersprüchen erklärt.

Einen großen Stellenwert haben Untersuchungen zur Ungleichheit der Umweltbedingungen, d.h., daß die Beziehungsstrukturen in der Familie je nach materiellen, kulturellen und sozialen Umständen der Familie differieren. Ungleichheiten im Einkommen, in der Wohnsituation, im Bildungsniveau, in den Arbeitsbedingungen und im Prestige (das mit allen diesen Faktoren zusammenhängt) wirken sich auf die Kommunikation, die Beziehungen, die Toleranz und Konfliktstrategien in der Familie aus. Hier sei nur auf die vielen Untersuchungen verwiesen, die belegen, daß Form und Struktur der Familie in erheblichem Maße schichtspezifisch (um diesen umstrittenen Begriff zu benutzen) sind (Friedrich et al. 1979; Neidhardt 1971, 1974; Caesar 1972; Bernstein 1973; Gottschalch et al. 1974; Hagemann-White u. Wolff 1975; Zweiter Familienbericht der Bundesregierung 1975).

Grüneisen u. Hoff (1977) versuchten verschiedene Variablen miteinander zu verknüpfen: "Die Dynamik des Systems Familie läßt sich nur adäquat begreifen, wenn gleichzeitig auf der soziologischen Ebene die objektiven Lebensbedingungen, auf der sozialpsychologischen Ebene die Struktur der interpersonalen Beziehungen und auf der psychologischen Ebene die intrapsychischen Mechanismen analysiert werden" (a.a.O., S. 11).

Das Modell, das ihrer Untersuchung zugrunde liegt, könnte schematisch dargestellt werden :

intrapsychische Strukturen des Individuums

↕

interpersonelle Strukturen der Interaktion

↕

gesamtgesellschaftliche, ökonomische Faktoren

Die Variablen, die sich für die Fragestellung der Untersuchung als relevant herausstellten, können hier nur undifferenziert genannt werden: Die Restriktivität der Arbeitsbedingungen und -erfahrungen, die objektiven Bedingungen im Reproduktionsbereich, die differentiellen Bildungsvoraussetzungen und die Geschlechterrollengestaltung (a.a.O., S. 215).

Insgesamt ist festzustellen, daß die meisten Autoren zwar Zusammenhänge zwischen Gesellschaft, Familie und Individuum sehen, daß aber kaum Aussagen gemacht werden über die Vermittlungsinstanzen und -prozesse zwischen Lebensbedingungen und familiären und individuellen Strukturen. Die Feststellung etwa: "Der Aufbau von Bewußtseinsstrukturen und die Verinnerlichung von Normen definieren und begrenzen die Biographie der Individuen durch die Vermittlung von Familie, Schule und Arbeitsplatz" (Leithäuser u. Heinz 1975, S. 7), hat meines Erachtens nicht viel Aussagekraft. Als Ausnahmen anzusehen sind die Untersuchungen von Mollenhauer et al. (1975), Grüneisen u. Hoff (1977), Dreier (1980) und die Ausführungen von Rupp (1981), die insgesamt differenzierte Analysen vornehmen.

Als Zusammenfassung und zur Übersicht seien anhand von Abb. 1 die Wirkungszusammenhänge zwischen Gesellschaft und Familie aufgezeigt.

Abb. 1. Wirkungszusammenhänge zwischen Gesellschaft und Familie

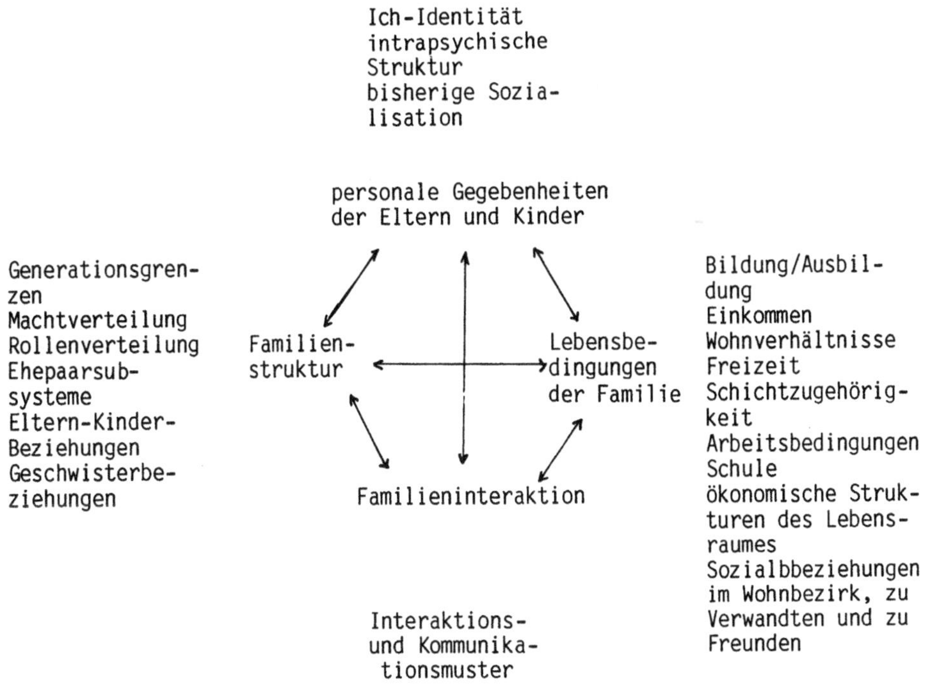

Kritisch anzumerken ist, daß zwar von der Analyse der interdependenten Beziehungen zwischen gesellschaftlichen Sozialstrukturen und familialen Kommunikationsstrukturen gesprochen wird, daß es dabei aber in erster Linie nur um das Aufzeigen der Auswirkungen gesellschaftlicher Faktoren auf die Familie geht. Vernachlässigt wird dagegen die umgekehrte Beziehung (es handelt sich ja um eine Wechselbeziehung zwischen Familie und Gesellschaft), d.h. es ist noch nicht untersucht, wie Familien auf ihr gesellschaftliches Umfeld einwirken. Die meisten Autoren begreifen die Familien entweder als autonom, unabhängig von gesellschaftlichen Gegebenheiten, oder als einseitig durch diese determiniert. In beiden Fällen handelt es sich um ein reduktionistisches Vorgehen, das nach systemtheoretischen Kriterien unzulässig ist.

Eine Parallele sehe ich in den Untersuchungen zum Erziehungsstil, die lange Zeit von der Prämisse der einseitigen Einwirkung von Erwachsenen auf Kinder ausgingen, bevor die Kinder als im selben Maße beteiligte Interaktionspartner das Interesse der Sozialwissenschaftler fanden. Ich schließe daraus, daß es allgemein Schwierigkeiten bereitet, nicht nur einen Ausschnitt der Wirklichkeit, sondern "Ganzheiten" wahrzunehmen und damit auch wissenschaftlich umzugehen.

Abschließend sei Holzkamp genannt, der zumindest auf die Wechselbeziehung zwischen Familie und Gesellschaft eingeht. Er äußert in seinem Vorwort zu Dreier (1980) die Zielvorstellung, daß Familien ihr Leben aktiv in die Hand nehmen. Objektive gesellschaftliche Widersprüche seien ein Faktum, das von den Betroffenen geändert werden könne. Er spricht von der "familiären Erfahrung, daß man gemeinsam seine objektive Lebenslage verändern und durch eine so erreichte Vefügungserweiterung auch seine subjektive Befindlichkeit verbessern und psychische Schwierigkeiten überwinden kann" (1980, S. 6).

Bevor Konsequenzen des Einbezugs gesellschaftlicher Faktoren für Theorie und Praxis der Familientherapie skizziert werden, soll ein kurzer Überblick über bisherige Versuche eines Einbezugs sozialer Faktoren durch verschiedene Autoren und Therapeuten gegeben werden. Historisch gesehen ist es ein Bereich der Sozialarbeit, der eine lange Tradition der Arbeit mit Familien und ihrer Umwelt aufzuweisen hat, nämlich die Familienfürsorge (Salomon 1927; Baum 1951; Lummert 1969). In neuerer Zeit gibt es in der Familienfürsorge eine Richtung, die versucht, Konzepte der Familientherapie ausdrücklich in die Sozialarbeit zu integrieren, wahrscheinlich aus dem Wunsch nach theoretischer Fundierung der Arbeit (Detering 1980; Kastien et al. 1981).

Innerhalb der Familientherapie gibt es verschiedene Darstellungen zu diesem Komplex (Minuchin et al. 1967; Auerswald 1973; Richter 1976, Richter et al. 1976; Duss-von Werdt 1976; Langsdorf 1978; Duss-von Werdt u.Welter-Enderlin 1980; Simon 1980; Guntern 1980). Von soziologischer Seite möchte ich folgende Autoren nennen, die sich mit der Integration soziologischer und psychologischer Faktoren in der Familientherapie befassen: Ridder (1973, 1977), Schied (1976), Friedrich (1977), Friedrich et al. (1979) und Rupp (1981).

KONSEQUENZEN FÜR DIE THEORIE UND THERAPIE DER FAMILIE

Hartig (1975) nennt als wichtige, sozial bedingte Variablen, die das psychotherapeutische Geschehen beeinflussen: "(1) Die engere soziale Umgebung, (2) der institutionelle Rahmen, innerhalb dessen Therapie stattfindet, (3) das umfassende soziale Feld, in dem Klient und Therapeut leben" (a.a.O.,S. 30). Auf die Familie übertragen umfaßt der erste Variablenbereich die engere Lebenserfahrung und Einflüsse, denen die Familie außerhalb der therapeutischen Situation ausgesetzt ist. Ebenso ist der Therapeut abhängig von seinen Erfahrungen innerhalb seines sozialen Feldes, die sich auf sein Verhalten in der therapeutischen Situation auswirken. Die zweite Gruppe enthält Variablen, wie den institutionellen Rahmen der Therapie, Ort der Therapie, Raumgestaltung, Sitzordnung, Honorarfrage und Zeitplan. Als letztes wird das umfassende soziale Feld genannt, womit "das Gesamt an historischen, sozialen, ökonomischen und kulturellen Bedingungen, denen Klient und Therapeut ausgesetzt sind" (a.a.O., S. 31), gemeint ist.

Wie wirkt sich nun der Einbezug sozioökonomischer Faktoren auf die Familie aus und inwiefern wird der Therapeut bzw. sein Handeln in der therapeutischen Situation dadurch beeinflußt? In der Therapie soll die Familie dazu befähigt werden, Aufklärung über sich zu gewinnen. Die Kenntnis der Wechselwirkungen zwischen internen Beziehungsformen und dem Umfeld der Familie trägt zum Verständnis des Familienlebens bei. Die Erweiterung der Sichtweise vom innerfamilialen Geschehen auf gesellschaftliche Bedingungen familialer Kommunikation und Problematik ermöglicht das Herstellen von Zusammenhängen, z.B. zwischen der Funktion der Familie für die Gesellschaft, ihrem Ausschließlichkeitscharakter als Lebensform und den Mechanismen der gegenseitigen Unterdrückung und Abhängigkeit in der Familie oder das Bewußtmachen der materiellen Abhängigkeit (Art und Höhe des Einkommens, Art der Konsumgüterproduktion usw.) sowie der ideologischen Abhängigkeit von der Gesellschaft (Normen der Gesellschaft werden übernommen). Gesellschaftliche Verhältnisse können so erkannt und evtl. als modifizierbar erfahren werden. Durch die Thematisierung der Familienprobleme als System-Umwelt-Probleme wird verhindert, daß sich die Familie als insuffizient, als Sündenbock, erlebt und allein verantwortlich fühlt. Damit wird die personen- bzw. familienbezogene Deutung gesellschaftlich mitbedingter Konflikte aufgehoben.

Es wird überdies ein Beitrag dazu geleistet, daß die Abhängigkeit zwischen Familie und Gesellschaft nicht weiterhin verschleiert wird, indem am Ideal der harmonischen Familie und an der Illusion vom Freiraum der Familie festgehalten wird.

Dreier (1980) schließt aus der Abhängigkeit der Familie von gesellschaftlichen Verhältnissen, daß den Möglichkeiten der Entwicklung und Umformung der Familie aus eigener Kraft Grenzen gesetzt sind. Das bedeutet, daß erst die Kontextanalyse eine Bestimmung der Entwicklungsmöglichkeiten einer Familie und eine Aktivierung ihrer Ressourcen, was ja in der Familientherapie eine wesentliche Rolle spielt, erlaubt.

Um diese Überlegungen zu konkretisieren, möchte ich beispielhaft einige Zusammenhänge zwischen Arbeit und Familie, wie sie sich im Umgang mit Familien zeigen, skizzieren.

Beispiele:

Eine Frau beklagt sich, daß ihr Mann zu viel Zeit und Energie in die Arbeit investiere, während sie allein die Verantwortung für die Kinder habe. Nicht einmal am Sonntag kümmere er sich um die Familie, sondern gehe auf den Fußballplatz. Er gibt zu, daß er viel arbeite, aber das sei aus seiner Sicht notwendig, um seinem Selbständigenstatus gerecht zu werden ("Ich muß mich erst etablieren, viel für die Kunden tun, um sie zu behalten"). Über Jahre hinweg wird dasselbe Muster der Interaktion produziert: sie klagt ihn an, er zieht sich zurück... Erst durch Metakommunikation wird es dem Paar möglich, die Bedeutung des Themas "Arbeit" für die Beziehung zu erkennen: Auf der Inhaltsebene wurde gestritten, auf der Beziehungsebene wurde das Problem Nähe/Distanz ausgetragen (für den Mann war die Arbeit eine Möglichkeit, sich abzugrenzen und zugleich seine Verantwortung für die Familie zu demonstrieren; die Frau wollte mehr Nähe herstellen, indem sie mehr gemeinsame Familienaktivitäten forderte).

Ein Mann ist unzufrieden mit seinem Arbeitsplatz (Ärger mit den Kollegen, eintöniger Arbeitsverlauf, keine Möglichkeit der Umstrukturierung). Zuhause ist er seiner Familie gegenüber aggressiv, regt sich über jede Kleinigkeit auf, kritisiert ständig.

Ein Paar hat sich auf die Beziehungsdefinition geeinigt: der Mann ist schwach, hat keine Eigeninitiative und ist unfähig, sich Ziele zu setzen; die Frau dagegen ist stark und weiß, was für beide das Beste ist. Die Frau hat den Plan, daß ihr Mann in seinem Beruf aufsteigen soll, was durch Fortbildungen erreichbar ist. Folgendes Interaktionsmuster hat sich entwickelt: Sie überwacht und kontrolliert seine Bemühungen, sich weiterzubilden; er versucht, sich dem zu entziehen, indem er nichts arbeitet, sich bestimmte Lerninhalte nicht einprägen kann. Gleichzeitig hat er Schuldgefühle, daß er ihre selbstlosen Bemühungen sabotiert, obwohl das alles doch in seinem Interesse ist.

Ein Mann nimmt einen Wechsel vom Angestelltenstatus zum Selbständigenstatus vor. Seine Frau kommt damit nicht zurecht, weil sie sich nicht mehr frei in der Wohnung bewegen kann. Sie fühlt sich unter Zwang, immer etwas im Haushalt zu arbeiten, denn ihr Mann könnte ja jederzeit kommen und ihr Faulheit vorwerfen.

Eine Frau beklagt sich, daß ihr Mann den interessanten Anteil am Leben hat, daß er einen Beruf ausüben kann, während sie sich nur um Haushalt und Kinder kümmern muß.

Ein Mann fühlt sich von der Familie ausgebeutet: Er muß dauernd einer Arbeit nachgehen, sich um das Einkommen kümmern und hat dabei das Gefühl, daß er von der Familie nichts bekommt.

Die Karriere eines Mannes verlangte einen Umzug in eine andere Stadt. Die Frau und die Kinder haben den Eindruck, daß sie sich unterordnen müssen, indem sie mitgehen, obwohl sie keinen Wohnortwechsel wollen.

In Friedrich et al. (1979, S. 196) werden Randschichtfamilien beschrieben. Ein geringes Einkommen hatte den Autoren zufolge viele Konsequenzen für die Familien: Die aufgrund des begrenzten Familienbudgets beengte Wohnung beeinträchtigte das Austragen von Konflikten, es gab keine Rückzugsmöglichkeiten; infolgedessen kam es zu aggressivem Verhalten als einer Möglichkeit zur Abgrenzung. Das fehlende Geld war häufiger Anlaß zu Auseinandersetzungen. Möglichkeiten zur Kompensation (Kinobesuch, Geschenke) als Ausgleich für die innerfamilialen Spannungen waren nicht gegeben. Das Selbstwertgefühl der Familie war sehr gering, was dem hohen Stellenwert eines größeren Einkommens in der Familie entsprach.

Diese Beispiele führen die Bedeutung des Einbezugs sozioökonomischer Faktoren in die Diagnose der Familieninteraktionen nochmals eindrücklich vor Augen.

Der Therapeut selbst wird durch den Kontext seiner Lebensbedingungen beeinflußt; seine Familienerfahrungen, seine Schichtzugehörigkeit sind Faktoren, die sein Handeln prägen. Seine persönlichen Wertvorstellungen, sozialen Interessen und theoretischen Bezugssysteme beeinflussen seine Einschätzung der Entstehungsbedingungen und Wahrnehmung der Probleme der Familie, das Ausschalten alternativer Erklärungen, das Aufstellen von Hypothesen und damit die Grundlagen des therapeutischen Prozesses. Daraus folgt, daß die Berücksichtigung sozialer Einflußfaktoren auch die Person des Therapeuten einschließen muß.

Der Therapeut sollte seine Einstellung zum Thema Familie anhand soziologischer Konzepte überprüfen, da er sonst Gefahr läuft, normative Modelle unhinterfragt an Familien heranzutragen. Da der Verzicht auf Reflexion der Normen nicht identisch ist mit dem Verzicht auf Normen überhaupt, kommt es in der Regel zu einer unbewußten Übername des herrschenden normativen Bezugssystems (Zimmer 1969, S. 146). Therapeutisches Handeln besitzt aber gesellschaftliche Relevanz: Menschen können entweder wieder funktionsfähig gemacht werden, womit ein Beitrag zur Stabilisierung der Gesellschaft sowie bestehender Familienformen geleistet wird, oder es kann eine Veränderung bewirkt werden, die eine Entwicklung zur Emanzipation von unterdrückenden Zwängen bedeutet. Eine allgemeingültige Lösung der Zieldiskussion innerhalb der Familientherapie kann es nicht geben, man kann nur wünschen, daß Familientherapie als bewußtes, gesellschaftsbezogenes Handeln immer mitreflektiert, welche gesellschaftlichen Tendenzen durch die Therapie unterstützt werden und was bei der jeweiligen Familie an Anpassungsleistungen und was an Innovation angebracht ist.

Es wurde schon mehrfach darauf hingewiesen, daß ein Zusammenhang besteht zwischen dem jeweiligen theoretischen Erklärungsmodell für das Entstehen von "Störungen" und dem therapeutischen Vorgehen. Anhand des Symptoms "Depression" soll exemplarisch aufgezeigt werden, welche Unterschiede sich durch die Einbeziehung von Umweltfaktoren bei der Veränderung von Familien gegenüber anderen theoretischen Konzepten ergeben. In diesem Rahmen kann allerdings nur eine Auswahl in oberflächlicher Form geboten werden: Es wird nicht differenziert zwischen unterschiedlichen depressiven Krankheitsbildern, zwischen psychotischer und neurotischer Depression, endogener oder reaktiver Depression, oder, wie etwa innerhalb der Psychoanalyse, zwischen Depression als klinischem Syndrom und Depression als Stimmung. Die jeweils angegebenen Veränderungsstrategien der verschiedenen Schulen bedeuten auch nicht den Anspruch auf Vollständigkeit, und es wird keine exakte Trennung zwischen den Zielen der Therapie und den Interventionen zur Erreichung der Ziele vorgenommen.

Verschiedene psychologische Schulen interpretieren das Symptom der Depression als eine Störung der Persönlichkeit:

- Innerhalb der Psychoanalyse gibt es hierzu verschiedene Positionen. Seit den ersten einschlägigen Arbeiten von Abraham (1971) und Freud (1917), in denen Depression als Folge von Aggression und Haß, die sich über ein strafendes Über-Ich gegen das Selbst gewandt haben - und zwar als Reaktion auf ein verlorenes Objekt -, wird das klassische Modell der Melancholie als Erklärungsmodell herangezogen. Der frühe Objektverlust als Ursache der Depression kann in der Realität oder in der Phantasie erlebt worden sein. Davon abzugrenzen ist die Auffassung von Depression als einer Reaktion auf den Verlust eines frühen Zustandes des Selbst (z.B. bei der Geburt eines Geschwisters kann der mit Wohlbefinden gekoppelte ideale Zustand der engen Mutter-Kind-Beziehung verloren gegangen sein). Eine dritte Position nimmt etwa Bibring (1953) ein, der Depression als affektiven Zustand des Ichs, und zwar als Zustand der Macht- und Hilflosigkeit bezeichnet. Auch Jacobson (1977) faßt Depression als Ich-Störung auf, ausgelöst durch einen Konflikt zwischen Ich und Über-Ich. Gemeinsam ist allen psychoanalytischen Erklärungen die Annahme einer Prädisposition zur Depression in der frühen Kindheit. Veränderung wird angestrebt durch die Einsicht in die Entstehungsgeschichte der Depression, d.h. das Bewußtmachen unbewußter Vorgänge, was v.a. durch Übertragungsprozesse in der therapeutischen Situation geschieht.

- Die lernpsychologisch orientierte Verhaltenstherapie betont das Lernen von Verhalten. Depression kann demnach aufgrund operanter Konditionierung (z.B. Verstärkung der Hilflosigkeit) oder durch Lernen am Modell (z.B. die Eltern) erworben worden sein. Auch die mangelnde Fähigkeit, Verstärker wahrzunehmen bzw. anzunehmen, ist in diesem Zusammenhang wichtig (bestimmte Fähigkeiten wurden also nicht gelernt).
Verhaltensänderung wird erreicht durch das Lernen von angemessenem Verhalten, hier von Selbstsicherheit (Assertivenesstraining), oder durch die Fähigkeit, sich Verstärker zu verschaffen (Blöschl 1978; Seligman 1979).

- Die kognitive Therapie schließlich nimmt als Ursache eine fehlerhafte Einschätzung der eigenen Person, anderer Personen oder Situationen an (unangemessene Denkprozesse), die sich in Selbstverbalisierungen ("ich tauge nichts") und im unangemessenen Kognizieren von Situationen zeigen.
Hier sind das Lernen von neuen Selbstdefinitionen, Selbstverbalisierungen, die Veränderung der Wahrnehmung von Situationen, ihre kognitive Umstrukturierung angebracht (Ellis 1977; Meichenbaum 1977, 1979; Mahoney 1977; Hoffmann 1976; Hautzinger u. Hoffmann 1979; Jaeggi 1979; Beck 1979; Beck et al. 1981).

Im Unterschied zu diesen personenzentrierten Erklärungsmodellen werden Beziehungsprobleme als Ursache von "Störung" angenommen. Diese Erklärungsmöglichkeit wird von psychoanalytischer Seite (z.B. Willi 1975) und von der neueren Verhaltenstherapie in Betracht gezogen. Eine depressive Frau z.B. könnte ihr Verhalten als eine Antwort auf das Verhalten ihres Mannes, das sie als dominant, aktiv, sich distanzierend erlebt, begreifen. Sie hat Angst, ihn zu verlieren und reagiert depressiv, um sein Mitleid zu erregen und ihn zur Zuwendung zu animieren. Er dagegen wird sich durch ihr anklammerndes Verhalten bedroht fühlen und seine Abgrenzungsversuche von ihr als Reaktion auf ihr Verhalten interpretieren.

Veränderung geschieht durch Einsicht in die Wechselwirkungsmechanismen zwischen den Partnern, durch Bewußtmachen der unbewußten Motive und gegenseitigen Projektionen, und die Hereinnahme von bisher abgewehrten Anteilen in das Verhaltensrepertoire (z.B. anklammerndes Verhalten durch autonomes Verhalten ersetzen). Grawe, als ein Vertreter der Verhaltenstherapie, der kommunikationstheoretische Strategien einbezieht, würde vielleicht eine paradoxe Intervention für angebracht halten, um das Prinzip des "mehr desselben" zu durchbrechen (Grawe 1980; Watzlawick et al. 1974).

Die dritte Erklärungsmöglichkeit für Depression beruht auf der Annahme, daß Kommunikationsprobleme die Ursache sind; somit wäre Depression als ein angemessenes Reaktionsmuster auf gestörte Interaktions- und Kommunikationsformen zu verstehen, beispielsweise keine offene Kommunikation, dauernde Kämpfe um die Beziehungsdefinition ohne Metakommunikation, evtl. Double-bind-Situationen. Alle Beteiligten müßten angemessene Kommunikationsmuster lernen, wie offene Kommunikation, Ansprechen des Beziehungsaspektes, keine Schuldzuschreibungen und damit Verhinderung von Interpunktionen, eigene Wünsche müßten direkt geäußert werden (Satir 1973; Mandel et al. 1973; Watzlawick et al. 1979, 1974).

Davon abgrenzen möchte ich systemtheoretische Ansätze der Familientherapie, obwohl auch sie kommunikationstheoretische Aspekte

benutzen, da sie m.E. noch einen Schritt weiter gehen: Der Systemcharakter von Familie wird betont, d.h. jedes Verhalten, hier wäre es "Depression", kann nur im Gesamtzusammenhang aller Beziehungen der Familie gesehen werden. Von psychoanalytischer Seite würde eine solche Familie (z.B. von Richter 1972) als symptomneurotisch beschrieben werden; alle Familienmitglieder erscheinen gesund auf Kosten eines Familienmitgliedes.
Stierlin (1975) würde sich mit den Delegationsprozessen und Loyalitätskonflikten in der Familie befassen. Von diesen Erklärungsmodellen abzugrenzen ist das strukturalistische Modell der Familientherapie (Minuchin 1977; Zuk 1975; Haley 1978). Das Symptom wird als Ausdruck eines dysfunktionalen Familiensystems aufgefaßt, das der Erhaltung des Gleichgewichts des Systems dient, gleichzeitig aber auf die "Störung" aufmerksam macht. Wenn ein Familienmitglied an Depression leidet, könnte die Dysfunktionalität des Systems darin bestehen, daß kein ausgewogenes Verhältnis zwischen Nähe und Distanz besteht (aus Angst vor Nähe werden die Grenzen zwischen den Familienmitgliedern und nach außen betont, oder aus Angst vor Distanz werden nur diffuse Grenzen zwischen bestimmten Familienmitgliedern zugelassen). Das System zeichnet sich somit entweder durch einen Mangel an Integration oder durch einen Mangel an Differenzierung aus.

Veränderung wird angestrebt durch eine Umdeutung des Problems, die allen Familienmitgliedern ihren Anteil am Symptom "Depression" und ihren "Gewinn" daraus bewußt macht. Im Hinblick auf die Handhabung von Nähe und Distanz muß eine Umstrukturierung der Familienbeziehungen vorgenommen werden.

Als letzte Erklärungsmöglichkeit sollen nun gesellschaftliche Bedingungen herangezogen werden: Depression als angemessenes Verhalten auf Lebensbedingungen wie Isolation der Familie, Leistungsanforderungen und damit verbundenem Konkurrenzverhalten im Beruf, Abhängigkeit von Konsum durch die Zugehörigkeit zu bestimmten Bezugsgruppen (Kollegen, Verwandte oder Nachbarn).

Veränderung müßte dementsprechend Versuche einschließen, die Isolation der Familie aufzuheben, z.B. durch Aktivitäten im unmittelbaren Lebensfeld, durch eine Berufstätigkeit der Frau mit Möglichkeiten der Kinderbetreuung, Kontakte mit anderen Familien. Auch Veränderung innerhalb der Wohnung könnten die Familienstruktur ändern, indem z.B. individuelle und gemeinsame Bereiche geschaffen werden. Ein Aufarbeiten der Arbeitsplatzerfahrungen, der Einbezug von relevanten Bezugsgruppen (Speck u. Attneave 1976) und Verhandlungen mit Institutionen, mit denen die Familie in Beziehung steht (Minuchin et al. 1967), sind andere Möglichkeiten der Veränderung. Die Berücksichtigung sozialer Faktoren schließt m.E. ein Aufsuchen der Familie in ihrem Wohngebiet notwendig ein, wie es für Sozialarbeiter schon längst zur Selbstverständlichkeit gehört, sowie eher direkte Methoden der Intervention mit konkreten Handlungsanweisungen, evtl. auch eine Beteiligung des Therapeuten am Alltagsleben der Familie. Ridder ist der Meinung, daß sich Veränderungen innerhalb der Familie nur dann stabilisieren werden, wenn die familienrelevante Umwelt den Wandel der Familie akzeptiert und integriert (1977, S. 295). "Ein soziologischer Ansatz wird den Begriff der Familientherapie abstrakter fassen und ihn auf die Veränderung des sozialen Systems der Familie und seiner unmittelbaren gesellschaftlichen Umwelt beziehen (Verwandtschaft, Nachbarschaft, Gemeinde, Beruf, Schule, ökologische Umwelt, Gangs, Netzwerk von Kommunikationsbeziehungen und Hilfsbereitschaft)" (Ridder 1973, S. 65).

Eine erfolgreiche Änderung der Beziehungen der Familie zu ihrer Umwelt kann nach Ridder in folgender Weise untersucht werden:

- Die Familie kann ihren Bestand erhalten und dynamisch weiterentwickeln (Balance zwischen Homöostase und Anpassung an veränderte Situationen).

- Die Familie verfügt über einen genügenden Grad an Autonomie, d.h. sie kann ihre Austauschbeziehungen zur Umwelt den eigenen Bedürfnissen entsprechend regeln.

- Sie ist überdies in der Lage, Einfluß auf ihre Umwelt zu nehmen, sich an sie betreffenden Entscheidungen zu beteiligen und ihren Handlungsspielraum bei Bedarf auszuweiten.

- Die Familie vermag flexibel auf Neuerungen zu reagieren (Ridder 1973, S. 77).

Beim Vergleich der verschiedenen Erklärungsmodelle entsteht der Eindruck, daß alle Schulen für sich in Anspruch nehmen, die allein richtige Erklärung zu bieten. Die Erklärungsmuster der anderen werden gleichzeitig mit Etiketten wie "oberflächlich" oder "unwissenschaftlich" belegt.

Dem möchte ich ein kreisförmiges Diagnosemodell (Abb. 2) entgegensetzen, das alle Erklärungsmodelle vereint und die sozioökonomischen Lebensbedingungen der Familien einschließt. Zu beachten

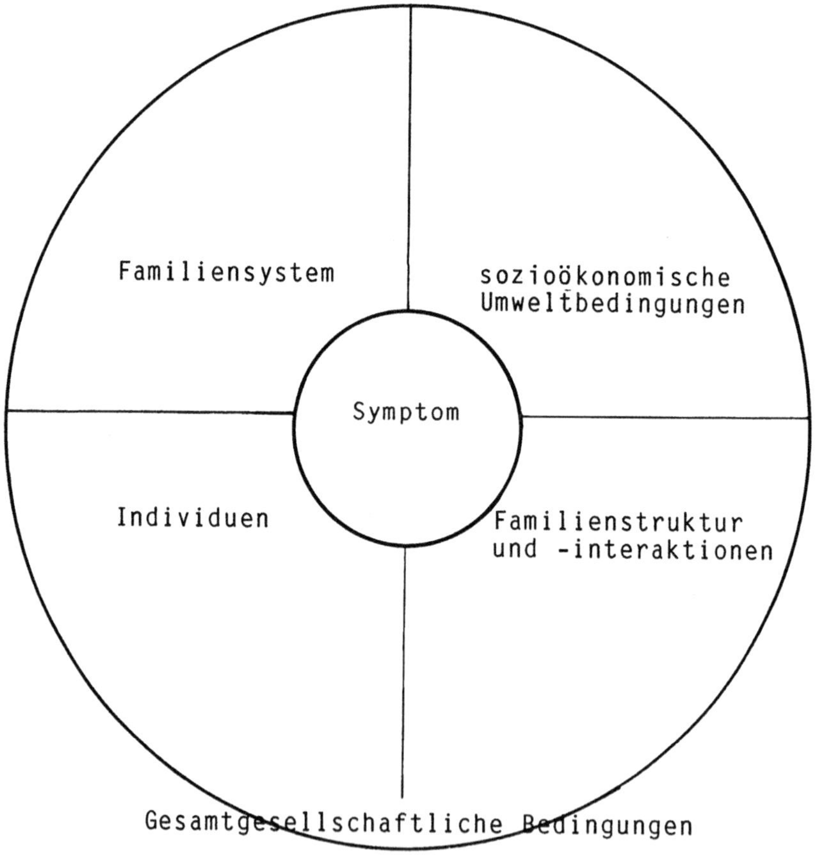

Abb.2. Schema zur Analyse von familialen Prozessen unter Einbeziehung der System-Umwelt-Bedingungen

wäre, daß zwischen allen Bereichen Interdependenzen bestehen. Es werden keine Prioritäten gesetzt, was dem jeweiligen Therapeuten ermöglicht, an den Komplexen anzusetzen, die er je nach theoretischer Orientierung und eigener Kompetenz für angebracht hält. Zu fordern wäre aber, daß die Zusammenhänge zwischen Individuum, Familie und Lebensbedingungen permanent reflektiert werden, da nur so ein Verständnis und die Veränderung von Familienprozessen möglich erscheinen.

Die Analyse der Beziehungen zwischen Individuen und Familie und zwischen Familie und Umwelt müßte dem Prozeßcharakter des Systems Rechnung tragen. Zur Erläuterung von Abb. 2 seien beispielhaft einige Hinweise gegeben :

Das Symptom:	Es wurde an eine zentrale Stelle gerückt, da es meistens als Anlaß für das Aufsuchen einer Therapie anzusehen ist, und weil es Hinweise geben kann auf die Art der Probleme einer Familie. Herauszufinden wäre die Funktion des Symptoms für das System Familie.
Familienstruktur und -interaktionen:	Subsysteme Grenzen Regeln Kommunikationsmuster Koalitionen Beziehungsdefinitionen
Individuen:	Interaktionelle Pläne (Grawe 1980) Kognitive Entscheidungsprämissen
Familiensystem:	Entwicklungsstand der Familie Geschichte der Familie Prozesse bezüglich Homöostase und Veränderung
Umweltbedingungen:	Arbeitsplatz Wohnverhältnisse Einkommen Freizeitaktivitäten Schule Soziale Beziehungen (Nachbarn, Verwandte, Freunde)
Gesamtgesellschaftliche Bedingungen:	Historische, kulturelle, soziale und ökonomische Gegebenheiten

PROBLEME UND MÖGLICHKEITEN DER ERFASSUNG DER FAKTOREN

Nachdem die Bedeutung des Einbezugs gesellschaftlicher Faktoren für die Familiendiagnostik dargelegt wurde, stellt sich die Frage, wie diese Faktoren erfaßt werden können. Da für die Analyse von Alltagssituationen, wie Arbeit, Freizeit, Wohnraumnutzung, Gespräche mit Nachbarn, kaum Kategorien und Verfahrensweisen zur Verfügung stehen, können hier nur Probleme, Zielvorstellungen und das bisher vorhandene Methodeninventar diskutiert werden.

Die Probleme, die sich bei der Erhebung von Informationen über die Alltagsrealität von Familien ergeben, sind entweder dieselben, wie sie innerhalb der Sozialforschung allgemein thematisiert werden, oder aber sie ergeben sich im Zusammenhang mit der systemorientierten Auffassung von Familie, d.h., im Unterschied zu den meisten bisherigen Methoden, die für das Individuum konzipiert sind, müssen andere Kriterien entwickelt werden.

Das zentrale Problem ist die Frage nach den erkenntnisleitenden Interessen. Danach entscheidet sich m.E., woran die Kriterien bezüglich Normalität und Abweichung von Familien, die Einschätzung dessen, was als Faktor wichtig ist und erfaßt werden muß, und die Auswahl der Methoden zur Erfassung der Familien-Umwelt-Interaktion zu orientieren sind. Grundsätzlich hat ein Therapeut bei der Diagnose einer Familie vier Möglichkeiten der Orientierung: er kann

- eine bestimmte Theorie oder mehrere Theorien als Bezugssystem haben,
- seine eigenen, persönlichen Wertvorstellungen und kognitive Strukturen zugrundelegen,
- ggf. eine Institution als Bezugspunkt wählen, oder
- die Betroffenen selbst als Ausgangspunkt nehmen.

In der Literatur gibt es ausführliche Abhandlungen zu dieser Problematik. Kasakos (1980) diskutiert für die Familienfürsorge die Frage, ob sie bei den strukturellen Problemen der Klienten aufgrund von Fremdeinschätzung oder bei der Wahrnehmung der Klienten ansetzen soll. Habermas (1968) wägt als erkenntnisleitende Interessen gegeneinander ab: übergeordnete Interessen (etwa gesellschaftliche Anforderungen), technische Verfügbarkeit und Kriterien emanzipatorischer Relevanz oder interpersonaler Verständigung. Die Problemstellung entspricht außerdem dem Streit zwischen der klassisch-empirischen Sozialforschung, die nach Objektivität strebt (nach den Wissenschaftskriterien des kritischen Rationalismus),und den Handlungsforschern, die Subjektivität in den Vordergrund stellen. Es stehen sich also zwei Konzepte empirischer Erkenntnisgewinnung gegenüber, wobei die Vertreter der ersten Orientierung der Handlungsforschung Unwissenschaftlichkeit vorwerfen, während Vertreter der zweiten den empirischen Sozialforschern Praxisferne und eine Hierarchisierung der Beziehung zwischen Forscher und Erforschten anlasten. Schneider (1980) entwickelte gegenüber dem Ausschließlichkeitsanspruch dieser beiden Ansätze ein drittes Modell, das beide Positionen einschließt:

- Die Subjektivität des untersuchten "Objektes" wird berücksichtigt und
- gesellschaftstheoretische Grundlagen werden zur Beurteilung der Kriterien miteinbezogen.

Subjektivität und Historizität werden also als zentrale Kategorien zur Erfassung sozialer Prozesse eingeführt.

Wesentliche Gütekriterien bzw. Zielvorstellungen des diagnostischen Prozesses

- Die Komplexität des Gegenstandes muß berücksichtigt werden, d.h. die Wechselwirkung zwischen Gesellschaft, Familie und Individuum darf nicht aus dem Blickfeld geraten.

- Die Diagnose muß prozeßorientiert sein, der Entwicklungscharakter sozialer Phänomene soll sichtbar werden. Im Sinne Ridders: "Man identifiziert ein Ganzes, wenn es sich bewegt" (1977, S. 101), muß die Prozeßanalyse der Strukturbeschreibung vorangehen.

- Theorie und Empirie sollten vereint werden, indem die Beobachtung der familialen Interaktion durch eine Theorie vorstrukturiert und konkrete Handlungsbedingungen theoriegeleitet analysiert werden.

- Die Relevanz der Faktoren kann darüberhinaus nur bestimmt werden, wenn die Betroffenen, also die Familien, in die Diskussion einbezogen werden. Objektive Bestimmungsmomente, die unabhängig von den Äußerungen der Betroffenen erfaßt werden, und subjektive Lebensäußerungen der Familie sollten miteinander kombiniert werden. Der Therapeut kann den Sinn bestimmter Ereignisse für die Familie nur verstehen, wenn er die Familie als Informationsquelle akzeptiert. Die Repräsentation der Umwelt im Erleben der Familie muß für den Therapeuten erfahrbar werden. Wenn sich dann bei einer Gegenüberstellung der familialen und therapeutischen Definitionen Widersprüche ergeben, müssen diese mit der Familie bearbeitet werden. So ergeben sich z.B. bei der Einschätzung der Bedeutung des Symptoms Unterschiede in der Selbstwahrnehmung der Familie und in der Einschätzung des Therapeuten (die sich auf Verhaltensbeobachtung, Erhebungsinstrumente oder sein theoretisches Bezugssystem stützen kann). Mit der Aufnahme einer Therapie signalisiert die Familie schon, daß sie allein nicht in der Lage ist, die Probleme zu bewältigen. Diskrepanzen in der familialen und therapeutischen Problemdefinition sind daher zwangsläufig mit Therapie verbunden.

Durch Kooperation zwischen der Familie und dem Therapeuten wird eine Präzisierung und Konkretisierung der Problematik in der Familie erreicht, wesentliche Zusammenhänge des Geschehens in der Familie werden herausgearbeitet, die familienspezifischen Erscheinungsformen der Umweltfaktoren werden erkennbar (z.B. wie geht eine bestimmte Familie mit den Arbeitsplatzerfahrungen des Mannes um?). Mit der Familie zusammen wird analysiert, wie sich gesellschaftliche Bedingungen, vermittelt über lebenspraktische Handlungs- und Beziehungsstrukturen, in familialen Konstellationen ausdrücken.

Bei Berücksichtigung aller dieser Aspekte sollte es möglich sein, ein strukturiertes Bild von der aktuellen Situation der Familie zu erhalten, das im Verlauf des diagnostisch-therapeutischen Prozesses immer wieder durch Abwägen zwischen Offenheit, Flexibilität und systematischer Planung in der Kommunikation zwischen Therapeut und Familie modifiziert wird. Als weitere Konsequenz hieraus dürfte die bessere Ableitung von therapeutischen Strategien aus der Diagnose betrachtet werden.

Ein Schema zur Darstellung des diagnostischen Handelns von Therapeut und Familie in der Therapie würde dann so aussehen (Abb. 3):

Planung der Informationsgewinnung

↓

Datenerhebung: Individuale, familiale, soziale und wirtschaftliche Bedingungen der Familie

↓

Analyse der Wechselwirkungen

↓

Hypothesenformulierung
Vorläufiger Therapieplan

↓

Zielbestimmung

Abb. 3. Darstellung des therapeutischen Handelns

Da sich während des Prozesses das Geflecht der sozialen, ökonomischen und interpersonellen Lebensbedingungen immer mehr aufschlüsselt, wird immer wieder zum Ausgangspunkt zurückgegangen und die entsprechende Modifikation vorgenommen (über Methoden der Informationsgewinnung s. Cromwell et al., S. 105 ff.).

Hier möchte ich nur auf die Verfahren hinweisen, die geeignet sind, soziale Einflußfaktoren innerhalb der Familiendiagnostik zu erfassen. Als Erhebungsinstrumente kommen in Frage die Familie-Umwelt-Skalen von Moos (1974a,b) und der Fragebogen zur Erfassung der Situation am Arbeitsplatz und in der Familie von Koch u. Laschinsky (1979).

Informationen können auch gewonnen werden durch Interviews mit der Familie mit dem Thema Umweltbeziehungen oder direkt mit den für die Familie relevanten Personen ihres Umfeldes, wie den Lehrern der Kinder, Kollegen der berufstätigen Eltern, Verwandten usw. Auch Beobachtungen der Familie im Alltag können hier der Datengewinnung dienen: z.B. in der Freizeit, am Arbeitsplatz. Rollenspiele sind eine besonders geeignete und leicht durchführbare Möglichkeit, etwas über die Außenbeziehungen der Familie zu erfahren. In der therapeutischen Situation können die entsprechenden Konflikte der Familie gespielt werden.

Zusammenfassung

Es wurde dafür plädiert, die sozialen Sinnzusammenhänge in der Diagnose und Therapie von Familien zu berücksichtigen. Die sozioökonomische Situation der Familie in ihrem historisch-gesellschaftlichen Zusammenhang sollte durch eine Analyse der materiellen und sozialen Merkmale des Lebensraumes der Familie in die diagnostisch-therapeutische Theorie und Praxis einbezogen werden. Ein nur auf den Aspekt innerfamilialen Geschehens beschränktes Verständnis von Familie vernachlässigt die enge Verflochtenheit von Familie und Gesellschaft. Entscheidende Bedingungen werden für das System Familie durch das gesellschaftliche Umfeld gesetzt:

- die Familie ist durchdrungen von gesellschaftlichen Norm- und Wertvorstellungen, und
- objektive und subjektive Faktoren des Kontextes von Familie prägen das familiale Interaktionssystem.

Auch der Therapeut selbst wird von gesellschaftlichen Bedingungen beeinflußt. Die fortlaufende Selbstreflexion über den politisch-emanzipatorischen Stellenwert von Therapie kann als Kontrolle therapeutischen Handelns dienen. So wird verhindert, daß der Therapeut im doppelten Sinn affirmativ wirkt: indem er die Therapie an bestehenden Normen ausrichtet und den gesellschaftlichen Bedingungskontext familialer Probleme verdeckt. Der Einbezug der Kontextbedingungen familialen Verhaltens kann zu bestimmten therapeutischen Strategien, die auf Umweltveränderung abzielen, führen. Die Grenzen der Umweltveränderung in der Therapie sind offensichtlich, hier muß familienpolitisches Handeln einsetzen.

Eine optimale Verwirklichung der hier angestellten Überlegungen ist derzeit noch nicht möglich; sie scheitert am unterentwickelten Stand der Familiendiagnostik. Hier bleibt als Aufgabe die Entwicklung und Überprüfung handlungsanleitender diagnostischer Kriterien, die die Wechselwirkung zwischen Gesellschaft, Familie und Individuum zur Grundlage haben, wozu empirische Forschung über die Familiendynamik notwendig ist.

Literatur

Abraham K (1971) Ansätze zur psychosozialen Erforschung des manisch-depressiven Irreseins und verwandter Zustände. In: Cremerius J (Hrsg) Psychoanalytische Studien, Bd II. Fischer, Frankfurt, S 146-162

Abrahams FF, Sommerkorn IN (1976) Arbeitswelt, Familienstruktur und Sozialisation. In: Hurrelmann K (Hrsg) Sozialisation und Lebenslauf. Empirie und Methodik sozialwissenschaftlicher Persönlichkeitsforschung. Rowohlt, Reinbek, S 70-89

Auerswald E (1973) Families, change and ecological perspective. In: Ferber A, Mendelsohn M, Napier A (eds) The book of family therapy. Houghton Mifflin, Boston, pp 684-705

Baum M (1951) Familienfürsorge. Schulz, Berlin Hannover Frankfurt

Beck AT (1979) Wahrnehmung der Wirklichkeit und Neurose. Kognitive Psychotherapie emotionaler Störungen. Pfeiffer, München

Beck AT, Rush J, Shaw AJ, Emery G (1981) Kognitive Therapie der Depression. Urban & Schwarzenberg, München

Beicht W, Isecke H, Krings-Huber G, Mollenhauer K (1976) Familiale Kommunikationsstrukturen. In: Hurrelman K (Hrsg) Sozialisation und Lebenslauf. Empirie und Methodik sozialwissenschaftlicher Persönlichkeitsforschung. Rowohlt, Reinbek, S 104-126

Bernstein B (1973) Ein sozio-linguistischer Ansatz zur Sozialisation. Mit einigen Bezügen auf Erziehbarkeit. In: Graumann CF, Heckhausen H (Hrsg) Pädagogische Psychologie. Reader zum Funk-Kolleg, Bd 1. Fischer, Frankfurt, S 257-286

Bibring E (1953) The mechanism of depression.In: Greenacre P (ed) Affective disorders.Psychoanalytic contribution to their study.

International University Press, New York
Blöschl L (1978) Psychosoziale Aspekte der Depression. Huber, Bern Stuttgart Wien
Bolm W (1980) Zum Einfluß beruflicher Belastungen auf die Entstehung psychischer Krisen. Psychiatr Prax 7:172-177
Bronfenbrenner U (1976) Ökologische Sozialisationsforschung. Mit einer Einf. v. K. Lüscher. Klett, Stuttgart
Bundesministerium für Jugend, Familie und Gesundheit (Hrsg) (1975) Zweiter Familienbericht, Bonn-Bad Godesberg
Caesar B (1972) Autorität und Familie. Rowohlt, Reinbek
Detering D (1980) Familientherapieorientierte Familienhilfe für Unterschichtsfamilien. Theor Prax Soz Arbeit 6:208-214
Dreier O (1980) Familiäres Sein und familiäres Bewußtsein. Therapeutische Analyse einer Arbeiterfamilie. Campus, Frankfurt New York
Duss-von Werdt J (1976) Familientherapie als angewandte Familiensoziologie. In: Richter HE, Strotzka H, Willi J (Hrsg) Familie und seelische Krankheit. Rowohlt, Reinbek, S 38-47
Duss-von Werdt J, Welter Enderlin R (Hrsg) (1980) Der Familienmensch. Klett-Cotta, Stuttgart
Ellis A (1977) Die Rational-Emotive Therapie. Das innere Selbstgespräch bei seelischen Problemen und seine Veränderung. Pfeiffer, München
Ferber L von (1977) Psychosoziale Hintergründe des Schlaganfalls. Med Mensch Ges (MMG) 2:36-44
Freud S (1917) Trauer und Melancholie. Gesammelte Werke, Bd X. Fischer, Frankfurt, S 427-446
Friedrich H (1977) Soziologie der Familie und Familientherapie. Med Mensch Ges (MMG) 2:201-208
Friedrich H, Fränkel-Dahmann J, Schaufelberger HJ, Streeck U (1979) Soziale Deprivation und Familiendynamik. Vandenhoek & Ruprecht, Göttingen
Gottschalch W, Neumann-Schönwetter M, Soukup G (1974) Sozialisationsforschung. Materialien, Probleme, Kritik. Fischer, Frankfurt
Grawe K (Hrsg) (1980) Verhaltenstherapie in Gruppen. Urban & Schwarzenberg, München
Grüneisen EH, Hoff V (1977) Familienerziehung und Lebenssituation. Beltz, Weinheim Basel
Guntern G (1980) Der Wandel vom psychoanalytischen zum systemischen Paradigma. Familiendynamik 5:2-41
Habermas J (1968) Erkenntnis und Interesse. Suhrkamp, Frankfurt
Hagemann-White G, Wolff R (1975) Lebensumstände und Erziehung: Grundfragen der Sozialisationsforschung. Roter Stern, Frankfurt
Haley J (1978) Gemeinsamer Nenner Interaktion. Pfeiffer, München
Hartig M (1975) Probleme und Methoden der Psychotherapieforschung. Urban & Schwarzenberg, München
Hautzinger M, Hoffmann N (Hrsg) (1979) Depression und Umwelt. Müller, Salzburg
Hess RD, Handel G (1975) Familienwelten. Schwann, Düsseldorf
Hoffmann N (Hrsg) (1979) Grundlagen kognitiver Therapie. Huber, Bern Stuttgart Wien
Holzkamp K (1980) Vorwort. In: Dreier O (Hrsg) Familiäres Sein und familiäres Bewußtsein. Therapeutische Analyse einer Arbeiterfamilie. Campus, Frankfurt New York

Jacobson E (1977) Depression - Eine vergleichende Untersuchung normaler, neurotischer und psychotisch-depressiver Zustände. Suhrkamp, Frankfurt
Jaeggi E (1979) Kognitive Verhaltenstherapie. Beltz, Weinheim Basel
Kasakos G (1980) Familienfürsorge zwischen Beratung und Zwang.Juventa, München
Kastien I, Knerlich-Stauss E, Wehling G (1981) Familien- und Sozialbetreuung im Märkischen Viertel Berlin. Theor Prax Soz Arbeit 2:53-60
Keupp H (1974) Modellvorstellungen und Verhaltensstörungen: "Medizinisches Modell" und mögliche Alternativen. In: Kraiker C (Hrsg) Handbuch der Verhaltenstherapie. Kindler, München, S 117-148
Kleemann M, Massing A (1976) Gesellschaft,Familie und Individuum. In: Richter HE, Strotzka H, Willi J (Hrsg) Familie und seelische Krankheit. Rowohlt, Reinbek, S 48-67
Koch U, Laschinsky D (1979) Fragebogen zur Erfassung der Situation am Arbeitsplatz und in der Familie.Psychol Prax 23:165-173
Kohn ML (1969) Class and conformity. A study in values. Dorsey, Homewood (Illinois) Georgetown (Ontario)
Kraiker C (1980) Psychoanalyse, Behaviorismus, Handlungstheorie. Kindler, München
Langsdorf R (1978) Understanding the role of extrafamilial social forces in family treatment: A critique of family therapy. Fam Ther 1:75-79
Leithäuser T, Heinz WR (1976) Vorbemerkung. In: Lorenzer A, Leithäuser T, Krovoza A et al. (Hrsg) Produktion, Arbeit und Sozialisation. Suhrkamp, Frankfurt
Lummert I (1969) Probleme der sozialen Diagnose. Blätter Wohlfahrtspflege 7:204-211
Mahoney MJ (1977) Kognitive Verhaltenstherapie.Urban & Schwarzenberg, München
Mandel A, Mandel KH, Stadter E, Zimmer D (1973) Einübung in Partnerschaft durch Kommunikationstherapie und Verhaltenstherapie. Pfeiffer, München
Martens K (1974) Sprachliche Kommunikation in der Familie. Scriptor, Kronberg
Meichenbaum D (1977) Methoden der Selbstinstruktion. In: Kanfer FH, Goldstein AP (Hrsg) Möglichkeiten der Verhaltensänderung. Urban & Schwarzenberg, München, S 407-450
Meichenbaum D (1979) Kognitive Verhaltensmodifikation. Urban & Schwarzenberg, München
Minuchin S (1977) Familie und Familientherapie. Lambertus, Freiburg
Minuchin S, Montalvo B, Guerney BG, Rosman BL, Shumer F (1967) Families of the slums: An exploration of their structure and treatment. Basic Books, New York
Mollenhauer K, Brumlik M, Wudtke H (1975) Die Familienerziehung. Juventa, München
Moos RH (1974a) The social climate scales: An overview.Consulting Psychologist Press, Palo Alto
Moos RH (1974b) Family environment scale. Preliminary manual.Consulting Psychologist Press, Palo Alto
Neidhardt F (1971) Die Familie in Deutschland. Leske, Opladen
Neidhardt F (1974) Strukturbedingungen und Probleme familialer

Sozialisation. In: Claessens D, Milhoffer P (Hrsg) Familiensoziologie. Fischer, Frankfurt, S 205-232
Osterland M, Deppe W, Gerlach F, Mergner U, Pelte K, Schlösser M (1973) Materialien zur Lebens- und Arbeitssituation der Industriearbeiter in der BRD. Fischer, Frankfurt
Richter HE (1972) Patient Familie. Rowohlt, Reinbek
Richter HE (1976) Flüchten oder Standhalten. Rowohlt, Reinbek
Richter HE, Strotzka H, Willi J (Hrsg) (1976) Familie und seelische Krankheit. Rowohlt, Reinbek
Ridder P (1973) Theorie der Familie: Vorüberlegungen zu einer soziologischen Theorie. Neue Prax 3:64-79
Ridder P (1977) Prozeß und Dynamik der Familientherapie. Beltz, Weinheim Basel
Rosenbaum H (1978a) Familie als Gegenstruktur der Gesellschaft. Enke, Stuttgart
Rosenbaum H (1978b) Seminar: Familie und Gesellschaftsstruktur. Enke, Frankfurt
Rupp KJ (1981) Familiensoziologie und Familientherapie. Campus, Frankfurt
Salomon A (1927) Soziale Diagnose. Heymann, Berlin
Satir V (1973) Familienbehandlung. Kommunikation und Beziehung. Theorie, Erleben und Therapie. Lambertus, Freiburg
Schied HW (1976) Familientherapie. In: Braun H, Leitner U (Hrsg) Problem Familie - Familienprobleme. Campus, Frankfurt New York, S 149-168
Schmidt-Relenberg N, Luetkens C, Rupp KJ (1976) Familiensoziologie. Kohlhammer, Stuttgart
Schneider U (1980) Sozialwissenschaftliche Methodenkrise und Handlungsforschung. Methodische Grundlagen der Kritischen Psychologie, Bd 2. Campus, Frankfurt New York
Seligmann MEP (1979) Erlernte Hilflosigkeit. Urban & Schwarzenberg, München
Siegert M (1977) Strukturbedingungen von Familienkonflikten.Suhrkamp, Frankfurt
Simon FB (1980) Familientherapie - Grundlage einer "sozialen Psychiatrie". Psychiatr Prax 7:195-198
Speck RV, Attneave C (1976) Die Familie im Netz sozialer Beziehungen. Lambertus, Freiburg
Stierlin H (1975) Von der Psychoanalyse zur Familientherapie. Klett, Stuttgart
Stierlin H (1981) Die "Beziehungsrealität" Schizophrener. Psyche 1:49-65
Strotzka H, Leitner I (1969) Sozialpsychiatrische Auswirkungen einer akuten ökonomischen Krise.Wien Med Wochenschr 119:196-199
Wahl K, Tüllmann G, Honig MS, Gravenhorst L (1980) Familien sind anders. Rowohlt, Reinbek
Watzlawick P (1979) Wie wirklich ist die Wirklichkeit.Piper, München
Watzlawick P, Beavin JH, Jackson DD (1969) Menschliche Kommunikation. Formen, Störungen, Paradoxien. Huber, Bern Stuttgart Wien
Watzlawick P, Weakland JH, Fisch R (1974) Lösungen. Huber, Bern Stuttgart Wien
Wegner T (1979) Arbeitsbedingungen und familiale Erziehung. Haag & Herchen, Frankfurt
Willi J (1975) Die Zweierbeziehung. Spannungsursachen - Störungsmuster, Klärungsprozesse - Lösungsmodelle. Analyse des unbewuß-

ten Zusammenspiels in Partnerwahl und Paarkonflikt: das Kollusions-Konzept. Rowohlt, Reinbek
Wingen M (1979) Wirtschaftliche Bedingungen von Leistungsbehinderungen der Familien. In: Pross H (Hrsg) Familie - wohin? Rowohlt, Reinbek, S 201-248
Wulf C (Hrsg) (1974) Wörterbuch der Erziehung. Piper, München
Zimmer J (1969) Restauration oder Innovation: Zur Rolle der Psychologie in der Reform des Bildungswesens. Politische Psychologie 7:146-163
Zuk G (1975) Familientherapie. Lambertus, Freiburg

Teil II. Das Spektrum der Methoden zur Familiendiagnose

Methodische Grundlagen zur Analyse familialer Kommunikation*

E. J. Brunner, R. Brunner-Wörner und A. Odronitz-Dieterle

PROBLEMSTELLUNG

Zentrales Anliegen in der systemorientierten Familientherapie ist - zum Zweck der Diagnostik und Intervention - die Erfassung des Insgesamts an Interaktionen, die in einem Familiensystem ablaufen. Methodisch gesehen sind hierbei die Verfahren der Individualdiagnostik nicht angemessen, da sie den wechselseitigen Bezug der Familienmitglieder in ihrem sozialen System außer acht lassen.

Diagnostik im Sinne systemischer Familientherapie erfordert die Berücksichtigung und Einbeziehung des gesamten Verhaltens aller Interaktionspartner. Der Therapeut bzw. Beobachter betrachtet das Familiensystem als Ganzes, quasi mit dem photographischen Auge einer Weitwinkelkamera. Das kann die Beobachtung einzelner Inter-

* Erweiterte und überarbeitete Fassung von: Brunner EJ, Brunner-Wörner R, Odronitz-Dieterle A (1982) Interaktionsanalyse in der systemorientierten Familientherapie. Familiendynamik 7:129-138.

Interaktion in der Familie
Herausgegeben von E. J. Brunner

aktionspartner miteinschließen, erfordert jedoch darüber hinaus den Blick für die wechselseitige Verflechtung der Interaktionspartner in ihren Handlungen.

Welche Methoden der Interaktionsanalyse stehen nun für das diagnostische Vorgehen des Familientherapeuten zur Verfügung? Fragebogendaten und Meßwerte aus Persönlichkeitsinventaren, die nur Rückschlüsse auf einzelne Individuen zulassen, kommen - wie angedeutet - nicht in Frage. Die Problematik besteht darin, daß solche Daten - sofern es sich lediglich um Aussagen der Beteiligten über sich und andere handelt - kaum sichere Rückschlüsse auf das Interaktionsverhalten der Partner zulassen (Watzlawick et al. 1969, S. 38; Framo 1975). Eine Ausnahme bilden die Verfahren dann, wenn sie der gesamten Familie als gemeinsame Aufgabe vorgelegt werden, um Aufschluß darüber zu gewinnen, wie die Familienmitglieder miteinander umgehen (vgl. z.B. den gemeinsamen Rorschach-Versuch; Willi 1974).

Verläßliche Daten zur Interaktionsdiagnose von Familiensystemen sind nur auf der Basis der Beobachtung und/oder Beschreibung der *de facto* ablaufenden Interaktionen zu gewinnen (Haley 1977, S. 183). (Hierbei ist das gesamte verbale Kommunikationsverhalten eingeschlossen.) Die Methoden der Interaktionsanalyse sollten - dem Paradigma systemischer Familientherapie gemäß - außerdem u.a. gewährleisten, daß

- nicht nur Teilsysteme einer Familie untersucht werden, sondern das gesamte Familiensystem immer im Auge behalten wird;

- die Zirkularität der Kommunikationsabläufe (Watzlawick et al. 1969, S. 47 f.) miterfaßt wird. Funktionale wie dysfunktionale Kommunikation äußert sich in immer wiederkehrenden Handlungszyklen. Dem Registrieren solcher - mehr oder weniger - eingeschliffener Verhaltensmuster kommt daher ein wichtiger Stellenwert in der Interaktionsanalyse zu. "Den meisten fällt es schwer, sich wiederholende Muster in einer Handlungsabfolge zu beobachten und zu beschreiben" (Haley 1977, S. 112). Um so mehr sollte in der Familientherapie (sowohl in der Praxis der Familienberatung und -behandlung, als auch in der Familientherapieforschung) diesem Bereich Aufmerksamkeit geschenkt werden.

EINIGE BEMERKUNGEN ZU DEN METHODOLOGISCHEN PROBLEMEN VON INTERAKTIONSANALYSEN, DIE DEN SYSTEMISCHEN CHARAKTER VON KOMMUNIKATION BERÜCKSICHTIGEN

Die Schwierigkeiten, denen sich die systemorientierte Familientherapie beim Einsatz von Analyseverfahren ausgesetzt sieht, sind grundsätzlicher Art. Die Probleme rühren daher, daß die systemische Sichtweise eine dem herkömmlichen Denken in den (Sozial-) Wissenschaften fremde ist. "Es gibt zwei grundsätzlich verschiedene, ja im wesentlichen sogar entgegengesetzte Paradigmen, in denen wissenschaftliche Theorie und Pragmatik wurzeln. Es handelt sich dabei um das reduktionistische Paradigma und um das systemische Paradigma" (Guntern 1980, S. 3). Auf der Grundlage des "reduktionistischen" Paradigmas stellen sich Methodenprobleme wesentlich anders dar, als auf der des systemischen Paradigmas. Oberstes Prinzip dieses "Reduktionismus" ist die Rückbeziehung beobachtbarer Phänomene auf möglichst wenige zugrundeliegende Determinanten bzw. auf möglichst einen einzigen Faktor. Demgegenüber erklärt das systemische Paradigma "Verhalten als bedingt durch die Hic-et-nunc-Struktur eines komplexen transaktionalen Feldes" (a.a.O.,S. 4). Dessen Komplexität mit in Rechnung zu ziehen, muß die Aufgabe jeder Methodologie sein, die vom systemischen Ansatz ausgeht. Das hat eine Reihe wichtiger Implikationen:

1. Ausgangspunkt für die Diagnose familialer Kommunikation ist das beobachtbare Interaktionsverhalten der Kommunikationspartner (einschließlich des beobachtbaren verbalen Verhaltens). Zur Veranschaulichung der Methode wird zunächst einmal angenommen, daß nur ein "außen"-stehender Beobachter streng-

genommen zu "objektiven" Beschreibungen der Familieninteraktion in der Lage ist (eine Annahme, die nicht ohne weiteres zutrifft; s.u.). Der so gedachte "unabhängige, außenstehende" Beobachter richtet seinen Blick nicht auf eine einzelne, interagierende Person, sondern auf alle, die am Interaktionsablauf beteiligt sind, und der Beobachter verfolgt die Handlungssequenzen, wie sie von den beteiligten Interaktionspartnern vollzogen werden, und zwar in der Reihenfolge der einzelnen Kommunikationsbeiträge.

Watzlawick et al. (1969) erläutern diesen Sachverhalt anhand der Beobachtung zweier Schachspieler: Der außerhalb eines Systems stehende Beobachter "befindet sich in derselben Lage wie jemand, der einer Schachpartie zusieht, aber weder die Regeln noch das Ziel des Spiels kennt" (a.a.O.,S. 39). So mag der Beobachter z.B. feststellen, daß auf den Zug des einen Spielers stets ein Zug des anderen folgt, so daß der Betrachter "nach Beobachtung einer Reihe von Schachpartien die Spielregeln mit weitgehender Genauigkeit formulieren kann" (a.a.O.).
Regelhafte Verhaltensabläufe oder - wie Guntern es formuliert (1980,S. 4) - "transaktionelle Muster (Kommunikationspatterns) zwischen den Individuen eines Humansystems" sind für die Erforschung von Interaktionsabläufen aus systemischer Sicht entscheidende Merkmale. "Eine Struktur besteht aus sich wiederholenden Handlungen" (Haley 1977, S. 111). "In den sich wiederholenden Handlungen eines sich selbst regulierenden Systems" (a.a.O.) liegt ein Schlüssel zum Verständnis der zwischenmenschlichen Kommunikationsabläufe.

2. Bei der systemorientierten Betrachtungsweise zwischenmenschlicher Kommunikation wird zwischen Inhalts- und Beziehungsaspekt (Watzlawick et al. 1969) unterschieden. In jedem kommunikativen Akt definieren die Interaktionspartner gegenseitig ihre Beziehung. Dies äußert sich vorwiegend im analogen Kommunikationsmodus, dessen Erfassung jedoch Schwierigkeiten aufwirft, wenn man von der Methodik der Beobachtung - wie oben gefordet - ausgeht (Haley 1977, S. 104). Während digitale Kommunikation - wenn auch gelegentlich nur mit größerem Aufwand

- sich noch in quantifizierbaren Informationseinheiten erfassen läßt, ist dies bei der analogen Kommunikation außerordentlich erschwert. Die Beobachtung verbalen und nonverbalen Interaktionsverhaltens, das analoge Kommunikation enthält, läßt selten eine eindeutige Zuordnung zu spezifischen Analysekategorien zu.

3. Familientherapeuten betonen bei der Beschreibung von Rolle und Funktion des Therapeuten, daß dieser zusammen mit der Familie eine funktionale Einheit bildet. Der Berater/Therapeut ist also niemals ein unabhängiger, außenstehender Beobachter, so wie er oben in ideeller Weise skizziert worden ist, vielmehr betrachtet sich der Familientherapeut "als agierendes und reagierendes Mitglied des therapeutischen Systems" (Minuchin 1977, S. 117). Das bedeutet nicht, daß der Therapeut in der Beratungssituation Mitglied des Familiensystems wird. Insofern ist er - als ein teilnehmender Beobachter - zu verläßlicheren Aussagen über die Familieninteraktionen in der Lage, als dies die Familienmitglieder sind. Legt man wissenschaftliche Maßstäbe an, so trifft freilich Haleys Bemerkung zu: Im Sinne wissenschaftlich exakter Methodik ist auch der Therapeut nicht in der Lage, "einen genauen Bericht aufzusetzen, ebensowenig, wie ein Familienmitglied über die Geschehnisse in seiner Familie genau berichten kann" (Haley 1977, S. 183). Auch gut geschulte Therapeuten bedürfen daher ergänzend der Hilfe von außen (Beurteilung der Familieninteraktion durch Einwegscheibe, über Video- oder Tonbandaufzeichnungen und über Transkriptionen solcher Aufzeichnungen).

Wenn man die aufgezählten Schwierigkeiten in Rechnung stellt, versteht man, daß sich auch systemisch orientierte Familientherapeuten und Familientherapieforscher in aller Regel an Einzelfallstudien orientieren. Bereits ein flüchtiger Blick durch die Familientherapieliteratur ergibt das überraschende Resultat, daß über qualitativ-interpretative Verfahren hinaus kaum Anstrengungen zu einer methodologisch abgesicherten Vorgehensweise bei der Interaktionsdiagnose von Familiensystemen unternommen worden sind. Nach Haley (1977, S. 104) hat "die Entwicklung genauer Erfassungsmethoden kaum begonnen".

Mögliche Formen der Interaktionsanalyse von Familiensystemen

Um die verschiedenen Methoden klassifizieren zu können, werden - ausgehend von der kommunikationstheoretischen Fundierung systemischer Familientherapie - aus einigen Theoremen Basissätze abgeleitet, die eine Operationalisierung erlauben. Diese wiederum werden einem Klassifikationssystem der Interaktionsanalysemethoden zugrundegelegt.

THEOREME

I. Nach der hier zugrundegelegten kommunikationstheoretischen Annahme besteht ein zwischenmenschliches System aus zwei oder mehr Kommunikanten, die die Natur ihrer Beziehungen definieren (Watzlawick et al. 1969, S. 142; Haley 1969, S.85).

II. Wird die Interaktion dieser Kommunikanten analysiert, so ist den systemischen Annahmen insofern Rechnung zu tragen, als die kleinste Analyseeinheit immer wenigstens zwei Kommunikanten betrifft und nie das Kommunikationsverhalten eines einzelnen für sich allein.

III. Wird also eine Aussage über das Kommunikationsverhalten eines einzelnen gemacht (z.B. bezüglich der Vollständigkeit oder der Diskrepanz einer kommunikativen Handlung; vgl. die Punkte 3 und 4 im folgenden Abschnitt), so ist stets der Anteil der übrigen Kommunikationspartner in dem jeweiligen System mit zu berücksichtigen.

IV. Der Anteil der einzelnen Interaktionspartner zur Aufrechterhaltung eines Systems dokumentiert sich in den korrespondierenden Aktionen und Re-Aktionen der Interaktionspartner, die nur unter Berücksichtigung des Systemzusammenhangs adäquat erfaßt und erschlossen werden können. Alle Mitglieder eines Systems sind daran beteiligt, eine Handlungsabfolge aufrechtzuerhalten (Haley 1977, S. 113).

V. "Da die Abfolge sich kreisförmig wiederholt, besteht sie aus einer Reihe von Schritten, die immer den nächstfolgenden nach sich ziehen und zum Anfang zurückführen" (a.a.O.).

AUSGANGSBASIS FÜR OPERATIONALISIERUNGEN

Sollen Systeme (wie z.B. Familiensysteme) empirisch erfaßt werden, so läßt sich für Operationalisierungen aus den genannten Theoremen folgendes ableiten:

1. Der Beziehungsaspekt zwischenmenschlicher Kommunikation (Theorem I) manifestiert sich in der Art und Weise, wie die Kommunikationspartner das, was sie sich sagen, "qualifizieren" (Haley 1969, S. 84).[1]

2. Ob eine Kommunikation "qualifiziert" ist, läßt sich daran ablesen, ob sie vollständig und kongruent ist.

3. Eine vollständige Kommunikation besteht aus (a) Sender, (b) Empfänger, (c) Aussage (Mitteilung, Botschaft) und (d) Kontext (Satir 1973, S. 103). Wird einer dieser vier Teile ignoriert oder geleugnet, so liegt eine unvollständige Kommunikation vor. Beziehungsstörungen können sich in unvollständiger Kommunikation manifestieren.

---

1 Diesem Aspekt der "qualifizierenden" vs. "nichtqualifizierenden" Kommunikation nach Haley entspricht bei Satir (1973) die Differenzierung nach funktionaler vs. dysfunktionaler Kommunikation. Entsprechend sehen Watzlawick et al. (1969) in der nicht adäquat vorgenommenen Qualifizierung einer Kommunikation eine "Verwerfung" bzw. "Entwertung".

4. Eine kongruente Kommunikation liegt dann vor, wenn Übereinstimmung in folgenden Punkten herrscht: Die verbale Botschaft stimmt mit der - simultan geäußerten - paraverbalen und nonverbalen Botschaft und dem entsprechenden Rahmen, in dem die Kommunikation stattfindet, überein.

5. Die Regelhaftigkeit von Kommunikationsabläufen in einem System (Theorem V) läßt sich erfassen "durch Beobachtung der Abfolge, in der die einzelnen Mitglieder sprechen" (Minuchin 1977, S. 266). Ein besonderes Augenmerk liegt dabei auf den "starren, sich ewig wiederholenden Abfolgen, die pathologisch wirken" (Haley 1977, S. 112).[2]

6. Die Anteile der einzelnen Interaktionspartner (Theoreme III und IV) an einem dysfunktionalen Kommunikationsablauf lassen sich in der Form eines "geeichten Kommunikationszyklus" (Bandler et al. 1978) beschreiben: (1) Eine inkongruente Botschaft eines Senders wird (2) vom Empfänger so aufgenommen, daß nur ein Teil der Botschaft des Kommunikators empfangen und dieser Teil der Botschaft mit der Gesamtbotschaft verwechselt wird (Teiläquivalenz); (3) der Empfänger interpretiert diese Teilbotschaft ohne Nachprüfung, (4) verallgemeinert in rigider Weise und (5) äußert "unpassendes, unangemessenes und chaotisches Verhalten" (a.a.O., S. 99).

QUANTITATIVE UND QUALITATIVE UNTERSUCHUNGSEINHEITEN

Aus den beiden vorangegangenen Abschnitten läßt sich eine Reihe konkreter Maßnahmen ableiten, die für die Interaktionsanalyse von Familiensystemen geeignet sind. Diese Konkretisierungen unter-

---

2 Zur Verdeutlichung dieser wichtigen Feststellung sei hier das Originalzitat wiedergegeben: "It is the rigid, repetitive sequence of a narrow range that defines pathology" (Haley 1976, S. 105).

scheiden sich bezüglich der Quantifizierbarkeit: Einige Daten lassen sich so präzise quantifizieren, daß eine maschinelle Auswertung möglich ist (computerunterstützte Analysen); ein weiterer Teil der Information ist quantifizierbar über die Zuordnung zu inhaltlichen Kategorien; ein Großteil der für das Erkennen von Familiensystemen hilfreichen Analyseeinheiten entzieht sich jedoch einer Quantifizierung. Dies legt dann die Hinzunahme qualitativ-interpretativer Vorgehensweise nahe.

Maschinell auszählbare Informationseinheiten

Wenn man Kommunikationsabläufe rein formal betrachtet, lassen sich gewisse Gesetzmäßigkeiten mit Hilfe häufig auftretender dyadischer oder triadischer Sprecherkombinationen herausarbeiten. Man braucht dazu z.B. nur systematisch zu erheben, welche Zweierinteraktionen und Dreierinteraktionen eines Systems mit welcher Häufigkeit in einem bestimmten Zeitraum auftreten (Haley 1964). Dabei kann sich die Analyse auf den Gesamtumfang des Redebeitrags der Interaktionspartner beziehen oder - in einer spezifischen Analyseform - den mittleren Umfang der Redebeiträge, bezogen auf die einzelnen Sequenzen zweier oder dreier Interaktionspartner, in Rechnung stellen.

Gegebenenfalls lassen sich diese Häufigkeiten von Sprecherwechselkonfigurationen auch noch ergänzen durch maschinell unterstützte Quantifizierung des Redeumfangs zweier bzw. dreier Interaktionspartner eines Systems im Vergleich zur Redehäufigkeit der übrigen Mitglieder des Systems.

Weitere auszählbare Informationseinheiten

Wenn Kommunikationsabläufe nicht nur rein formal betrachtet werden, dann läßt sich noch eine Reihe weiterer Gesichtspunkte nennen, für die einfaches Auszählen in Frage kommen. Maschinelle

Auswertung ist jedoch unmöglich, da die jeweils interagierenden Kommunikationspartner von den Auswertern (in den spezifischen Situationen) identifiziert werden müssen und teilweise bereits interpretative Momente enthalten sind.

Für die Analyse familialer Interaktion kann man fragen nach (vgl. Minuchin 1977; Stierlin et al. 1977; Willi 1974):

- Wer spricht mit wem?
- Wer unterbricht wen?
- Wer kommt zu spät?
- Wer beendet de facto etwas?
- Wer beurteilt wen?
- Wer entscheidet?
- Wer setzt sich durch?

Zuordnung der Interaktionskodes

Noch in den Bereich quantifizierender Maßnahmen fallen auch die Zuordnungen bestimmter Kommunikationsaspekte zu spezifischen inhaltlichen Kategorien. Hierzu rechnen insbesondere die (aus Theorem I abgeleiteten) Aspekte der vollständigen und kongruenten Kommunikation (vgl. die Punkte 3. und 4., s.S. 95 f.).
Es kann zwar die Häufigkeit ausgezählt werden, mit der ein Interaktionspartner (in bezug auf einen anderen Interaktionspartner) unvollständig kommuniziert; diese Quantitäten hängen aber offenbar von der Qualität der Zuordnungen ab, die die Auswerter vornehmen. Das gleiche trifft für die Kategorie "kongruente vs. diskrepante Kommunikation" zu. Ähnlich verhält es sich mit Kategorien wie "Klarheit der Sprache", "Themawechsel" usw. (vgl. Riskin u. Faunce 1972).

Was die Auswertung inkongruenter Kommunikation betrifft, so läßt sich die Zahl der Varianten diskrepanter Kommunikation in Form einer Matrix ablesen (hier bezogen auf die einzelne interagierende Person):

	Nonverbale Form der Kommunikation	Inhalt der Kommunikation	Kontext der Komnikation
Verbale Form der Kommunikation	Verbal/ nonverbal	Verbal/ Inhalt	Verbal/ Kontext
Nonverbale Form der Kommunikation	-	Nonverbal/ Inhalt	Nonverbal/ Kontext
Inhalt der Kommunikation	-	-	Inhalt/ Kontext

Diskrepanzen können also vorliegen, wenn zwei beliebige Aspekte divergieren (es stimmt z.B. die verbale Form der Kommunikation nicht mit der nonverbalen überein usw.) oder wenn innerhalb eines genannten Aspekts ein Widerspruch vorliegt (z.B. Diskrepanz innerhalb der verbalen Formulierung einer Botschaft; Diskrepanz in der Botschaft selbst usw.).

QUALITATIVE ANALYSE VON INTERAKTION IN FAMILIENSYSTEMEN

Wie oben bereits angedeutet, liegt der weitaus größte Teil der in der Literatur berichteten Interaktionsanalysen von Familiensystemen in Form von qualitativ-interpretativen Analysen vor (über die bereits genannten Autoren hinaus vgl. etwa Manocchio u. Petitt 1975; Kantor u. Lehr 1975; Papp 1977; Andolfi 1979). Eine Reihe ganz verschiedenartiger Gründe veranlaßt Familientherapeuten und Familientherapieforscher dazu, neben quantitativen und quantifizierenden Analyseverfahren Formen der qualitativen Interaktionsanalyse anzuwenden. (Es kann hier außer acht gelassen werden, daß es sich bei diesem Problem qualitativer vs. quantitativer Vorgehensweisen um ein generell in den Sozialwissenschaften diskutiertes Problem handelt; vgl. Kreppner 1975; Heinze u. Klusemann 1979; Brunner et al. 1978.)

1. Auf eine qualitative Auswertung kann aus theorieimmanenten Gesichtspunkten, die für familientherapeutisches Vorgehen relevant sind, nicht verzichtet werden. Stierlin et al. (1977) z.B. beziehen in ihre Interaktionsdiagnose eine Reihe inhaltlich auszuwertender Aspekte ein, wie "bezogene Individuation", "Interaktionsmodi von Bindung und Ausstoßung" u.a. Ebenso verhält es sich bei Minuchin, wenn er z.B. "eine Art Lageplan der Familie" entwirft (1977, S. 116), mit dem sich Koalitionen und Bündnisse innerhalb eines Familiensystems beschreiben lassen oder sich der Grund der Abgrenzung einzelner Subsysteme in der Familie angeben läßt. Satirs (1975, S. 15 ff.) vier Bestimmungsstücke, mit denen sie funktionale vs. dysfunktionale Familiensysteme beschreibt (Selbstwert, Kommunikation, Regeln, Verbindung zur Gesellschaft), lassen sich ebenfalls weitestgehend nur qualitativ erfassen.

2. Von vielen Familientherapeuten wird - wie im Beispiel von Satir - der Erfassung von Regelstrukturen in Familiensystemen besondere Bedeutung zugemessen. Über die oben erwähnten, quantitativ erfaßbaren Sprecherwechselkonfigurationen hinaus sind - werden Theoreme wie Homöostase oder Symmetrie/Asymmetrie berücksichtigt (Watzlawick et al. 1969) - qualitativ-interpretative Vorgehensweisen unumgänglich. Dies mag an der Erfassung der folgenden Problematik deutlich werden: Nach Haley (1969) gilt für "schizophrene" Familien die Regel, daß alle Familienmitglieder es peinlichst vermeiden, die gegenseitigen Beziehungen zu definieren. Dieser Tatbestand wird als solcher zusätzlich noch geleugnet. Nach Selvini Palazzoli et al. (1978) wird Symmetrie in der "schizophrenen" Familie dadurch aufrechterhalten, daß niemand in der Familie die Kontrolle über die Beziehungen erhält.

3. Die ausschließliche Beobachtung der manifesten Interaktionsebene sagt wenig über das innere Funktionieren des Systems aus (Framo 1975, S. 213). Wie die Mitglieder des Systems beispielsweise ihre Beziehungen gegenseitig definieren, ist nur teilweise über quantifizierende Analysen erfaßbar. Analoge Kommunikation

"kann nicht verstanden werden, ohne den Rahmen, innerhalb dessen sie erfolgt, in Rechnung zu stellen" (Haley 1977, S. 92), was naturgemäß die Erfaßbarkeit erschwert. Zum Kontext der Kommunikation gehört eine bestimmte Situation, in der sich die Kommunikation abspielt (zu einer bestimmten Zeit und an einem bestimmten Ort). Zum Kontext gehört auch, daß der Kommunikator in adäquater Weise auf die vorausgegangene Kommunikation eines Partners eingeht; zum Kontext gehört weiterhin, daß der Kommunikator Aufnahmebereitschaft und -vermögen des Empfängers antizipieren kann. Solche handlungsleitenden Kognitionen können in der Therapiesituation nur über Interpretationen des Therapeuten analysiert werden. (Liegen Protokolle von Familienberatungsgesprächen vor, so sind jedoch über die Analyse von Bedeutungsstrukturen im Text entsprechende Quantifizierungen möglich; zur Methode vgl. etwa Kintsch 1978; Huber u. Mandl 1982.)

4. Eine Möglichkeit quantifizierender Interaktionsanalyse, die die wechselseitige Bezogenheit des Verhaltens der Familienmitglieder in Rechnung stellt, ist mit der Vorgehensweise der funktionalen Verhaltensanalyse (Skinner) gegeben. Das operante Verhalten (R^{op}) des einen Interaktionspartners ist dabei zugleich als diskriminativer Stimulus (S^D) des anderen anzusehen. So hat z.B. Kreppold-Gröger (1976, Individuelle Therapie vs. Familientherapie. Ein verhaltenstherapeutisch orientierter Ansatz zur Familientherapie bei Schulversagen. Unveröffentlichte Diplomarbeit, München) das verhaltenstheoretisch fundierte Analyseschema des Münchner Trainingsmodells (Innerhofer 1977) auf die Erfassung einer Familieninteraktion übertragen. Abgesehen davon, daß das "Signieren" von Interaktionssequenzen jedoch nicht ohne Interpretieren vonstatten gehen kann, gibt es bei dieser Vorgehensweise ein grundsätzliches Problem: Das Ergebnis der funktionalen Verhaltensanalyse sind "Verhaltensketten", denen lineares, kausales Denken ("weil A so kommuniziert, kommuniziert B so") zugrundeliegt (Selvini Palazzoli et al. 1978), was nach systemischer Auffassung eine verkürzte Vorgehensweise darstellt.

Zur qualitativ-interpretativen Vorgehensweise der Interaktionsdiagnose von Familiensystemen kann abschließend zusammenfassend gesagt werden:

- Die genannten Techniken quantitativer Analysen werden um die Methoden des Verstehens und Interpretierens ergänzt: Die jeweiligen Familiensysteme werden im Sinne einer bestimmten Familientherapiekonzeption beschrieben. Diese Beschreibungen gründen sich auf freie Beobachtungen [z.B.: Wie kommt die Familie ins Behandlungszimmer? (Stierlin et al. 1977), welche Sitzordnung wählt die Familie? (Minuchin 1977)] oder auf Intuition [z.B.: Wie läßt sich die Atmosphäre in der Familie charakterisieren? (Stierlin et al. 1977)].

- Aufgrund solcher Beobachtungen und Einfälle werden Familienregeln beschrieben, "Lagepläne" entworfen (Minuchin 1977) und Aussagen über die Homöostase des Familiensystems getroffen.

Die Ausführungen mögen insgesamt verdeutlicht haben, daß es sich lohnt, den in der Familientherapieforschung bislang eher vernachlässigten methodologischen Bereich weiter auszubauen und u.a. den Gesichtspunkt weiter zu verfolgen, welche Verfahren für eine systemisch orientierte Interaktionsanalyse geeignet sind und zugleich wissenschaftlichen Ansprüchen genügen.

Literatur

Andolfi M (1979) Family therapy. An interactional approach. Plenum, New York London

Bandler R, Grinder J, Satir V (1978) Mit Familien reden. Gesprächsmuster und therapeutische Veränderung. Pfeiffer, München

Brunner EJ (1982) Interpretative Auswertung. In: Huber GL, Mandl H (Hrsg) Verbale Daten. Eine Einführung in die Grundlagen und Methoden der Erhebung und Auswertung. Beltz, Weinheim Basel, S 197-219

Brunner EJ, Rauschenbach T, Steinhilber H (1978) Methodische Probleme der Evaluation verbesserter Kommunikation am Beispiel der Lehrer-Schüler-Interaktion. Unterrichtswissenschaft 6:330-337
Framo JL (1975) Systematische Erforschung der Familiendynamik. In: Boszormenyi-Nagy I, Framo JL (Hrsg) Familientherapie, Kap 11. Rowohlt, Reinbek
Guntern G (1980) Die Kopernikanische Revolution in der Psychotherapie: Der Wandel vom psychoanalytischen zum systemischen Paradigma. Familiendynamik 5:2-41
Haley J (1964) Research on family patterns: An instrument measurement. Fam Process 3:41-65
Haley J (1969) Die Interaktion von Schizophrenen. In: Bateson G, Jackson DD, Haley J et al. (Hrsg) Schizophrenie und Familie. Suhrkamp, Frankfurt, S 81-107
Haley J (1976) Problem-solving therapy. New strategies for effective family therapy. Jossey-Bass, San Francisco
Haley J (1977) Direktive Familientherapie. Strategien für die Lösung von Problemen. Pfeiffer, München
Heinze T, Klusemann HW (1979) Ein biographisches Interview als Zugang zu einer Bildungsgeschichte. In: Baacke D, Schulze T (Hrsg) Aus Geschichten lernen: Zur Einübung pädagogischen Geschehens. Juventa, München, S 182-225
Huber GL, Mandl H (1982) Verbalisationsmethoden zur Erfassung von Kognitionen im Handlungszusammenhang. In: Huber GL, Mandl H (Hrsg) Verbale Daten. Eine Einführung in die Grundlagen und Methoden der Auswertung. Beltz, Weinheim Basel, S 11-42
Innerhofer P (1977) Das Münchner Trainingsmodell. Beobachtung, Interaktionsanalyse, Verhaltenstraining. Springer, Berlin Heidelberg New York
Kantor D, Lehr W (1976) Inside the family. Toward a theory of family process. Jossey-Bass, San Francisco
Kintsch W (1978) Comprehension and memory of text. In: Estes WK (ed) Linguistic function in cognitive theory. Wiley, New York (Handbook of learning and cognitive processes, vol 6, pp 57-86)
Kreppner K (1975) Zur Problematik des Messens in den Sozialwissenschaften. Klett, Stuttgart
Manocchio T, Petitt W (1975) Families under stress. A psychological interpretation. Routledge & Kegan, London Boston
Minuchin S (1977) Familie und Familientherapie. Theorie und Praxis struktureller Familientherapie. Lambertus, Freiburg
Papp P (ed) (1977) Family therapy. Full length case studies. Gardner, New York
Riskin J, Faunce EE (1972) An evaluative review of family interaction research. Fam Process 11:365-455
Satir V (1973) Familienbehandlung. Kommunikation und Beziehung in Theorie, Erleben und Therapie. Lambertus, Freiburg
Satir V (1975) Selbstwert und Kommunikation. Familientherapie für Berater und zur Selbsthilfe. Pfeiffer, München
Selvini Palazzoli M, Boscolo L, Cecchin G, Prata G (1978) Paradoxon und Gegenparadoxon. Ein neues Therapiemodell für die Familie mit schizophrener Störung, 2. Aufl. Klett-Cotta, Stuttgart
Stierlin H, Rücker-Embden I, Wetzel N, Wirsching M (1977) Das erste Familiengespräch. Theorie - Praxis - Beispiele. Klett, Stuttgart
Watzlawick P, Beavin JH, Jackson DD (1969) Menschliche Kommunikation. Formen, Störungen, Paradoxien. Huber, Bern Stuttgart Wien

Willi J (1974) Der gemeinsame Rorschach-Versuch. Diagnostik von Paar- und Gruppenbeziehungen. Huber, Bern Stuttgart Wien

Instrumente und Techniken zur Diagnose und Evaluation in Ehe- und Familientherapie*

R. E. Cromwell, D. H. L. Olson und D. G. Fournier

Obwohl Therapeuten es für wichtig halten mögen, daß Ehe- und Familientherapie einer Diagnose und Evaluation unterzogen wird, ist ein solches Vorgehen selten Gegenstand ernsthafter Diskussion und Debatte; es ist sogar noch weniger wahrscheinlich, daß ein solches Vorhaben systematisch durchgeführt wird, sowohl von Praktikern als auch von Forschern. Bis jetzt, so scheint es, wird Therapie noch immer so praktiziert und evaluiert, als ob es sich hierbei um eine Kunst und nicht etwa um eine Wissenschaft handelt. Unserer Ansicht nach ist Therapie eine Wissenschaft, die systematischere und strengere Evaluation erfordert.

Es wird zur Diskussion gestellt, daß sich Diagnostik auf die Fähigkeit bezieht, sowohl die individuelle (intrapersonelle) wie die interpersonelle Dynamik zu beschreiben und zu klassifizieren, die wirkungsvoll in die Behandlung integriert werden kann. Die Diagnose ist v.a. dann von Nutzen, wenn sie es dem Therapeuten ermöglicht, für ein Paar oder eine Familie einen Behandlungsplan aufzustellen und zu evaluieren. In diesem Aufsatz wird die Auffassung vertreten, daß die vorhandenen Maße aus Selbstberichten und Verhaltensbeobachtungen, die typischerweise in der Forschung

---

* Gekürzte Fassung des Aufsatzes in Family Process (1976, 15:1-49). Übersetzung von E.J. Brunner und S. Reiter-Theil.

Interaktion in der Familie
Herausgegeben von E. J. Brunner

verwandt werden, sich unmittelbar als Behandlungspläne anwenden lassen und sowohl für Therapeuten wie für Klienten nützliche Informationen bereitstellen. Das Schwergewicht liegt hier jedoch darauf, wie diese Meßinstrumente für die Diagnose, für die Messung von Veränderungen während einer Behandlung und von Veränderungen bei Vor- und Nachtests bei Paaren und Familien eingesetzt werden können.

Die Ziele dieses Aufsatzes sind:

1. die Notwendigkeit diagnostischer Methoden und Erhebungsverfahren für die Ehe- und Familientherapie herauszustellen,

2. die einschlägige Literatur über bestehende Techniken in Diagnostik und Messung zu ordnen,

3. einen Überblick zur aktuellen Forschung, zu Themen, Dimensionen und Methoden im Bereich Ehe und Familie zu geben, der mit Beratung verbunden ist,

4. spezifische Kriterien für die Bewertung diagnostischer und evaluativer Techniken anzugeben sowie

5. ein Modell vorzustellen, das einen diagnostischen Prozeß von verschiedenen Seiten darstellt, bei dem während des Beratungsprozesses unterschiedliche Methoden angewandt werden.

Zwei zentrale Themen sind entscheidend: die Wichtigkeit, Diagnose und Evaluation mit dem Interventionsprozeß zu verbinden, und die Wichtigkeit, zwischen Forschung, Theorie und Praxis zu vermitteln. In der Tat diagnostizieren und evaluieren Therapeuten ihre eigene klinische Arbeit. Dies geschieht aber oft auf sehr selektive, unsystematische und subjektive Weise. Ein Ziel dieses Aufsatzes ist es, Wege dafür aufzuzeigen, wie Diagnose und Evaluation sorgfältiger und strenger durchgeführt werden können.

Wir hoffen, daß die vorgestellten verfügbaren Instrumente und die

Anwendungsbeispiele einen weitergehenden Dialog und Ansporn zur Zusammenarbeit zwischen Forschern und Praktikern anregen werden. Beide Gruppen können voneinander manchen Einblick gewinnen; sie können so validere und reliablere Information über das Verhalten in Ehe und Familie bekommen und die vorhandenen Forschungsmethoden verbessern. Die Autoren nehmen an, daß die Anwendung effektiver Methoden zusätzliche Daten liefern kann, die den Therapeuten bei folgenden Aufgaben unterstützen werden:

1. bei der Diagnose und Beschreibung des bestehenden Ehe- und Familiensystems, bevor er eine Behandlungsstrategie zu planen und durchzuführen beginnt;

2. bei der Bereitstellung weiterer Informationen, sowohl quantitativer als auch qualitativer Art, die während der gesamten Behandlung eingesetzt werden können;

3. bei der Evaluation der Wirksamkeit einer Behandlung, sowohl während als auch nach der Therapie;

4. bei der Schilderung der erfolgreichsten therapeutischen Vorgehensweisen bei einem bestimmten Paar oder einer Familie.

THEORETISCHER RAHMEN

Verschiedene Methoden liefern verschiedene Arten von Informationen

Therapeuten interessieren sich oft dafür, wie sich ihre Wahrnehmung eines Paares oder einer Familie in der Behandlung gegenüber derjenigen ausnimmt, die die Mitglieder des Systems haben. Und Therapeuten wie Forscher berichten häufig, daß sich das, was sie als "outsider" des Systems sehen, von dem unterscheidet, was die Familienmitglieder als "insider" des Systems wahrnehmen und berichten. Obwohl diese Wahrnehmungen oft in Widerspruch zueinander stehen, sind doch beide Perspektiven in Forschung und Behandlung von Bedeutung und müssen ernsthaft berücksichtigt werden. Vom Standpunkt der Forschung aus gesehen gibt es sowohl subjektive als auch objektive Daten. Geht man von der Insider-outsider-Dimension und der Subjektiv-objektiv-Dimension aus, so läßt sich ein 2 x 2-Modell mit 4 Zellen herstellen (s. Tabelle 1). Jede Zelle kann für die Diagnose und Evaluation des Verhaltens in der Familie benutzt werden. Eine ausführlichere Diskussion dieses Modells und seiner Implikationen für Familienforschung und -therapie findet sich in Olson (1974) und Olson u. Cromwell (1975).

Tabelle 1. Vier Forschungsansätze

		Art der Daten	
		Subjektiv	Objektiv
Bezugsrahmen des Berichterstatters	Insider	Selbstberichtmethoden	Verhaltensbezogene Selbstberichte
	Outsider	Subjektive Beobachterberichte	Verhaltensmethoden

Betrachtet man die Methoden, die von den Forschern am meisten zur Untersuchung von Ehe- und Familieninteraktionen eingesetzt werden, so stellt sich heraus, daß individuelle Selbstberichtmethoden (self-report methods), wie z.B. Fragebogen, Interviews und standardisierte Tests, den am häufigsten verwendeten Ansatz darstellen.

Während es die Selbstberichtmethoden einem Therapeuten oder Forscher ermöglichen, Informationen über die subjektiven Erfahrungen und Gefühle eines Individuums zu erhalten, ermöglichen ihm in einer zweiten Methode die Beobachter- (d.h.Therapeut-)Selbstberichte [observer (i.e., therapist-) self-reports], objektivere Daten aus der Perspektive eines Außenstehenden zu bekommen. Da sich

Therapeuten meist stark auf den Selbstbericht eines Klienten und auf ihre eigene, subjektive Beobachtung des Klientenverhaltens verlassen, werden systematische Beobachtungsdaten nur selten erhoben.

Einige Familienforscher haben jedoch Verhaltensmethoden ("behavioral methods") und Rating-Skalen entwickelt, die objektive Daten liefern, welche auf der Beobachtung der ehelichen und familialen Interaktion beruhen.

Eine vierte Methode, der verhaltensbezogene Selbstbericht ("behavioral self-report"), wird seit jeher von verhaltenstheoretisch ausgebildeten Therapeuten eingesetzt. Diese Methode stützt sich auf das Auszählen von spezifischen Verhaltensweisen des Klienten bei sich selbst oder bei anderen, wie sie in der Interaktion im Alltag auftreten. Diese Methode hat einige interessante Konsequenzen, nämlich daß, wenn eine Person ihr eigenes Verhalten überwacht, dies dazu tendiert, sich in der erwünschten Richtung zu verändern, d.h. negative Verhaltensweisen beginnen zurückzugehen, positive werden häufiger (McFall u. Marston 1970).

Sowohl aus therapeutischer wie aus forschungsbezogener Sicht können die Daten aus jeder dieser vier Perspektiven ein umfassenderes Verständnis der Dynamik des gesamten ehelichen und familialen Systems vermitteln. Gerade weil diese Methoden wirklich unterschiedliche Sichtweisen aufgreifen (die des "insiders" und des "outsiders") und auch unterschiedliche Datentypen hervorbringen (subjektive und objektive), sollte man aber keine Übereinstimmung zwischen den Methoden erwarten. Vielmehr sollte man divergierende und sogar widersprüchliche Informationen antizipieren. Statt diese widersprüchlichen Daten als unverwertbar zu betrachten, kann man sie sogar als zusätzliche Quellen klinischer Information ansehen, die der Therapeut während der Behandlung wirkungsvoll anwenden kann. Statt sich in einer Kontroverse über die Frage zu verfangen, welcher der vier methodologischen Ansätze der wertvollste sei, soll der Schwerpunkt darauf gelegt werden, die bereits vorhandenen Instrumente herauszufinden, die dazu geeignet sind, jede der vier Perspektiven aufzugreifen. Als erstes soll die Aufmerksamkeit auf die Selbstberichtmethoden und auf die verhaltensbezogenen Methoden gerichtet werden, da diese in größerer Zahl vorhanden sind.

Eine Kernfrage, die der an Diagnostik interessierte Kliniker abwägen muß, ist, welche Perspektive und welche entsprechende(n) Meßmethode(n) wohl für die Untersuchung eines bestimmten, interessierenden Verhaltens die geeignetste(n) sind. Hinter dieser Frage steht das Problem, daß ein reliables Vorgehen zu wählen ist, um eine maximale Entsprechung zwischen dem jeweiligen vorliegenden Problem und der methodischen Vorgehensweise oder den Methoden zu erreichen, die für dieses Problem am angemessensten sind.

Kurzer Überblick zu Meßproblemen

Man kann sagen, daß die meisten Meßinstrumente, die in den Sozialwissenschaften in den vergangenen Jahren entwickelt wurden, gegenüber den Maßen, die in den Naturwissenschaften verwandt werden, recht dürftig dastehen. Dies wurde von Lake et al. (1973) in seinem Buch Measuring Human Behavior klar verdeutlicht. Hier wurden 84 verschiedene Instrumente zur Untersuchung verschiedener Aspekte des sozialen Geschehens einer systematischen Kritik unterzogen. In einer weiteren Bestandsaufnahme von Family Measurement Techniques wird berichtet, daß nur bei 56% der 314 beurteilten Methoden die grundlegendsten Formen der Reliabilität oder Validität gegeben waren - ein Tatbestand, der in den Naturwissenschaften nur selten toleriert würde (Strauss 1969).

Ganz allgemein weisen die meisten Maße in den Sozial- und Verhaltenswissenschaften - den diagnostischen Einsatz dieser Instrumente in Ehe- und Familientherapie eingeschlossen - die folgenden fünf grundlegenden Schwächen auf (übernommen von Lake et al. 1973):

1. Die Entwicklung von Instrumenten, die langzeitlich und empirisch vorgenommen wird, sowie eine angemessene Standardisie-

rung sind selten, besonders in den relativ neuen Gebieten der Erhebungsverfahren für Paare und Familien.

2. Die meisten Forscher und Praktiker fangen bei der Entwicklung von Meßinstrumenten entweder ganz neu an oder sie übernehmen unkritisch ein leicht verfügbares Instrument, ohne seine Güte oder Eignung für ein bestimmtes Problem oder einen bestimmten Zweck zu untersuchen.

3. Die Information über die Eigenschaften der vorhandenen Instrumente ist weit verstreut in Zeitschriftenartikeln, technischen Berichten, Monographien, unveröffentlichten Vorträgen sowie in allgemeinen Forschungsberichten verschiedener Disziplinen und Unterabteilungen; sie ist daher oft für praktische Zwecke nicht verfügbar.

4. Instrumente, die einfach und leicht verfügbar scheinen, werden nach Lust und Laune angewandt, während geeignetere, reliablere und validere Instrumente brach liegen.

5. Forscher und forschungsorientierte Kliniker sind oft nicht bereit, für ein praktisch interessiertes Publikum zu publizieren, und sie haben selten die Mittel, die für eine systematische Zusammenstellung und Kritik solcher Meßinstrumente notwendig sind, die bei therapeutischen Behandlungen angewandt werden könnten.

Dies alles deutet auf die Notwendigkeit hin, sich der komplizierten Technologie, die mit der Entwicklung geeigneter Meßinstrumente gegeben ist, bewußt zu werden. Strauss (1964, S. 337) ergänzt diese Ansicht, wenn er feststellt: "... es ist nur eine leichte Übertreibung, wenn man sagt, daß die theoretischen Grundlagen des Messens in den Sozialwissenschaften nicht weniger entwickelt sind als die der Physik. Der wesentliche Unterschied liegt allerdings in dem weitaus primitiveren Stand der Meßtechnologie der Sozialwissenschaften". Und, um noch einen Schritt weiter zu gehen, man kann schlußfolgern, daß der Stand der Dinge bezüglich des Messens in den Sozialwissenschaften nicht auf besonders einzigartige oder schwierige Probleme der Theorienbildung oder Technologie zurückzuführen ist, sondern vielmehr auf das Versäumnis, nicht genügend Zeit und Gedanken auf die vorliegenden Probleme verwandt zu haben. Dies gilt noch mehr für die relativ jungen Gebiete der Ehe- und Familientherapie, was mit der Tatsache zu tun hat, daß die meisten diagnostischen Meßinstrumente aus anderen Gebieten ausgeborgt worden sind, wo sie auch für andere Zwecke als die Untersuchung von Merkmalen von Ehen oder Familien konstruiert worden sind.

In einem Rückblick und einer Kritik über ein Jahrzehnt Ehe- und Familientherapie zeigt Olson (1970, S. 512) auf, daß "... die Idee der diagnostischen Bewertung ... in der Literatur nur wenig Aufmerksamkeit gefunden hat. Die meisten Therapeuten scheinen ihre Diagnose auf ziemlich unsystematische und subjektive Art und Weise vorzunehmen, indem sie unspezifizierte Kriterien verwenden, die sie aus ihrer klinischen Erfahrung heraus als nützlich ansehen".

Die wenigen in der Literatur beschriebenen Fälle, in denen Diagnosen durchgeführt wurden, stützen sich v.a. auf standardisierte Instrumente der Persönlichkeitsdiagnostik, wie den MMPI, den Rorschach-Test, den TAT und nur selten auf Maße, die sich direkt auf eheliche Verhältnisse beziehen, wie z.B. das "Marital Role Inventory" (Hurvitz 1960). Außerdem "sind die meisten unserer gegenwärtigen Erhebungstechniken für den Gebrauch bei Individuen gemacht ... und passen nicht für die Erfassung ehelicher oder familialer Beziehungen" (Bodin 1968, S. 223). Dieser letzte Punkt ist eine direkte Folge der Praktik, vorhandene Instrumente aus der Psychologie auszuborgen. Die eheliche Dyade und das Familiensystem sind soziale Gruppen. Gegenwärtig ist es notwendig, solche Instrumente anzuwenden, welche Merkmale erfassen können, die für diese Gruppen charakteristisch sind.

Das Wachstum und die professionelle Entwicklung der Ehe- und Familientherapie sowie die damit verbundene Betonung der Sozialtherapie haben zu dem beigetragen, was Hobbs (1964) "die dritte Revolution in der Mental-health-Bewegung" genannt hat. Die ehe- und familientherapeutische Orientierung in der Therapie impliziert, daß man sich nicht auf herkömmliche psychologische Theorien und Meßmethoden beschränken darf. Diese neuen Gebiete fordern, wenn sie konsequent als eigenständige Disziplinen verstanden werden, daß "... die Einheit der Untersuchung (und der Behandlung) der soziale Kontext des Individuums sein sollte, daß symptomatisches Verhalten sich auf diesen Kontext bezieht und daß die scheinbare Variation von Individuen untereinander daher kommt, daß die Situationen, auf die sie reagieren, verschieden sind" (Haley 1972, S. 14). In seiner grundlegendsten Form wird in diesem Ansatz betont, daß Unterschiede zwischen "Normalen" und Individuen mit psychiatrischen Problemen am ehesten geklärt und verstanden werden können, wenn man sie auf dem Hintergrund dieses Kontextes beurteilt. Hierauf liegt das Schwergewicht dieses Aufsatzes und die Legitimierung von Diagnose und Messung ganz allgemein als Hauptbestandteil des therapeutischen Prozesses.

Daß die Wissenschaft über Ehe und Familie in Quantensprüngen angewachsen ist, kann einerseits durch einen Vergleich der Anzahl der Stichworte in Band 1 und 2 der International Bibliography of Research in Marriage and the Family (Aldous u. Hill 1967; Aldous u. Dahl 1974) nachgewiesen werden und andererseits durch die Feststellung, daß es jetzt erforderlich ist, ein alle zwei Jahre erscheinendes Inventory of Marriage and Family Literature (Olson u. Dahl 1975) herauszubringen, um bei der gegenwärtigen Fülle an Literatur auf dem laufenden zu bleiben. Olson u. Dahl berichten, daß das Teilgebiet, das sich auf Anwendung bezieht, innerhalb der Hauptgebiete Ehe- und Familienforschung von 3,5% der bei Aldous u. Hill (1967) verzeichneten Literatur auf 8,3% im zweiten Band angestiegen sei.

Dies spiegelt sich nicht nur in der Anzahl der Artikel in der Kategorie "Applied Field" wider, sondern auch in der Tatsache, daß klinische Begriffe über 11% der Stichworte ausmachen, die 25mal oder sogar noch häufiger in den Überschriften von Aufsätzen erschienen sind. Dieses Teilgebiet wird durch Kliniker beherrscht, die in verschiedenen Settings Forschung betreiben, und stellt die Hauptquelle der Forschung in bezug auf klinisch relevante diagnostische Beurteilung dar. Obwohl ein großer Teil dieser Forschung von Klinikern durchgeführt wird, scheint es eine Kluft zwischen der Forschung und der Anwendung ihrer Ergebnisse zu geben. Das heißt, daß es dem nicht an Forschung ausgerichteten Kliniker schwerfallen wird, die praktische Anwendung dieser Arbeit zu verstehen, da sie oft statistisch und theoretisch ist. Trotz dieser Einschränkungen kann man viel von diesen Untersuchungen profitieren, wenn man sie nur ernsthaft berücksichtigt.

Die Fülle der gegenwärtigen Forschung wird in neueren Übersichten zur Ehe- und Familieninteraktion von Riskin u. Faunce (1972), von Glick u. Haley (1971) und von Haley (1972) aufgezeigt, um nur drei Arbeiten zu nennen. Die umfassende Übersicht von Riskin u. Faunce verzeichnet über 286 verschiedene Arbeiten, während Glick u. Haley gut über 300 Artikel und Bücher, die zwischen 1950 und 1970 erschienen sind, in ihrer kommentierten Bibliographie erwähnen. Es gibt eine große und wachsende Menge von Forschungsarbeiten zur Interaktion, die für das Problem der Ehe- und Familiendiagnostik relevant sind.

Obwohl eine beachtliche Zahl von Techniken zur Ehe- und Familieninteraktionsanalyse verfügbar ist, sind diese kaum als diagnostische Instrumente bzw. als Evaluationstechniken in der Ehe- oder Familientherapie angewandt worden. Ein einleuchtender Grund dafür, warum sich Therapeuten auf diesen Gebieten nicht mit der diagnostischen Evaluation befassen, liegt in dem Mangel an Techniken, die in angemessener Weise überprüft oder validiert worden sind. Gegenwärtig "ist noch beträchtliche Forschungsarbeit auf diesem Gebiet vonnöten, bevor angemessene Methoden für eine valide Diagnose der ehelichen oder familialen Dynamik entwickelt werden können, die dem Therapeuten nützen" (Olson 1970, S. 513).

Für die gegenwärtige Situation ist also charakteristisch, daß zwar zahlreiche Verfahren zur Verfügung stehen, die als Instrumente zur Diagnose und Evaluation verwendet werden können, daß sie aber in diesem Kontext nur selten eingesetzt werden, entweder, weil sie den Praktikern nicht vertraut sind oder einfach deshalb, weil ihnen die entsprechende Validierung fehlt, die auch nur ein minimales Ausmaß an Zuverlässigkeit garantieren könnte. Es ist anzunehmen, daß sogar Daten, die unter kontrolliertesten Laborbedingungen bei der Überprüfung von Instrumenten gewonnen worden sind, für den Praktiker von Nutzen sein können, wenn es darum geht, ein fundiertes Urteil über den Nutzen eines bestimmten Verfahrens zu fällen. Außerdem wird angenommen, daß es nicht notwendig ist, Leute, die "Probleme" haben, als Versuchspersonen zu nehmen, wenn man ein Erhebungsverfahrens analysiert, das diagnostischen Zwecken dienen könnte. Die Frage ist, wie man die Tauglichkeit einer beliebigen Technik für ein ganz bestimmtes und einmaliges Setting, wie es z.B. beim Beratungsinterview gegeben ist, maximieren kann.

Manche vertreten den Standpunkt, es sei notwendig, mit einem diagnostischen Instrument klinische Erfahrung zu haben, bevor man es in angemessener Weise benutzen könne. Wir sind nicht dieser Meinung. Im Idealfall, wenn vernünftige Kriterien für eine Überprüfung von Meßinstrumenten erstellt und entsprechende Analysen durchgeführt worden sind, ist es zwar wünschenswert, aber nicht zwingend, daß ein Instrument in einem klinischen Setting und an einer klinischen Population validiert wird. Daher besteht keine Notwendigkeit, die Suche nach potentiell nützlichen Diagnose-Instrumenten auf die klinische Literatur zu beschränken. Im Bereich der Sozialpsychologie, der Soziologie, der Ehe- und Familienforschung und in anderen Sozialwissenschaften lassen sich in der Tat die brauchbarsten Verfahren auffinden.

Im Umfeld diagnostischer und klinischer Erhebungsverfahren bestehen analoge Probleme, wie sie bei Fragen der Reliabilität und Validität von Forschungsmethoden auftreten. Wir gehen davon aus, daß ein Hauptaugenmerk der Praktiker auf der Genauigkeit (Validität) und der Konsistenz (Reliabilität) von Urteilen liegt. Soweit als möglich sollte man sich in Untersuchungen diagnostischer Instrumente bedienen, um so die Arbeit des Therapeuten im Behandlungsprozeß zu erleichtern. Das heißt nicht, daß die Intuition des Therapeuten und seine Interpretation von Eindrücken (also seine Selbstberichte) unwichtig wären. Untersuchungsinstrumente können aber zusätzliche und wertvolle Information über die Klienten liefern.

Wenn man die Literatur zur Ehe- und Familieninteraktion durchsieht, ist man von ihrer Fülle und von dem Mangel an begrifflicher Übereinstimmung zwischen den einzelnen Autoren überrascht. Unter den zahlreichen Ansätzen scheint es derzeit mindestens vier generelle Möglichkeiten zu geben, wenn man das System eines Ehepaars, einer Teilfamilie oder einer gesamten Familie analysieren will (nach Haley 1972, S. 17):

1. Ehen und Familien werden über die Charakteristika, die die einzelnen Mitglieder aufweisen, erfaßt, wobei besonders Persönlichkeit und Affekt betont werden.

2. Ein weiterer Akzent liegt auf der Analyse der Gruppenstrukturen, insbesondere auf der Feststellung von Diskrepanzen zwischen Rollenwahrnehmungen, -erwartungen und -verhalten.

3. Ein weiterer Akzent liegt auf den Austauschprozessen zwischen den Mitgliedern, wobei besonders auf störende und inkonsistente Muster der verbalen Kommunikation geachtet wird.

4. Ein weiterer Akzent liegt darauf, herauszufinden, inwieweit eine Gruppe eine gestellte Aufgabe in Gemeinschaftsarbeit erledigt, sei es beim Problemlösen, bei Entscheidungsprozessen oder beim Spiel, wobei besonders auf Muster geachtet wird, wo die verbale Kommunikation wechselseitig negativ verstärkt wird.

Bei jedem dieser vier allgemeinen Zugänge wird zu erfassen versucht, wie sich die Mitglieder in ihrem Gruppensetting typischerweise im Umgang miteinander verhalten. Aus klinischer Sicht handelt es sich bei dieser Bandbreite von Ansätzen um ein Spezifikum dieses Jahrzehnts; früher herrschte die Ideologie des Individuums vor, man konzentrierte sich auf die individuelle Reaktion auf Teststimuli oder darauf, welchen Eindruck der Therapeut vom Ausmaß individueller Psychopathologie hatte (Haley 1962).

BEZUGSSYSTEM

Meßinstrumente und Skalen

Angesichts des Problems, wie typisches Verhalten in Ehen und Familien diagnostiziert werden kann, sind die Kliniker auf verschiedene Art und Weise vorgegangen. Jeder Ansatz weist seine eigene Kombination von Vor- und Nachteilen auf, wenn man ihn auf ein diagnostisches Problem anwendet. Zur Veranschaulichung werden in Tabelle 2 die beiden Hauptzugänge der Diagnostik (Selbstbericht und Verhaltensbeobachtung) aufgeführt und nach ihren Ähnlichkeiten klassifiziert, die sie in bezug auf Probleme als Erhebungsverfahren haben. Mit anderen Worten: Die Kästchen der Tabelle stellen ein Organisationsprinzip dar, in dem die Techniken nach ihren gemeinsamen Vor- und Nachteilen für die Diagnostik eingeteilt sind.

Um die Organisation und Klassifikation verschiedener Methoden zu erleichtern, gliedert sich die Tabelle in verschiedene Erhebungseinheiten, in Erhebungsmethoden und in eine Reihe von Verweisen, die es dem Leser erlauben, sich ggf. mit bestimmten Instrumenten und Techniken näher zu befassen. Zur Verdeutlichung dieses Vorgehens wird sich die anschließende Diskussion auf diese drei Aspekte von Tabelle 2 konzentrieren.

Tabelle 2 (und die folgenden Tabellen, die in dieser gekürzten deutschen Fassung des Originalartikels nicht enthalten sind; die Übersetzer) soll die gesamte Bandbreite derzeit verfügbarer diagnostischer Instrumente systematisch auflisten. Und obwohl diese Übersicht zugegebenermaßen nicht erschöpfend ist, wird hiermit doch der Versuch gemacht, möglichst viele Instrumente und Techniken vorzustellen. Diese diagnostischen Techniken reichen von wohlbekannten und validierten Maßen bis hin zu relativ unbekannten und nicht validierten Maßen. In Anbetracht des frühen Entwicklungsstadiums der Ehe- und Familientherapie sind sich die Autoren darüber einig, daß der Ein- oder Ausschluß von Techniken auf der Grundlage gegenwärtiger Validitäts- und Reliabilitätsbe-

Tabelle 2. Kategorisierung vorhandener diagnostischer Verfahren in Ehe- und Familientherapie anhand von Erhebungsmethoden und -einheiten

Methode	Erhebungseinheit			
	Individuum	Ehepaar	Teilfamilie	Gesamtfamilie
	Selbstbericht			
Nichtprojektive Persönlichkeitstests				
Projektive Persönlichkeitstests				
Wahrgenommene Interaktion				
Erschlossene Interaktion				
	Beobachtung			
Problemlöseaufgaben				
Entscheidungsfindungsaufgaben				
Konfliktlösungsaufgaben				
Natürliche Aufgaben				

rechnungen zum jetzigen Zeitpunkt nicht angebracht wäre. Darum liegt der Schwerpunkt hier mehr darauf, vorhandene Methoden zu beschreiben und einzuordnen, und nicht so sehr darauf, festzustellen, wie angemessen die Daten oder die Reliabilitäts- und Validitätsangaben sind. Die Wahl des Schwerpunkts bleibt dem Leser und seinem eigenen Interesse überlassen, sei es, daß es eher Anwendungs- oder eher forschungsorientiert ist.

Die Erhebungseinheiten erstrecken sich in Tabelle 2 in den Tabellenspalten von Individuen, die Mitglieder von Ehe- oder Familiensystemen sind, über eheliche Dyaden und Teilfamilien (mit zumindest einem Erwachsenem und einem Kind) bis hin zu ganzen Familien

(die i. allg. alle Mitglieder einer Kernfamilie umfassen, und / oder andere wichtige Personen, die in der Familie leben). Wenn man man nun in der Tabelle von links nach rechts geht, nimmt die Zahl der Individuen zu und es ergibt sich das Bild einer Entwicklung von der Ehepaar- bis hin zur Familiengruppe. Die Spaltenüberschrift in der letzten Spalte gibt die Familieneinheit an, die in den USA am häufigsten vorkommt; diese Spalte enthält die wenigsten Eintragungen in den nachfolgenden Tabellen, was den allgemeinen Mangel an vorhandenen Techniken anzeigt, die zu familiendiagnostischen Zwecken konstruiert worden sind. Während die vier Spaltenüberschriften jeweils eine ziemlich unterschiedliche Erhebungseinheit repräsentieren, handelt es sich jedoch nicht um reine Typen, in den Kategorien können vielmehr mehrere verschiedene Kombinationen individueller Mitglieder vorkommen.

Methoden und Meßtechniken

Die Hauptspaltenüberschriften in Tabelle 2 (Selbstbericht und Verhaltensmethoden) repräsentieren die beiden Methoden, die in den Sozialwissenschaften am meisten verwendet werden. Beide haben vier verschiedene Unterkategorien. Die Unterkategorien, die aus einer Durchsicht zur Verfügung stehender Publikationen erstellt worden sind, sollen dem Zweck dienen, die verschiedenen Techniken in klare unterscheidbare Gruppen zu gliedern. Während die Unterkategorien allgemein sind und keine Vollständkeit beanspruchen, helfen sie die Vielfalt der Techniken, die in der Literatur zu finden ist, zu klären und zu klassifizieren. Es ist auch wichtig zu bemerken, daß es sich um den ersten Anlauf zu einem Klassifikationssystem handelt, der noch weiter elaboriert und verfeinert werden muß. Es bleibt also noch viel Arbeit, um den gegenwärtigen Stand diagnostischer Verfahren der Ehe- und Familieninteraktion auf ein höheres Niveau anzuheben.

Obwohl vier verschiedene, miteinander in Beziehung stehende Unterkategorien für jede der beiden Methoden aus der durchgesehenen Literatur entnommen worden sind, werden Vorteile und Einschränkungen dieser einzelnen Kategorien hier nicht diskutiert. Die

Hauptkriterien, die bei der Schaffung der verschiedenen Klassifikationskategorien angewandt worden sind, gruppieren sich um zwei zentrale Fragen: Um welche Art von Meßinstrument handelt es sich, und was erfaßt es? Die ersten vier Unterkategorien werden bei den Selbstberichtmethoden beschrieben.

Selbstberichtmethoden

Mit den Selbstberichtverfahren wird auf die Form von Testverfahren Bezug genommen, bei denen Klienten gebeten werden, Inventare auszufüllen oder auf standardisierte Fragen mündlich zu antworten. Selbstberichtmethoden können über das Verhalten in Familien allgemein Auskunft geben oder über das Verhalten eines bestimmten Individuums innerhalb dieser Familie. Bei den Selbstberichtmethoden ist das Individuum die Hauptquelle der Information. In diesem Zusammenhang erhebt sich die Frage, was nun tatsächlich gemessen wird. Selbstberichterhebungsinstrumente erfassen nicht die aktuelle Interaktion. Es ist wichtig, dies festzuhalten, da es sich bei der überwältigenden Mehrheit der Techniken in der Ehe- und Familientherapie um Selbstberichtmethoden handelt. Insofern stellen Daten, die auf diese Weise erhoben werden, quantifizierbare Verhaltensberichte dar, bei denen man allenfalls auf Interaktionen schließen kann.

Ein Beispiel für diese Implikation ist die Verwendung von Übereinstimmungen und Widersprüchen in Selbstberichten von Familienmitgliedern. Wenn in den Aussagen der Familienmitglieder erhebliche Widersprüche auftreten, so kann daraus geschlossen werden, daß die familiären Interaktionsmuster dysfunktional sein könnten. Tritt das Gegenteil ein, daß die Berichte i.allg. einander gleichen, so kann eine Übereinstimmung in der Wahrnehmung vermutet werden, die sich auf die angesprochenen Aspekte des Ehe- oder Familienlebens bezieht. Wenn auch Widersprüche und Übereinstimmungen auf diese Weise Rückschlüsse erlauben, so erfassen sie doch de facto nicht die Interaktion. Je nach dem Zweck, den der Therapeut verfolgt, können die erhobenen Daten sehr nützlich sein, auch wenn Interaktionen per se nicht erfaßt worden sind. Um zur Klärung der Eintragungen in die Gesamtmatrix beizutragen, wenden wir uns nun den Definitionen und Kriterien für jede der vier Unterkategorien zu (Tabelle 3):

Tabelle 3. Vier Untergruppen der Selbstberichtmethoden

	Art der Beurteilung	
Bezugs-schwerpunkt	Objektiv	Subjektiv
Intrapersonal	Nichtprojektive Persönlichkeitstests	Projektive Persönlichkeitstests
Interpersonal	Wahrgenommene Interaktion	Erschlossene Interaktion

Intrapersonale Maße

"Der traditionelle Zugang zur Familiendiagnose lag darin, jedes Familienmitglied mit Hilfe konventioneller Persönlichkeitstests zu testen" (Bodin 1968, S. 224). Eine Durchsicht der Literatur zur Ehe- und Familienerfassung, die diesem Ansatz folgt, würde den Rahmen dieses Beitrags sprengen; wir verweisen lediglich darauf, daß die überwältigende Mehrheit der Ehe- und Familientherapeuten, die diagnostische Maße anwenden, sich auf Persönlichkeitstests stützen.

In diesem Beitrag bezieht sich der Begriff Persönlichkeitstest auf Techniken, die speziell dafür geschaffen worden sind, Eigenschaften einzelner Individuen zu erfassen, einschließlich einer breiten Palette von Affektreaktionen, Interessen, Einstellungen und Persönlichkeitszügen. Diese Verfahren können auch erfassen, wie ein Einzelner seine Anpassung an den gesellschaftlichen Kontext wahrnimmt. Zwei verschiedene Arten von Persönlichkeitstests sind immer wieder in der Ehe- und Familientherapie angewandt worden: die nichtprojektiven Tests und die projektiven Tests.

1. Nichtprojektive Persönlichkeitstests messen Persönlichkeitsvariablen, indem ein Individuum gebeten wird, auf festliegende vorgegebene Fragen unter standardisierten Bedingungen zu antworten. Die Versuchsperson kann dabei über sich selbst Auskunft geben oder über andere. Die Testergebnisse werden ausgewertet und interpretiert, indem von den bereitstehenden Normen und Klassifikationsschemata Gebrauch gemacht wird. Viele dieser Tests können ohne die Anwesenheit eines Testleiters durchgeführt werden. Gebräuchliche Tests dieser Art sind: Taylor-Johnson Temperament Analysis (T-JTA), Edward Personal Preference Schedule (EPPS), Minnesota Multiphasic Personality Inventory (MMPI). "Eheberater benutzen diese Tests eher als die projektiven Tests ...", da sie "mehr daran interessiert sind, wie Individuen sich selbst sehen, und weniger an unbewußten Motivationen" (Phillips 1973, S. 43).

Typisch für diese Kategorie ist der grundlegende Bezug auf intrapsychische Daten und objektive Auswertungsschritte. Es wird die individuelle Persönlichkeit erfaßt und aus den Daten werden Schlüsse auf die Persönlichkeitsstruktur und auf das interpersonale Verhalten gezogen.

Das bekannteste Beispiel dieser Technik ist der MMPI. Die Daten sind ausschließlich intrapsychischer Art; sie stellen ausführliche Informationen über die Persönlichkeit des Klienten bereit. Die Ergebnisse werden auf objektive Art und Weise interpretiert, indem Normwerte und Klassifikationsschemata herangezogen werden.

Der T-JTA liefert einen Selbstbericht sowohl vom Ehemann als auch von der Ehefrau. Dieser Test ist insofern einzigartig, als er ein zusätzliches Auswertungsverfahren enthält, das als "Kreuztechnik" ("crisscross technique") bezeichnet wird; dadurch kann dann auf Interaktionen geschlossen werden. Der Test basiert jedoch auf intrapsychischen Daten. Jede Person wird gebeten, das Inventar für sich und den Ehepartner auszufüllen. Dies führt zu vier Persönlichkeitsprofilen, zwei für den Ehemann und zwei für die Ehefrau. Jedes Persönlichkeitsprofil stützt sich auf objektive Normen. Hat man Profile erstellt, so lassen sich Diskrepanzmaße bestimmen zwischen dem Selbstbericht etwa des Ehemanns und dem

Bericht darüber, wie der Mann von seiner Frau wahrgenommen wird. Auf Interaktion kann aus diesen Maßzahlen geschlossen werden.

2. Bei projektiven Tests werden Individuen aufgefordert, auf unstrukturierte oder zweideutige Stimuli zu reagieren. Die Stimulusvorlagen sollen unbewußte Bedürfnisse, Konflikte und andere dynamische Eigenheiten der Persönlichkeit entlocken, die dann von einem geschulten Testleiter interpretiert werden. Die projektiven Tests unterscheiden sich von den nichtprojektiven darin, daß Verzerrungen in den Berichten aufgedeckt werden, daß sie relativ subjektiv sind und daß die Anwesenheit eines geschulten Testleiters erforderlich ist. Techniken dieser Art, die häufig angewandt werden, sind das Rorschach-Verfahren, der Thematische Apperzeptions-Test, sind Wort-Assoziations-Tests und Satzergänzungstests. Diese Instrumente werden i.allg. dazu verwandt, tiefer liegende und unbewußte Motivationen zu erfassen; die Verfahren können dazu benutzt werden, auf die Dynamik interpersonaler Beziehungen zu schließen. In bezug auf die nichtprojektiven Verfahren sind die Hauptunterscheidungsmerkmale die Subjektivität der Stimulusvorlagen und deren subjektive Interpretationen.

Interpersonale Maße

Zusätzlich dazu, daß bei den Selbstberichtmethoden das Schwergewicht auf der individuellen Persönlichkeit liegt, ist eine Reihe von Beziehungstests entwickelt worden. Diese Tests erfassen eheliche Beziehungen, Familien- und Eheprobleme und verschiedene Eltern-Kind-Interaktionen. Viele dieser Tests haben sich auf Grund der Breite der Information, die erhoben wird, als nützlich erwiesen. So könnte ein Familienbeziehungstest potentiell einen Einblick in die eheliche Dyade verschaffen, in Eltern-Kind-Beziehungen, in Geschwisterbeziehungen und in einzelne Familienmitglieder selbst. Dies kann oft schnell und objektiv erfolgen.

Die verbleibenden zwei Unterkategorien der Selbstberichtmethoden haben mit Beziehungstests zu tun: "Wahrgenommene Interaktionen" und "Erschlossene Interaktionen". Die Bezeichnung mit dem Begriff

"Interaktion" soll auf die verschiedenen Zielsetzungen der Instrumente hinweisen: Während Persönlichkeitstests sich auf intrapersonale Information beziehen, werden bei den Interaktionstests Individuen gebeten, über ihr interpersonales Verhalten zu berichten. Dadurch werden Unterschiede zwischen dem Selbst als personaler Einheit und dem Selbst als interagierender Einheit deutlich. Ein Beispiel sind die folgenden Feststellungen:

- "Ich habe einen guten Appetit." (MMPI)

- "Ich lasse andere Leute meine Handlungen kontrollieren." (FIRO-B)

Bei der ersten Feststellung handelt es sich um eine innerpsychische: Der Bericht eines Individuums über sein persönliches Verhalten wird erfaßt. Das zweite Item ist interpsychisch, interpersonal: Es erfaßt bei einem Individuum die Wahrnehmung dessen, wie es mit anderen interagiert. Diese Items weisen auf, wie sich die beiden "Interaktions"-Unterkategorien von den Persönlichkeitstestsunterkategorien unterscheiden. Diese Unterscheidung ist zusätzlich von Bedeutung, wenn sie von einer sozialpsychologischen Perspektive her gesehen wird, die für viele Ehe- und Familientherapeuten charakteristisch ist. Diese Beobachtung wird deutlicher, wenn jede der Selbstbericht-"Interaktions"-Kategorien detaillierter beschrieben wird.

3. Wahrgenommene Interaktion handelt ausschließlich davon, wie ein Individuum oder eine Gruppe die Ehe- bzw. Familieninteraktion wahrnimmt. Der Hauptunterscheidungsfaktor in dieser Kategorie liegt in der Betonung auf "inter"-psychischen im Gegensatz zu "intra"-psychischen Items. Die hinter diesen Tests stehende Vermutung ist, daß die Persönlichkeit von Individuen innerhalb von sozialen Einheiten nicht so wichtig ist wie die Interaktionswahrnehmungen dieser Individuen. Die "wahrgenommenen" Anworten auf Testfragen werden einfach als Wahrnehmungen zum Thema Interaktion anerkannt. Die Tatsache, daß der Testleiter die Berichte der Klienten akzeptiert, erlaubt eine objektivere Testauswertung. Ein Beispiel für eine solche Technik ist die "Interpersonal Check-

list" (ICL), wo beide, der Ehemann und die Ehefrau, zu Interaktionsitems Stellung nehmen, die nach ihrer Wahrnehmung für ihr Verhalten kennzeichnend sind. Die Ergebnisse werden nicht als aktuelle Maße der Interaktion interpretiert, sondern als Wahrnehmungen der Testpersonen darüber akzeptiert, was stattfindet.

4. Erschlossene Interaktion betont die interpsychischen Items, die subjektiv interpretiert werden. In der vorangegangenen Kategorie waren sowohl die Maß- als auch die Interpretationseinheiten strukturiert und auf standardisierte Normen gegründet. Innerhalb der Kategorie "Erschlossene Interaktion" sind Selbstberichte von interpersonalen Situationen der projektiven Auswertung von Therapeuten unterworfen. Aus diesem Grund ist es angemessen, sich auf Erfahrungen und subjektive Kriterien zu verlassen, um Rückschlüsse auf die Interaktion zu ziehen. Diese Art von Erhebungsmethode ist sehr wichtig, da Paare oder Familien oft nicht ihrer echten Gefühle und Verhaltensweisen gewahr, und nicht in der Lage sind, über diese objektiv zu berichten.

Ein Beispiel dieser Art von Erfassung ist ein Gemeinschafts-TAT, in welchem der Test einem Ehepaar vorgelegt und dieses gebeten wird, sich auf die endgültige Fassung der Geschichte zu einigen. Die zustandegekommenen Geschichten werden dann interpretiert, um die zugrundeliegenden Komponenten, die die Interaktion bedingen, zu diagnostizieren. Der geschulte Therapeut kann diese gemeinsamen Daten interpretieren und daraus Schlüsse auf die Interaktion ziehen. Anstatt die TAT-Geschichten als solche zu akzeptieren, wie bei der Kategorie "Wahrgenommene Interaktion", werden die Geschichten hier subjektiv interpretiert und benutzt, um auf Gruppenverhalten zu schließen.

Beobachtungsmethoden

Diese Methoden unterscheiden sich von Selbstberichtmethoden darin, daß aktuelles Verhalten einer Analyse unterzogen wird, während jene die individuelle Wahrnehmung des Verhaltens erfassen. Die "Außenstehenden" (Beobachter) können an der Interaktion teil-

nehmen oder sie mit Hilfe von Einwegspiegel, Tonband oder Video beobachten.
Hauptzweck der Beobachtungstechniken ist es, charakteristische Interaktionssequenzen herauszuarbeiten, die für bestimmtes Verhalten typisch sind. Watzlawick (1966, S. 256) drückt diesen Sachverhalt noch pointierter aus: "... es ist offensichtlich, daß es möglich ist, Situationen (in denen immer wiederkehrende Interaktionen auftreten, die beobachtbar sind) absichtlich herbeizuführen, statt darauf zu warten, daß sie sich spontan ereignen."

Beobachtungen können bei Dyaden oder größeren Gruppen gemacht werden; die Betonung liegt darauf, aktuelle Interaktion zu stimulieren, wozu zwei oder mehr Teilnehmer erforderlich sind. Die Informationen, die man mit Hilfe dieser Methode erhält, reichen von objektiven Aufzeichnungen bestimmter Handlungen bis hin zu subjektiven Interpretationen allgemeiner Interaktionsmuster. Bei den Stimuli, die zu Interaktionen anregen sollen, handelt es sich gewöhnlich um das Durchspielen von hauptsächlich vier Aufgaben: Problemlösen ("problem-solving"), Entscheidungen treffen ("decision-making"), Konflikte lösen ("conflict-resolution") und natürliche Situationen ("naturalistic"). Begrenzt sind die Gesamtzahl der Teilnehmer und die entsprechenden Maße bei diesen Aufgaben nur durch die Kreativität der Beobachter, durch die physikalische Größe des Interaktionsraums und durch das diagnostische Problem. Für solche Verfahren wird i.allg. nicht der Anspruch erhoben, daß sie für "normales" Verhalten repräsentativ sind; diese klinischen Annäherungen an Verhalten weisen die gleichen (Stör-)Faktoren auf, die sich bei klinischen Interviews außerhalb der natürlichen Umgebung (Arbeitszimmer, Labor usw.) zeigen. In dieser Hinsicht sind diese erfaßten Verhaltensweisen und Gefühlsäußerungen nicht weniger repräsentativ als andere, die einem Außenstehenden (Therapeuten) in einem klinischen Setting mitgeteilt werden.

Wir unterscheiden vier verschiedene Unterkategorien von Beobachtungsmethoden. Jede Kategorie unterscheidet sich in bezug auf die folgenden drei Kriterien: (a) Aufgabenbedeutsamkeit oder -ähnlichkeit mit Themen, die typisch für die Alltagsinteraktion sind; (b) Grad, in dem die Stimuli standardisiert sind, die dazu benutzt werden, um Interaktionen bei der Aufgabenstellung auszulösen; (c) Entscheidungsform, die bei der Aufgabenstellung erforderlich ist, d.h. gemeinsame/familiäre oder individuelle Entscheidung. Die Dimensionen und Kriterien für die Beobachtungsmethoden lauten wie folgt:

1. Problemlöseaufgaben	a) Relevanz der Aufgabe niedrig b) Gleiche Stimuli c) Keine gemeinsame Entscheidung erforderlich
2. Entscheidungsaufgaben	a) Relevanz niedrig bis mittel b) Ähnliche Stimuli c) Gemeinsame oder Familienentscheidung
3. Konfliktlöseaufgabe	a) Relevanz mittel bis hoch b) Gleiche oder verschiedene Stimuli c) Gemeinsame oder Familienentscheidung
4. Aufgabe aus dem Alltag	a) Relevanz mittel bis hoch b) Verschiedene Stimuli c) z.T. gemeinsame oder Familienentscheidung

Die Frage der Relevanz bezieht sich darauf, wie nahe das Verhalten, das durch die Beobachtungsmethoden hervorgerufen wird, an das herankommt, das für Ehe- oder Familieninteraktion typisch ist. Wenn Verhalten durch Simulationsaufgaben oder durch Spiele hervorgerufen wird, können die sich zeigenden Verhaltensmuster einen geringeren unmittelbaren Wert für diagnostische Zwecke haben, wenn intendiert war, typische Verhaltensweisen zu erfassen. Wenn die künstlich hervorgerufene Interaktion andererseits mehr den typischen oder gewöhnlichen Mustern ähnelt, wie sie bei Familienkonflikten auftreten, kann man jedoch annehmen, daß die Ergebnisse klinisch bedeutsamer sind.

Das zweite Kriterium bezieht sich auf die Frage, wieviel Mühe darauf verwendet wird, die Beobachtungsmethode zu standardisieren. Viele Beobachtungstechniken geben der Familie die gleiche strukturierte Situation vor, um die Familienmitglieder zu Interaktionen anzuregen. In den meisten Fällen werden den Familien ähnliche, aber nicht identische Interaktionsstimuli präsentiert. Das andere Extrem auf dem Kontinuum von strukturierten zu unstrukturierten Stimuli bilden Situationen, in denen sich Interaktionsverhalten mehr entfalten kann. Ein Beispiel stellt der Hausbesuch dar. In diesem Fall basieren die Interaktionen auf einer Reihe verschiedener Stimuli, die im Wohnbereich der Familie spontan auftreten. Diese Interaktionen können an die typischen Verhaltensmuster sehr nahe herankommen; es ist jedoch schwierig, sie systematisch aufzuzeichnen.

Das letzte Kriterium bezieht sich darauf, ob die Entscheidungen gemeinsam oder in der Familie getroffen werden sollen. Einige Techniken machen es erforderlich, daß Dyaden oder größere Einheiten von Familienmitgliedern anwesend sind und miteinander interagieren, während andere Techniken dies nicht voraussetzen. In einigen Spielsituationen arbeiten die Familienmitglieder unabhängig voneinander. Bei Entscheidungsaufgaben liegt die Betonung meist jedoch darauf, wie die Familie als Einheit interagiert, wenn sie ein Problem löst.

Kriterien für Erhebungsinstrumente

Wie wir schon erwähnt haben, sind Ehe- und Familientherapie sowohl von Forschern als auch von Therapeuten kaum in systematischer Weise einer Einschätzung unterzogen worden, obwohl den Therapeuten eine ganze Reihe von Meßinstrumenten und Zugängen zur Verfügung steht. Die Tatsache, daß diese Instrumente nicht benutzt werden, ist teilweise auf die Zwänge zurückzuführen, unter denen die Therapeuten in bezug auf Zeit, Energien und Ressources stehen. Das Fehlen von Diagnose und Evaluation liegt zum großen Teil jedoch daran, daß die Therapeuten das Gefühl haben, die Meßinstrumente würden nur wenig Information liefern, die für den Therapieprozeß genutzt werden kann. Die folgenden Kriterien können in gleicher Weise von Klinikern und Forschern in Betracht gezogen werden, wenn sie einschätzen wollen, welche der geläufigen, verfügbaren Methoden sie möglicherweise benützen können oder welche neuen, verbesserten Methoden entwickelt werden sollten:

1. Die Methoden sollten sich an bestimmte theoretische Konzepte oder Dimensionen anlehnen, die für den Therapieprozeß wichtig sind. Solche Maße könnten zwischen Theorie, Forschung und Praxis Verknüpfungen schaffen.

2. Die Stimulusstichprobe sollte sich nicht nur auf das Gesamtkonzept beziehen (Inhaltsgültigkeit), sondern auch für eine bestimmte Gruppe, die beurteilt wird, relevant und repräsentativ sein. Diese Erwägungen sollten auch das Engagement der Klienten an der Testaufgabe miteinbeziehen, was wiederum die Fehlervarianz verringern wird.

3. Vorgehensweisen, bei denen mehrere methodische Zugänge verwendet werden, sind vorzuziehen, da sie ein und denselben Sachverhalt aus verschiedenen Perspektiven beleuchten. Wenn z.B. bei einem Meßinstrument Selbstbericht- und Beobachtungsmethoden miteinander kombiniert werden, kann der Therapeut an reichhaltiges Datenmaterial herankommen und dieses miteinander vergleichen.

4. Sowohl Reliabilität als auch Validität der Erhebungsverfahren sollten überprüft werden. Selbstberichtmethoden erfordern eine Kontrolle über Reliabilitätsmaße der internen Konsistenz (Split-half oder Test-Retest). Dasselbe gilt für Beobachtungsinstrumente, wo außerdem die Interraterreliabilität überprüft werden sollte. Die Genauigkeit und der unmittelbare klinische Nutzen von Erhebungsverfahren gewinnt durch Validitätsuntersuchungen.

5. Die Verfahren sollten so durchgeführt werden, daß die Klienten sich während der Durchführung nicht ausgetrickst oder getäuscht fühlen. Ist ein Täuschungsmanöver impliziert, so wird der Klient dazu neigen, der nachfolgenden Behandlung nicht zu trauen und die Anworten zu verfälschen. Dies ist eine Frage der Glaubwürdigkeit.

6. Die Verfahren sollten optimal sein, was die erforderliche Ausstattung, die entstehenden Kosten und die benötigte Zeit zur Durchführung und Auswertung betrifft. Je weniger diese Faktoren ins Gewicht fallen, um so wahrscheinlicher werden die Verfahren

von Praktikern angewendet werden.

7. Die Instrumente sollten für eine Spannbreite verschiedener Altersgruppen und Gruppen verschiedener sozialer Herkunft geeignet sein. Sind sie zu begrenzt oder verlangen sie etwa spezielle verbale Fähigkeiten, so eignen sich die Verfahren nur für ein begrenztes Spektrum potentieller Klienten.

Bei diesen Richtlinien handelt es sich um grobe Anhaltspunkte, die für die Beurteilung vorhandener oder zukünftiger Erhebungsverfahren verwendet werden können. Vermutlich wird kein einzelnes Instrument und keine Methode völlig diesen Kriterien genügen. Es besteht jedoch die Hoffnung, daß diese Leitlinien die Verwendung von Erhebungstechniken im klinischen Bereich weiter vorantreiben, sowohl im Bereich der Diagnostik als auch bei Evaluationsstudien im Bereich der Therapie.

Literatur

Aldous J, Dahl N (1974) International bibliography of research in marriage and the family 1965-1972, vol II. University of Minnesota Press, Minneapolis

Aldous J, Hill R (1967) International bibliography of research in marriage and the family 1900-1964, vol I. University of Minnesota Press, Minneapolis

Bodin AM (1968) Conjoint family assessment. In: McReynolds P (ed) Advances in psychological assessment, vol 1. Science and Behavior, Palo Alto, pp 233-241

Glick ID, Haley J (1971) Family therapy and research:An annotated bibliography. Grune & Stratton, New York

Haley J (1962) Family experiments: A new type of experimentation. Fam Process 1:265-293

Haley J (1972) Critical overview of present status of family interaction research. In: Framo JL (ed) Family interaction: A dialogue between family researchers and family therapists. Springer, Berlin Heidelberg New York

Hobbs N (1964) Mental health's third revolution. Am J Orthopsychiatry 34:822-833

Hurvitz N (1960) The marital roles inventory and the measurement of marital adjustment. J Clin Psychol 16:377-380
Lake DG, Miles MB, Earle RB (eds)(1973) Measuring human behavior. Teachers College Press, New York
McFall RN, Marston AR (1970) Experimental investigation of behavior rehearsal in assertiveness training. J Abnorm Psychol 76: 295-303
Olson DH (1970) Marital and family therapy: Integrative review and critique. J Marr Fam 32:501-538
Olson DH (1974) Insiders and outsiders view of relationship: Paper presented at Symposium on Child Relationship. University Press, Massachusetts
Olson DH, Cromwell RE (1975) Methodological issues in family power. In:Cromwell RE, Olson DH (eds) Power in families. Halsted, New York
Olson DH, Dahl N (eds) (1975) Inventory of marriage and family literature, vol III, 1973-1974. Graphic, Lake Mills (Iowa)
Phillips CE (1973) Some useful tests for marriage counseling. Fam Coord 22:43-53
Riskin J, Faunce EE (1972) An evaluative review of family interaction research. Fam Process 11:365-455
Strauss MA (1964) Measuring families.In: Christensen H (ed) Handbook of marriage and family. Rand McNally, Chicago
Strauss MA (1969) Family measurement techniques. University of Minnesota Press, Minneapolis
Watzlawick P (1966) A structured family interview. Fam Process 5: 256-271

Zur Methodik der Erfassung familialer Interaktion und Kommunikation auf gesprächsanalytischer Basis

W. Becker

EINLEITUNG

Der Titel dieses Beitrages unterstellt wohl u.a. zweierlei: Erstens, daß es einen relativ einheitlichen, hinreichend abgrenzbaren und präzisierten wissenschaftlichen Problembereich gibt, der mit Fug und Recht als "Gesprächsanalyse" bezeichnet werden kann. Zweitens, daß in diesem Problembereich ein bestimmter, in spezifischer Weise von anderen wissenschaftlichen Verfahrensweisen unterscheidbarer Methodenkanon existiert, der bei der Erforschung familialer Kommunikation und Interaktion mit wissenschaftlichem Nutzen Anwendung findet. Beides gilt so schlicht nicht.

Gleichwohl bin ich geneigt, verschiedene Tendenzen in Philosophie, Sprach- und Sozialwissenschaften unter Vorgriff auf die weitere wissenschaftliche Entwicklung im Sinne der unterstellten Aussagen zu deuten.

WISSENSCHAFTSHISTORISCHE QUELLEN DER GESPRÄCHSANALYSE

Für das, was wir als "Gesprächsanalyse" bezeichnen wollen, sind in den für unseren thematischen Zusammenhang relevanten Publika-

Interaktion in der Familie
Herausgegeben von E. J. Brunner

tionen verschiedene Namen wechselweise verwendet worden, und zwar: "Konversationsanalyse" - in Anlehnung an die amerikanische "Conversational analysis" - (Kallmeyer u. Schütze 1976; Dittmann 1979), "Diskursanalyse" (Wunderlich 1976; Labov u. Fanshel 1977), "Linguistik des Dialogs" (Steger 1976) oder eben "Gesprächsanalyse" (Ungeheuer 1977; Henne u. Rehbock 1979). Wenn diese Namen auch jeweils ihre eigene Entstehungsgeschichte haben, verschiedenen wissenschaftlichen Gebieten mit eigenen Forschungstraditionen entstammen, teilweise voneinander abweichende theoretische und methodologische Intentionen sowie Vorgehensweisen durch sie zum Ausdruck gebracht und verfolgt werden sollen, lassen sie sich doch alle auf den gleichen wissenschaftlichen Problembereich beziehen: Die Untersuchung gesprochener Sprache zweier oder mehrerer Gesprächsteilnehmer in natürlichen sozialen Interaktionssituationen, die einerseits Teilstrukturen eines mehr oder weniger stark gesellschaftlich geformten Rahmens oder Kontextes bilden, wie auch andererseits letzteren konstituieren. Insofern sind die aufgeführten Begriffe bei aller Unterschiedlichkeit einzelner Postulate und Intentionen weitgehend austauschbar. Im Anschluß an Ungeheuer (1974) und Henne u. Rehbock (1979) ziehen wir für den Sprachgebrauch im Deutschen das Wort "Gesprächsanalyse" als das in seiner Bedeutung allgemeinere und weniger spezifische gegenüber den anderen vor.

In den letzten 10 - 15 Jahren hat zur Entwicklung des sich langsam immer deutlicher abzeichnenden wissenschaftlichen Problembereiches "Gesprächsanalyse" eine Reihe von Forschergruppen beigetragen, die sich hauptsächlich zwei größeren Überschneidungsgebieten aus mehreren wissenschaftlichen Disziplinen und Teildisziplinen zuordnen lassen: der Soziologie und Ethnolinguistik, und der Sprachphilosophie und linguistischen Pragmatik.

Ich werde mich im folgenden darauf beschränken, die Forschungsrichtungen und Forschergruppen kurz vorzustellen, die - aus meiner Sicht - primär etwas zur Konstituierung des wissenschaftlichen Problembereichs "Gesprächsanalyse" beigetragen haben. Dies schließt dementsprechend eine ausführlichere Darstellung aller in Philosophie, Sprach- und Sozialwissenschaften für die Gesprächsanalyse auf die eine oder andere Weise wichtig erscheinenden wissenschaftlichen Strömungen und Einflußquellen aus, insbesondere die Darstellung solcher Beiträge, die nur - wenn auch wichtige - Teilaspekte der Gesprächsanalyse berühren[1], die eher benachbarten Problembereichen zuzuordnen sind[2], oder deren Beitrag für die Gesprächsanalyse noch (!) nicht deutlich genug konturiert erscheint, bzw. eher den Status eines vielversprechenden Entwurfes hat[3]; ebensowenig wird hier das Werk einzelner Autoren gesondert behandelt - mit Ausnahme des Werkes von Labov (1972, 1976, 1978).

Gesprächsanalytische Ansätze in Soziologie und Ethnolinguistik

Kallmeyer u. Schütze unterscheiden in ihrem Übersichtsartikel "Konversationsanalyse" drei "relativ scharf konturierte" Forschungsansätze in Soziologie und Ethnolinguistik (1976, S. 5 f.):

1. Die formal-strukturanalytische Forschungsrichtung
2. Die ethnolinguistisch-anthropologische Forschungsrichtung der Ethnographie des Sprechens bzw. der Kommunikation
3. Die Forschungsrichtung der "kognivitiven" bzw. "interpretativ-ethnomethodologischen" Soziologie

1. Die formal-strukturanalytische Forschungsrichtung[4] um Sacks, Schegloff, Jefferson, Schenkein, Turner und ihren Mitarbeitern hat sich schwerpunktmäßig mit den "formalen Strukturen" der Ab-

---

1 Zum Beispiel Duncans Analyse des "back-channel behavior" (vgl. Duncan 1974).

2 Wie etwa die Erforschung des nonverbalen Verhaltens (vgl. Scherer 1977, und Scherer u. Walbott 1979).

3 Wie z.B. der Versuch von Teun van Dijk (1980), den wissenschaftssystematischen Ort und die Aufgaben der Gesprächsanalyse im Rahmen einer allgemeinen Textwissenschaft ausfindig zu machen (vgl. insbesondere Kap. 7: Text und Interaktion - Das Gespräch, S. 221 ff.).

4 Eine repräsentative Auswahl der wichtigsten Arbeiten dieser Forschungsrichtung findet sich in den von Schenkein (1978) und Psathas (1979) herausgegebenen Sammelbänden. Weitere Literaturhinweise finden sich a.a.O. und in Bergmann (1981).

läufe von Alltagsgesprächen, speziell mit deren interaktiven Organisation durch die Gesprächsteilnehmer, beschäftigt; besondere Aufmerksamkeit gilt dabei den "elementaren Aktivitäten", durch welche die formalen Strukturen des Gesprächsablaufs aktualisiert werden.

Im einzelnen lassen sich nach Bergmann (1981) folgende Untersuchungsbereiche unterscheiden:

Die Organisation des Sprecherwechsels. Sacks et al. (1974) haben in exemplarischer Weise - ausgehend von der Beobachtung, daß Gespräche meist eine alternierende Sprecherabfolge aufweisen - ein elementares System der Gesprächsorganisation erarbeitet, "das insbesondere regelt, welcher Gesprächsteilnehmer an welchen Stellen im Vollzug einer Äußerung als nachfolgender Sprecher in Aktion treten kann bzw. soll" (Bergmann 1981, S. 25).

Die interaktive Konstruktion des einzelnen Redezugs ("turn"). Als Grundeinheit der sprachlichen Interaktion gilt der "turn", d.i. der einzelne Redezug eines Gesprächsteilnehmers. Dem strukturanalytischen Sprecherwechselmodell zufolge verhält es sich so, daß "nicht nur die Redezugabfolge, sondern gleichsam auch das Innere eines Redezugs ein sozial organisiertes und interaktiv kontrolliertes Terrain bildet" (Bergmann 1981, S. 26).

Die sequentielle Struktur des Interaktionsgeschehens. Hier geht es um den Sachverhalt, daß die Äußerung eines Sprechers sequentielle Implikationen haben kann, und zwar insofern, als sie für den (oder die) nachfolgenden "turn(s)" festlegt, von welchem Sprecher, mittels welcher Aktivität, über welchen Äußerungstypus o.a., er (sie) realisiert werden soll(en). Eine wichtige Rolle spielen bei dieser vorgreifenden sequentiellen Strukturierung sog. "adjacency pairs" bzw. Paarsequenzen (z.B. Frage-Antwort-Sequenz; Paarsequenz der Begrüßung usw.; s. Bergmann 1981, S. 27 f.).

Gesprächsobjekte ("conversational objects"): Äußerungsstrukturen und Interaktionssequenzen. Die bisherigen formal-strukturanalytischen Untersuchungen hatten eine Vielzahl inhaltlich bestimmter "Gesprächsobjekte" zum Gegenstand, und zwar: Die besonderen Strukturmerkmale einzelner Äußerungstypen (u.a.: Beschwerden, Anschuldigungen, Fragen, "snubs" usw.); die spezifischen Merkmale einzelner Interaktionssequenzen (u.a.: Fokussierungsaufforderung, Bewertung, Lachen, "fishing for" usw.); die sozialen Organisationsweisen einzelner kommunikativer Gattungen (u.a.: Beschreibung von Episoden, Erzählung im Gespräch, "He-said-she-said speech event" usw.); die charakteristischen Merkmale von Interaktionsmodalitäten (etwa denen des Spiels, der Exaltation, der "Dienstleistungsmodalität" in Taxigesprächen); die spezifischen sozialen Organisationsformen der nichtverbalen Interaktion; die besonderen kommunikativen Leistungen der Zuhörer und die Prozesse der Verständigungssicherung (u.a.: die in die sequentielle Gesprächsorganisation eingebauten Methoden des Fremdverstehens und des Mißverstehens, die besonderen Mechanismen, mit denen ein Sprecher seine Kooperativität signalisieren kann, das Format und die Plazierung von Hörerreaktionen).

Die übergreifende strukturelle Organisation. Der lokal regulative Mechanismus zur Organisierung des Überganges von einem Redezug zum nachfolgenden, also das System zur Regelung des Sprecherwechsels in alltäglichen Gesprächen, ist in eine umfassendere strukturelle Organisation eingebettet, die sowohl die Aufgabe hat, den lokal regulativen Mechanismus des Sprecherwechsels in bzw. außer Kraft zu setzen, wie auch die Entwicklung des Gesprächsthemas zu kontrollieren, also für den Gesprächszusammenhang zu sorgen. Dabei sind v.a. drei Komponenten der Gesprächsorganisation von Bedeutung:

- die Organisation der Gesprächsphase,
- die Organisation der Beendigungsphase von Gesprächen und
- die thematische Organisation von Gesprächen.

Kontextunabhängigkeit und Kontextsensitivität. Die Aufgabenstellung lautet hier, "zu untersuchen, wie und wo die Interagierenden ihre Analyse und ihr Verstehen des Kontextes in ihren Äußerungen zum Ausdruck bringen und damit - reflexiv den Kontext (re-)produzieren" (Bergmann 1981, S. 30.) Diesem ethnomethodologisch geprägten gesprächs-(konservations-)analytischen Verständnis gemäß "kann jedes Gespräch, jeder Gesprächsvorgang einerseits im Hinblick auf seine jeweiligen situativen, ethnographischen Besonderheiten untersucht werden; andererseits können... dieselben Gesprächsmaterialien" (Bergmann 1981, S. 31) auch "betrachtet werden mit dem Ziel, aus ihren lokalen Besonderheiten die formale Organisation zu extrahieren, in die diese Besonderheiten eingegossen sind" (Schegloff 1979, S. 71).

Überlagerung verschiedener Organisationsstrukturen. Nach Bergmann (1981, S. 31) kann man "in keinem Fall" davon ausgehen, daß eine einzelne Äußerung "das Ergebnis nur einer einzigen gesprächsorganisatorischen Struktur, sondern immer das Resultat mehrerer - zuweilen konkurrierender - Organisationsstrukturen" ist. Dementsprechend geht es um die genauere Aufklärung der spezifischen Muster des Zusammenwirkens verschiedener organisatorischer Strukturen bei der Produktion einer einzelnen Äußerung.

2. In der ethnolinguistisch-anthropologischen Forschungstradition der Ethnographie des Sprechens, später als Ethnographie der Kommunikation bezeichnet, um Gumperz, Hymes, Ervin-Tripp, Sherzer u.a. hat man sich mit den unterschiedlichen Funktionen von Sprache und Sprachverhalten in verschiedenen soziokulturellen Gruppen und Kontexten befaßt (im Zusammenhang mit Sozialisation, Persönlichkeitsentwicklung, zwischenmenschlicher Interaktion, Sozialstruktur, der Organisation gesellschaftlicher Kooperation, kulturellen Werten, Einstellungen und Überzeugungen).[5]

Die Ethnographie der Kommunikation stellt den Versuch einer Theorie von Sprache und Kultur dar, die zur Erklärung des Verhältnisses von Sprache und Kultur kulturanthropologische, wissenssoziologische, sozialpsychologische und linguistische Theoriestücke,

---

5 Literatur zur Ethnographie des Sprechens/der Kommunikation: Bauman u. Sherzer (1974), Gumperz u. Hymes (1972), Gumperz (1975), Hymes (1979).

Beobachtungen und Modelle in einem interdisziplinären Rahmen zu integrieren sucht. Die zentralen Begriffe kommunikationsethnographischer Untersuchungen sind: "Sprechergemeinschaft" ("speech community"), "Sprechersituation" ("speech situation"), "Sprecherereignis" ("speech event"), "Sprechakt" ("speech act") und "Äußerungskontext" ("setting").

Diese Begriffe dienen als heuristisches Gerüst eines im einzelnen auszudifferenzierenden "deskriptiven Rahmens" (s. Hymes 1979, S. 156 ff.).

Auf der Basis des Grundinteresses an den unterschiedlichen Funktionen von Sprache und Sprachverhalten in verschiedenen soziokulturellen Kontexten rückt nach Kallmeyer u. Schütze (1976, S. 5) in den letzten Jahren die Beschäftigung mit den textuellen Strukturen der beobachteten Kommunikationsabläufe stärker in den Vordergrund. Analyseschwerpunkte liegen demnach: 1. auf den Dimensionen der Sprechsituation, in welche die faktischen Kommunikationsabläufe eingebettet sind; 2. auf der Beziehung der faktischen sprachlichen Kommunikationsabläufe zum außersprachlichen Handeln und ihrer Einbettung in das Szenensystem der jeweiligen Sprachgemeinschaft bzw. Ortsgesellschaft; 3. auf der Konstitution von Sprecherereignissen als größeren alltagsweltlichen Handlungsmustern.

3. Fragestellungen und Ideen von Schütz (1962, 1964, 1966) und Garfinkel[6](1967) aufgreifend, beschäftigen sich die Vertreter einer "kognitiven" bzw. "interpretativ-ethnomethodologischen" Soziologie (Cicourel, Mehan, Zimmerman et al.)[7] mit der Untersuchung des praktischen Alltagsdenkens, insbesondere mit dem Ge-

6 Garfinkel gilt in ebenso hohem Maße als der "spiritus rector" der Sacksschen "conversational analysis". Er prägte auch den Begriff "Ethnomethodologie" als Bezeichnung für die Untersuchung des praktischen Alltagsdenkens als konstitutiven Bestandteils aller menschlichen Tätigkeiten.

7 Literatur zu dieser Forschungsrichtung: Cicourel (1975), Mehan u. H. Wood (1975).

brauch, den die Gesellschaftsmitglieder von alltäglicher Rede oder Begriffen zur Beschreibung des Tatsachenstatus ihrer Erfahrungen oder Handlungen machen. Im Zentrum der Untersuchungen stehen demgemäß die Prozesse der Bedeutungsproduktion und Interpretation in alltagssprachlichen Interaktionen, wobei v.a. die folgenden Aspekte eine Rolle spielen (s. Kallmeyer u. Schütze 1976, S. 5 ff.): 1. Die interpretativen Prozeduren (bzw. Basisregeln oder Interaktionspostulate) als grundlegende Voraussetzungen der Bedeutungsproduktion und Interpretation für die abzuwickelnde sprachliche Interaktion; 2. die wesentlichen Eigenschaften der Bedeutungsproduktion und Interpretation in alltagsweltlichen sprachlichen Interaktionen wie "indexikale" Situationsbindung und "essentielle Vagheit" des Verständigungsprozesses; 3. die umfassenderen Interpretationsleistungen wie die retrospektive Ausfilterung von "Ergebnisberichten" aus der ablaufenden Aktualkommunikation.

Abschließend sei die Darstellung der drei Forschungsrichtungen noch durch den Hinweis ergänzt, daß die Unterschiede zwischen den drei Forschungsrichtungen sich wohl eher auf unterschiedliche Orientierungen der jeweiligen Forschungspraxis zurückführen lassen, als daß sie Resultat unterschiedlicher Begriffsbildungen sind (s. Ungeheuer 1977, S. 29).

Über die drei skizzierten Ansätze hinaus wären zwei[8] weitere, in erster Linie aus dem Wissenschaftskontext der Soziologie, zum einen aus dem Problembereich der Soziolinguistik, zum anderen aus dem der Sozialisationsforschung hervorgegangenen Forschungsrichtungen anzuführen:

4. Die von William Labov konzipierten Untersuchungsprojekte und Methodiken zum Studium der Sprache im sozialen Kontext.
5. Der von einer Frankfurter Arbeitsgruppe unter der Leitung von

---

8 Beide Ansätze werden von Kallmeyer u. Schütze in ihrem Übersichtsartikel aus dem Jahre 1976 nicht erwähnt; allerdings sind die für unseren Zusammenhang wichtigen Arbeiten von Labov u. Fanshel erst 1977 und von Oevermann et al. 1976 und 1979 erschienen.

Ulrich Oevermann entwickelte Ansatz zur Untersuchung sozialisatorischer Interaktionsprozesse.

Zu 4: Das Interesse an sprachlichen Interaktionen manifestiert sich bei Labov schon früh in einer Reihe von Studien zu Struktur und Wandel von Sprache auf der Basis von im sozialen Kontext verschiedener Sprachgemeinschaften erhobenen Daten. Diese Studien halfen zunächst, die Methodik der an den Stil natürlicher Unterhaltung angenäherten linguistischen Interviews zu entwickeln. In späteren Untersuchungen wendete sich Labov Gruppeninteraktionen (z.B. Diskussionen im Freundeskreis) zu, als dem noch effektiveren Weg, den Zwängen der systematischen Beobachtung normalen Sprachverhaltens Herr zu werden, speziell der Einflüsse der Interviewsituation. Die systematische Überprüfung dieser Methoden führte dann zu Studien von Erzählungen persönlicher Erfahrungen und anderer Sprechereignisse (z.B. Schimpfrituale unter Negerjugendlichen).[9]

Einen entscheidenden Fortschritt auf dem Gebiet der Gesprächsanalyse, v.a. auch für die sprachwissenschaftliche Therapieforschung, stellt die Untersuchung zum konkreten Sprechverhalten[10] im therapeutischen Kontext dar, die Labov zusammen mit Fanshel 1977 veröffentlichte. Beide Autoren sind während ihrer zehnjährigen Zusammenarbeit an ihrem Projekt "The therapeutic discourse" nachhaltig durch "the Sacks-Schegloff way of looking at conversation" (1977, Preface X) sowie v.a. auch durch den Soziologen Goffman und seine Arbeiten beeinflußt worden (1974, 1975, 1976).

Zu 5: Die Frankfurter Arbeitsgruppe um Oevermann steht, im Unterschied zu den bisher skizzierten und noch zu skizzierenden

9 Einen ausgezeichneten Einblick in Denk- und Arbeitsweise von Labov erhält man durch die von Dittmar und Rieck herausgegebene und kommentierte zweibändige Auswahl Labovscher Arbeiten in Sprache im sozialen Kontext, Bd 1 (1976), Bd 2 (1978).

10 Näheres s. weiter unten.

(s.S. 142 ff.) Forschungsrichtungen, zu denen sie jeweils eine dezidiert kritische Position bezieht, in einer in vielerlei Hinsicht andersartigen Forschungstradition. In gewisser Weise stellt sie eine jüngere, empirisch-soziologische Variante der "Frankfurter Schule" dar. Die für die Theoriebildung und Methodologie grundlegenden Denk- und Untersuchungsmittel gewinnt sie über die kritische Aufarbeitung der Werke von Freud, Piaget, G.H. Mead und - nicht zuletzt - Habermas. Ihr wichtigstes Aufgabenfeld sieht die Frankfurter Arbeitsgruppe in der Entwicklung einer genuin soziologischen Sozialisationstheorie, die mit der allgemeinen These von der "sozialen Konstitution der ontogenetischen Entwicklungsprozesse" bzw. der "sozialen Konstitution des Subjekts in der Struktur der sozialisatorischen Interaktion" Ernst macht und nicht dem Reduktionismus verhaltenstheoretischer Positionen verfällt (etwa im Rahmen psychoanalytischer, lerntheoretischer, kognitivistischer oder auch rollentheoretischer Entwicklungstheorien). Andernfalls liefe die Soziologie Gefahr, zum "hilfswissenschaftlichen Datenlieferanten der Psychologie" (Oevermann et al. 1976, S. 371) zu "degenerieren".

Methodologisches Vehikel zur Aufdeckung der latenten Sinnstrukturen und Bedeutungsmöglichkeiten sozialisatorischer Interaktionsprozesse ist die textinterpretatorische Verfahrensweise der "objektiven Hermeneutik" (Oevermann et al. 1979). Die für diese Methodologie naheliegende Untersuchungsstrategie ist die der intensiven qualitativen Falluntersuchung, d.i. die auf mehreren Analyseebenen[11] stattfindende, extensive Auslegung und Interpretation der Transkripte[12] zur Rekonstruktion des latenten Sinns von beobachteten und protokollierten sozialisatorisch bedeutsamen Interaktionssequenzen und -episoden in Familien.

---

11 Im Laufe der Entwicklung der Methodologie der "objektiven Hermeneutik" waren es bis zu elf verschiedene Analyseebenen.

12 Ein schriftliches Protokoll von 2 - 4 min Interaktionsdauer wird von einer Gruppe mit drei bis sieben Mitgliedern in der Regel 10 - 15 h im ersten Durchgang der Interpretation bearbeitet. Es folgen mehrere Durchgänge in Zeitabständen. Die komplette Interpretation der 2- bis 4minütigen Interaktionssequenz macht in der Regel 40 - 60 Seiten Maschinentext aus.

6. Die Berliner Gruppe der linguistischen Sprechhandlungstheoretiker und linguistischen Pragmatisten

In nachhaltiger Weise haben die mit der Frage des englischen Philosophen John Langshaw Austin, wie wir etwas mit Worten tun ("How to do things with words" 1962, dt. 1972), zu Bewußtsein gebrachten Probleme die Berliner Arbeitsgruppe beschäftigt (u.a. Wunderlich 1972, 1974, 1976; Ballmer 1979; Brennenstuhl 1975; Ehlich 1979; Grewendorf 1979; Leist 1972; Maas u. Wunderlich 1972; Martens 1974; Rehbein 1974)[13].

Über die Rezeption der Schriften der Sprechakttheoretiker, insbesondere der Arbeiten der Sprachphilosophen[14] Grice (1957, 1968, 1969) und Searle (1971), sowie der intensiven Auseinandersetzung mit Theorie, Empirie und Anwendung der Soziolinguistik, nicht zuletzt auch unter dem Einfluß des gesellschaftskritischen Impulses der Studentenbewegung und der vornehmlich durch sie initiierten Anläufe zur Realisierung gesellschaftstheoretisch ausweisbarer Formen von Wissenschaft, ist versucht worden, die Sprechakttheorie zu einer linguistischen Sprechhandlungstheorie weiterzuent-

---

13 Inzwischen müßte man strenggenommen von der "Berliner Gruppe" in der Vergangenheitsform reden, da viele Autoren nicht mehr in Berlin, sondern an verschiedenen westdeutschen, auch ausländischen Universitäten arbeiten. Nicht nur die Arbeitszusammenhänge haben sich für die hier so apostrophierte "Berliner Gruppe" geändert, auch die gesellschaftlichen Umstände. Nicht zuletzt deshalb haben sich wohl die Forschungsperspektiven und Forschungsintentionen der einzelnen Autoren mehr oder weniger stark verschoben.

14 Auf eine gesonderte Darstellung der Sprechakttheorie wird hier für die Zwecke dieses Artikels aus mehreren Gründen verzichtet, insbesondere deshalb, weil sie sich nicht unbedingt als i.e.S. gesprächsanalytisch begreifen läßt. Trotzdem stellt die Sprechakttheorie eine wesentliche Einflußquelle für die Entwicklung und Fundierung der Gesprächsanalyse dar. Wichtige Veröffentlichungen zur Sprechakttheorie sind u.a. Austin (1972), Searle (1971), Grewendorf (1979), Wunderlich (1976).

wickeln. Weitergehende theoretische Ambitionen zielen auf die Konstituierung eines wissenschaftlichen Problembereiches "Linguistische Pragmatik".

In den letzten drei bis fünf Jahren ist für eine Reihe von Autoren dieser Gruppe (Wunderlich, Ehlich, Martens, Rehbein) die Beschäftigung mit Problemen der theoretischen, methodologischen und forschungspraktischen Grundlagen einer Gesprächsanalyse immer stärker in den Vordergrund des wissenschaftlichen Interesses gerückt. Bei dem Versuch, die interaktionellen Leistungen von Sprechhandlungen zu klären, sind die interaktionssoziologischen Untersuchungen, besonders von Sacks et al. (1974) (vgl. Punkt 1, S. 135 ff.) und Gumperz (1975) (vgl. Punkt 2, S. 138 f.) von erheblichem Einfluß gewesen. Wichtige Vorarbeiten zur systematischen Analyse von konkretem Sprechverhalten im Speiserestaurant (Ehlich u. Rehbein 1972), in Familie (Martens 1974), Unterricht (Ehlich u. Rehbein 1977), zu Wegauskünften (Wunderlich 1978) u.a.m. liegen vor und können als wichtige Schritte auf dem Wege zur Entwicklung eines relativ eigenständigen Ansatzes zur Gesprächsanalyse betrachtet werden[15].

7. Die Freiburger Projektgruppe "Dialogstrukturen"

Unter der Leitung von Steger (1976) hat sich am Freiburger Institut für deutsche Sprache Anfang der siebziger Jahre eine Arbeitsgruppe "Dialogstrukturen" gebildet (Berens 1975; Dittmann 1979; Jäger 1976; Schank 1981; Schank u. Schoenthal 1976; Schwitalla 1979 u.a.).

Im Unterschied etwa zur Frankfurter und Berliner Gruppe (s. Punkt 5 und 6, S. 141 ff.) scheint die Freiburger Gruppe keiner bestimmten Forschungstradition in besonderem Maße verpflichtet zu sein. Ihre Quellen sind sowohl in der verstehenden Sprachwissen-

---

15 Weitere Literatur: Ehlich (1979), Maas und Wunderlich (1972), Rehbein (1977), Wunderlich (1972, 1974, 1976).

schaft, der analytischen Wissenschaftsphilosophie wie den empirischen Sozialwissenschaften zu suchen. Im Mittelpunkt der Forschungsinteressen, die sehr stark durch unmittelbar empirische Problemstellungen initiiert und motiviert sind, stehen Untersuchungen zu transkribierten Texten "natürlicher" Dialoge in Beratung, Interview, Unterricht und Alltagsgesprächen. Untersuchungsziele sind v.a. die Herausarbeitung von Funktionen und Strukturen der Dialoge, die Analyse ihrer Organisation und Steuerung durch die Teilnehmer sowie die Klassifizierung gesprochener deutscher Standardsprache, etwa aufgrund von Redekonstellationstypen und argumentativen Dialogsorten[16].

Einen neuen Akzent dürfte die zukünftige Arbeit der Freiburger Gruppe durch die vor kurzem eingeleitete, engere Zusammenarbeit mit einer Gießener Forschungsgruppe unter der Leitung von Scherer erhalten. Die Gießener Forschungsgruppe beschäftigt sich schwerpunktmäßig mit der Erforschung des nonverbalen Verhaltens (Scherer 1977; Scherer u. Wallbott 1979).

METHODOLOGISCHE VORAUSSETZUNGEN DER GESPRÄCHSANALYSE

Wie bei der Untersuchung jeder Form des faktischen Interaktions- und Kommunikationsablaufs auf sprachlicher Ebene, nehmen auch in den situativen Kontexten familialer Interaktion und Kommunikation Art und Umfang der Datengewinnung oder der Korpuserstellung, wie dieser Untersuchungsschritt in den Sprachwissenschaften genannt wird, sowie Art und Genauigkeit der Transkription des erstellten Korpus (Textes) in der Methodologie der Gesprächsanalyse eine Schlüsselstellung ein. Die Systematiken der Korpuserstellung und Transkription bilden die entscheidenden Vorstufen der eigentli-

16 Arbeiten der Freiburger Gruppe: Berens (1975); Berens et al. (1976); Dittmann (1979); Jäger (1976); Schank (1981); Schank u. Schoenthal (1976); Schwitalla (1979).

chen Gesprächsanalyse und konstituieren die materiale Datenbasis für die späteren gesprächsanalytischen Untersuchungen; sie präjudizieren in hohem Maße Repräsentativität, Validität und Differenziertheit der möglichen gesprächsanalytischen Aussagen über den gewählten Untersuchungsgegenstand und -bereich.

Wichtige Momente der Korpuserstellung[17]

Da wie auch immer erstellte Korpora grundsätzlich und aus forschungspraktischen Gründen begrenzt sind, können sie den Untersuchungsbereich nicht vollständig, sondern bestenfalls unverzerrt, "in modellhafter Verkleinerung" (Deutrich 1971, S. 23) abbilden. Demnach lassen sich Korpora als Stichproben aus dem jeweiligen Untersuchungsbereich, der die Grundgesamtheit bildet, betrachten. Damit die Analysen eines Korpus eine gültige Verallgemeinerung auf die Grundgesamtheit zulassen, müssen die dafür notwendigen Voraussetzungen erfüllt sein.

Die wesentliche Bedingung eines aussagekräftigen Korpus ist die Repräsentativität. Um für einen bestimmten Untersuchungsbereich ein brauchbares, also möglichst repräsentatives Korpus erstellen zu können, muß man sich aufgrund seines theoretischen Vorwissens über Untersuchungsgegenstand (z.B. Sprechhandlungsmuster und deren Veränderung im Laufe der Familientherapie) und Untersuchungsbereich (z.B. authentisches Sprechverhalten in familientherapeutischen Kontexten) über folgende Teilprobleme klar werden und fundierte Annahmen machen können:

1. Darüber, welche Merkmale für die jeweilige Grundgesamtheit, bzw. den intendierten Untersuchungsbereich, konstitutiv sind (z. B. Alter und sozialer Status der Familienmitglieder, Familien-

---

17 In diesem Abschnitt folge ich weitgehend der Darstellung von Rehbock in Kap. 2, S. 45 - 53 (Henne u. Rehbock 1979).

struktur, Merkmale der Textsorte "Familientherapeutisches Gespräch", situative und thematische Bedingungen für die Authentizität des Gesprächs usw.).

2. Darüber, welche variablen Merkmale die Variation innerhalb des Untersuchungsgegenstands so stark beeinflussen, daß sie im vollen Spektrum ihrer Ausprägungen repräsentiert sein müssen (z. B. Art der familialen Kommunikation etwa hinsichtlich Symmetrie vs. Asymmetrie, Spezifik der therapeutischen Themen, therapeutische Manöver und Interventionen usw.).

3. Darüber, welche variablen Merkmale wahrscheinlich irrelevant sind und darum vernachlässigt werden können (z.B. Schuhgröße, Haarfarbe der Familienmitglieder usw.).

4. Über den für gültige Aussagen erforderlichen Umfang des Korpus.

5. Über Art und Abgrenzung der Erhebungseinheiten (z.B. Gesprächsausschnitte, Gespräche, Gesprächskomplexe).

6. Über Art und Abgrenzung der Analyseeinheiten (z.B. Sprechakte, Gesprächsschritte, Sprechhandlungsmuster, Intonationskurven, Sprechpausen, Gesten, Mimik). Erhebungs- und Analyseeinheiten müssen dabei im Korpus hinreichend repräsentiert sein.

Die Gefahr, daß man Korpora mit einseitigen Variablenausprägungen - also Stichproben von Teilgesamtheiten - fälschlich als Stichproben der Grundgesamtheit interpretiert, ist um so größer, je begrenzter und weniger begründet das theoretische Vorwissen über Gegenstand und Bereich der Untersuchung sowie über die Relevanz der in Betracht kommenden Variablen und ihre möglichen Ausprägungen ausfällt. Gerade in Untersuchungsbereichen mit nahezu unerforschter Variablenstruktur, wie z.B. hinsichtlich des konkreten Sprechverhaltens in familientherapeutischen Situationen als relevantem Ausdruck familialer Kommunikation und Interaktion, können repräsentative Korpora daher nur approximativ erstellt werden. Das heißt, in nahezu unerforschten oder weniger erforschten Untersuchungsbereichen sind dementsprechend grundsätzlich nur Pilotstudien mit in starker Weise beschränktem Aussagewert zu erwarten.

Auf die von Labov als "Beobachtungsparadoxon"[18] bezeichnete Problematik muß im Zusammenhang mit der Korpuserstellung für gesprächsanalytische Untersuchungen gesondert hingewiesen werden. Eine Reihe von Fakten der Beobachtungssituation beeinflußt die Authentizität der Äußerungen und reduziert damit die Repräsentativität des Korpus. Dies kann z.B. dann der Fall sein, wenn durch den Einsatz von Videogeräten in familientherapeutischen Sitzungen die Äußerungen der Teilnehmer von denen unter "normalen" familientherapeutischen Bedingungen abweichen.

Sobald jedoch Videoaufnahmen als ein integriertes Merkmal der Redekonstellation betrachtet werden können, etwa weil es dem Therapeuten gelingt, die Videotechnik als integralen Bestandteil seines Arbeitszusammenhanges gegenüber den Familienmitgliedern glaubhaft zu vertreten, fällt dieses Problem fort. Mit anderen Worten, es ist unbedingt geraten, die Variablen besonders zu beachten, die durch die Korpuserstellung selbst beeinflußt werden, und Lösungen für die Fälle zu finden, wo die Repräsentativität des Korpus gefährdet ist.

Die Transkription des aufgenommenen Textmaterials

Basale methodologische Voraussetzung für die Untersuchung des Interaktions- und Kommunikationsgeschehens in sozialen Kontexten mit gesprächsanalytischen Mitteln ist neben der Korpuserstellung das Transkriptionsverfahren, also die Art und Weise, wie das auf

18 "Das Ziel der sprachwissenschaftlichen Erforschung der Gemeinschaft muß sein, herauszufinden, wie Menschen sprechen, wenn sie nicht systematisch beobachtet werden; wir können die notwendigen Daten jedoch nur durch systematische Beobachtung erhalten" (Labov 1972, S. 147).

Ton- und/oder Videoband[19] aufgenommene Korpus schriftlich festgehalten wird. Für die Gesprächsanalyse ist der transkribierte Text das eigentliche Korpus.

Vordringliches Ziel der Verschriftung des aufgenommenen audiovisuellen Materials ist eine möglichst authentische Transkription, denn nur sie kann eine adäquate Deskription und Analyse des thematisierten Interaktions- und Kommunikationsgeschehens gewährleisten, mithin auch die materiale Basis für die wissenschaftlichen Rekonstruktionsversuche hinsichtlich Struktur und Funktion der interaktionalen und kommunikativen Prozesse in verschiedenen sozialen Kontexten bilden.

Unter Berücksichtigung dieser eher grundsätzlichen Leitideen lassen sich an eine gesprächsanalytisch nutzbare Transkription bzw. an ein gesprächsanalytisch nutzbares Transkriptionssystem, im einzelnen folgende Ansprüche stellen:[20]

1. Ein möglichst praktikables Transkriptionssystem sollte sich durch Einfachheit, leichte Verwendbarkeit der erstellten Transkripte und schnelle Erlernbarkeit auszeichnen.

2. Bei der Transkription sollte ein möglichst weitgehender und reflektierter Gebrauch vom Vorwissen der Transkribenten über Sprache gemacht werden.

3. Das Transkript sollte möglichst unter Verwendung weitgehend

---

19 Beim gegenwärtigen Stand der Technik und der Tatsache der allgemeinen Verfügbarkeit über Ton- und Videoaufnahmegeräte sind andere Verfahren, wie etwa Gedächtnisprotokoll, systematische Beobachtung usw., zur Untersuchung verbalgebundener Interaktion und Kommunikation nicht mehr aktuell oder lediglich als ergänzende Erhebungstechniken akzeptabel, da die durch sie ermöglichte empirische Datenbasis für eine Gesprächsanalyse zu restringiert ist.

20 Dies ist ein recht vorläufiger Forderungskatalog. Unter einer stärker systematischen Betrachtung müßte er sicherlich modifiziert und erweitert werden (vgl. Forderungen an Transkriptionssysteme bei Ehlich u. Rehbein 1976, S. 2o; Henne u. Rehbock 1979).

bekannter oder zumindest gut durchschaubarer Symbole (z.B. literarische Umschrift, Standardsprache) erstellt werden.

4. Das Transkript sollte auch für solche Leser ohne größere Mühe lesbar sein, die die Originalaufzeichnung nicht kennen.

5. Der gesamte aufgenommene Interaktions- und Kommunikationsprozeß soll überschaubar gemacht werden.

6. Die gleichzeitige Untersuchung aufeinanderfolgender Prozeßzustände und ihrer Sequenzierung soll ermöglicht werden.

7. Die simultanen sprachlichen und nichtsprachlichen Zeichen sollen getrennt und dadurch der Analyse zugänglich gemacht werden.

8. Der Transkription des akustischen Materials kommt zwar Priorität zu, doch sollte die Transkription derart sein, daß sie für weitere Arbeitsschritte offen ist, insbesondere auch für Beobachtungsangaben zu visuellen Zusammenhängen bzw. zum nonverbalen Verhalten.

9. Das Transkript/Transkriptionssystem sollte eine möglichst vielseitige Verwendbarkeit garantieren. Dies bedeutet zum einen: Es sollte Mehrfachauswertungen und komplexere Formen der Auswertung zulassen; v.a. Analysen auf mehreren Untersuchungsebenen (z.B. Gesprächsschritt, Gesprächshandlung, Gesprächssequenz, Gesprächsmuster) und Analysen von Subtexten, unter Rekurs auf die referentiellen Bezüge zum übergeordneten Text bzw. zum Gesamttext des Transkripts, sollten grundsätzlich ermöglicht werden. Zum anderen: Einer möglichst großen intersubjektiven Kommunikabilität der "scientific community" zuliebe sollte das Transkript so gestaltet sein, daß es auch für andere Forscher und Forschungsgruppen prinzipiell überprüfbar sowie für eigene Fragestellungen nutzbar und von Interesse ist.

Die zuletzt erhobene Forderung läßt sich recht gut verstehen, wenn man sich vergegenwärtigt, wieviel Arbeitskraft für ein gutes bis sehr gutes Transkript investiert werden muß, damit es als Grundlage für gesprächsanalytische Untersuchungen dienen kann. Der Arbeitsaufwand für ein "sehr genaues, den faktischen Kommunikationsablauf wiedergebendes Transkript" von gesprochener Alltagssprache in Situationen wie Schulunterricht, Alltagsdiskussionen, in Kaufhäusern usw. beträgt aufgrund der Erfahrungen von Ehlich, Switalla und Rehbein etwa 1:100 für einen geschulten Transkribenten (Ehlich u. Switalla 1976, S. 104; Ehlich u. Rehbein 1976, S. 33), d.h. für 1 min Bandaufnahm sind 100 min Transkriptionszeit erforderlich[21].

Diese enorm hohen Investitionen an Arbeitszeit für ein Transkript hätten nur dann einen Sinn, wenn sie ein Äquivalent im wissenschaftlichen Produktionszusammenhang fänden. Anders als in den empirischen Sozialwissenschaften sonst üblich, müßte dann ein größeres Interesse an Prozessen der Konstituierung, Transkription und Dokumentation der Transkripte interaktions- und kommunikationsanalytischer Datenkörper bzw. Textkorpora herrschen, und das wissenschaftliche Interesse dürfte sich nicht nahezu ausschließlich auf die meßmethodischen, experimentell-statistischen Prozeduren der Datengewinnung und Datenverarbeitung konzentrieren. Dies erforderte aber von seiten der "scientific community" der Sozialwissenschaftler eine Neubewertung der methodologischen Konstituenten des Forschungsprozesses, ein verändertes Erkenntnisinteresse und eine veränderte Sicht des Untersuchungsgegenstandes.

---

21 Die Proportion "Bandminute: Transkriptionsminuten" als informativer Wert über den Genauigkeitsgrad des Transkripts schwankt selbstverständlich nach Gesprächstyp und Transkribentenerfahrung. Nach eigenen Erfahrungen beträgt der Wert für die Transkription von Familientherapiesitzungen - bei einem relativ ausführlichen Kommentar zum parasprachlichen und nonverbalen Verhalten aufgrund der Videoaufzeichnungen - etwa 1:120 (150). Dabei ist die Zeit für das Korrekturhören einer zweiten und dritten Person nicht mitgerechnet. Meiner Schätzung nach erfordert das Korrekturhören eines sehr guten Ersttranskriptes anhand des Originalvideobands von 50-60 min Länge für eine motivierte Person noch einmal ca. 10-15 h. Henne u. Rehbock geben für 1 h Videoaufzeichnung "je nach Genauigkeit und Komplexität der Interaktion" 200 - 400 Arbeitsstunden an (1979, S. 54).

Damit würden sich aber auch notwendigerweise die Methoden zur Erforschung dieses Gegenstandes modifizieren, das bedeutet konkreter, die Methoden zur Gewinnung und Analyse interaktionaler und kommunikativer Daten würden sich ändern.

Herkömmlicherweise werden die ursprünglich an den Kontext bestimmter sozialer Situationen gebundenen Daten des Interaktions- und Kommunikationsgeschehens unter methodologisch sehr restringierten Bedingungen recht schnell und unreflektiert in Meß- und Maßzahlen übergeführt, um dann einem mehr oder weniger raffinierten Verfahren der Datenverarbeitung unterworfen zu werden, was in gewisser Weise darauf hinausläuft, die materiale Basis der Datenerhebung und Datenanalyse quasi in methodisch-statistisch legitimierter Form - im wörtlichen Sinne: auf Nimmerwiedersehen - zum Verschwinden zu bringen; denn tatsächlich bleiben nur - unter Angabe der Art der Verrechnungstechnik - relativ wenige Maßzahlen und Koeffizienten übrig, ohne daß es möglich wäre, die ursprüngliche Datenbasis aus den mitgeteilten Ergebnissen zu rekonstruieren bzw. den Prozeß der Konstitutierung der Daten zu überprüfen, oder mit ihrer Hilfe, modifizierten sowie alternativen Hypothesen und eigenen Problemstellungen nachzugehen. Stattdessen tendiert die überkommene Form empirischer Sozialforschung nahezu zwangsläufig zu einem "restringierten Kode" des Informationsaustausches und bewahrt die "scientific community" der Sozialwissenschaft vor der möglichen Kritik von der Datenbasis her.

Eine knappe und informative Übersicht über verschiedene Transkriptionssysteme geben Ehlich u. Switalla (1976). Interessant für unseren Zusammenhang ist v.a. die Darstellung der gesprächsanalytisch (die Autoren sprechen von "diskursanalytisch") orientierten Transkriptionssystemen. Alle fünf vorgestellten [22] Syste-

---

22 Die fünf vorgestellten gesprächsanalytisch orientierten Transkriptionsverfahren sind: 1) Das Verfahren des Instituts für deutsche Sprache , Forschungsstelle Freiburg; 2) das Verfahren nach Gumperz u. Herasimchuk (1973); 3) "Halbinterpretative Arbeitstranskriptionen (HIAT)", s.w.u.; 4) das Verfahren nach Sacks et al. (1974); 5) das Verfahren nach Kallmeyer u. Schütze (1976).

me werden von ihnen mit Blick auf folgende Kriterien charakterisiert: 1) Name des Transkriptionssystems bzw. Forschergruppe, die das System verwendet; Forschungszusammenhang und Anwendungsbereich; 2) Version des Verfahrens bzw. der Verfahrensfamilie, auf die konkret Bezug genommen wird; 3) Zweck des Verfahrens; 4) erfaßte und dokumentierte kommunikative Phänomene/Daten; dabei Art und Weise der Erhebung paralinguistischer und nonverbaler kommunikativer Daten; 5) allgemeine Kennzeichen der Transkriptionsweise; 6) ein Beispiel für die Anwendung des Verfahrens; 7) Lesbarkeit und praktische Anwendbarkeit des Verfahrens; 8) Verständnis/ Auffassung von der Gewinnung kommunikativer Daten und von Kommunikation überhaupt.

In einer "synoptischen Tabelle" stellen Ehlich u. Switalla (1976, S. 97-102) dann die einzelnen Transkriptionssysteme bezüglich der transkribierten Daten und Transkriptionszeichen einander gegenüber.

Drei neuere, gesprächsanalytisch nutzbare Transkriptionssysteme konnten Ehlich u. Switalla (1976) zum Zeitpunkt der Veröffentlichung ihres Artikels noch nicht kennen, dasjenige nach Oevermann et al. (1976, 1979), das nach Labov u. Fanshel (1977) und das nach Henne u. Rehbock (1979). Letzteres stellt in wichtigen Teilen eine modifizierte und erweiterte Version des Verfahrens von Ehlich u. Rehbein (1976) dar.

Aufgrund meiner eigenen Erfahrungen bei Transkriptionen und aufgrund meiner Literaturkenntnisse neige ich dazu, die "Halbinterpretativen Arbeitstranskriptionen (HIAT)" von Ehlich u. Rehbein für gesprächsanalytische Untersuchungen des interaktionalen und kommunikativen Geschehens in familialen, speziell in familientherapeutischen Kontexten zu bevorzugen. Besondere Vorteile dieses Verfahrens sind: Einfachheit; leichte Verwendbarkeit; schnelle Erlernbarkeit; gute Lesbarkeit; der Charakter einer Arbeitstranskription, der es erlaubt, daß die erreichte Fassung des Transkripts durch weitere Arbeitsschritte korrigiert, angereichert oder vereinfacht werden kann - unter unterschiedlichen Zielsetzungen; "last but not least", die "Partiturschreibung".

Die Partiturschreibung erlaubt es, ohne allzu große Abweichungen vom üblichen Druckbild den Zeitverlauf des Gesprächs analog abzubilden. Die kommunikativen Äußerungen und Verhaltensweisen der Teilnehmer werden entlang einer von links nach rechts verlaufenden Zeitachse entsprechend ihrer Dauer übereinander eingetragen, wobei im Druck ein solches Zeitband in eine Folge von "Partiturzeilen" unterteilt ist. Jede Partiturzeile besteht aus einer oder mehreren simultanen Einzelzeilen (je eine für jeden berücksichtigten Teilnehmer), die durch eine "Partiturklammer" zusammengefaßt werden. Wie in einer Orchesterpartitur bekommen "stumme Mitspieler"[23] keine Zeile in der Partiturzeile, deren Höhe von Mal zu Mal wechselt. Anschaulich abgebildet werden, ebenfalls wie in einer Musikpartitur, Simultaneität und Aufeinanderfolge der Äußerungen sowie ihre relative Dauer. Um auch die absolute Dauer, also das wechselnde Sprechtempo, sichtbar zu machen, können "Taktstriche" eingefügt werden.

Es folgt ein Transkriptionsbeispiel. Das Beispiel bezieht sich auf den Anfang einer Familientherapiesitzung; es handelt sich um die zweite Sitzung, in der alle Mitglieder der Kernfamilie anwesend sind, also: Vater, Mutter, drei Kinder.

Transkriptionsbeispiel:

```
T┌ |So, wie geht's Ihnen? Wie war's die Woche?|
M└                                              ... Jja,

M┌ arbeitsreich wie immer|he haha.|          Arbeitsreich
T└                                 Was meinen Sie?

M┌ (He                 hche) ja.
T└ Arbeitsreich, für Siiie, jedenfalls. Ich denk, Sie

T┌ sind ganz schön ....  dick drin mit der Arbeit.||Jjah.
M└                                               |Ja.|Ja,

T┌   Ja.Ja, hchh wie is es denn mit Ihrer .  Blutvergiftung
M└ hchh.
```

23 Das nonverbale Verhalten, auch stummer Teilnehmer, kann in einem Kommentarteil notiert werden, wenn es relevant erscheint.

T[is die ....

V[Ja Gott, es geht so, is aber jetzt wieder

V[wenn man 'ne Weile runter hat, den Arm da runterhält,

V[dann wird der . immer noch so hart, ich krieg ihn
T[Hchja.

V[noch net ((1 - 2 s)) noch net weit. Ich geh morgen
T[Ach!

V[hab ich denn dreißich . (G)ymnaste(m) . übungen, dreißich

V[Stück.

Erläuterung der Abkürzungen und Symbole:

T, M, V: Abkürzungen für den jeweiligen Sprecher; hier: T=Therapeutin, M=Mutter, V=Vater.

[Die Partiturklammer macht graphisch deutlich, wer gleichzeitig spricht.

. . . . Kurze Sprechpause; pro Punkt ca. 0,25 - 0,30 s

⌊ ⌋ Öffnende und schließende eckige Klammer: Umspannen den Teil der Sprecheräußerung, der mit einem Kommentar zum nonverbalen Vehalten versehen ist.

____ Betont gesprochen.

_ _ _ Gedehnt gesprochen.

( ) Klammern schließen den Teil einer Sprecheräußerung ein, hinsichtlich dessen Verschriftung sich der Transkribent unsicher ist.

⌊⌉ ⌋⌈ Erlaubt eine genauere Lokalisierung einer Sprecheräußerung relativ zum Schriftbild der Äußerung eines anderen Sprechers.

Hinweis: Der Kommentarteil zum nonverbalen Verhalten ist hier einfachheitshalber weggelassen worden.

BEISPIEL EINES GESPRÄCHSANALYTISCHEN UNTERSUCHUNGSMODELLES

Wie unter dem vorigen Kapitel herausgearbeitet, bilden die Korpuserstellung und die Transkription zwei ganz basale methodologische Konstituenten des gesprächsanalytisch orientierten Forschungsprozesses. Durch die beiden Arbeitsschritte "Korpuserstellung" und "Transkription" wird die materielle Basis der für die nachfolgenden gesprächsanalytischen Untersuchungen relevanten Daten konstituiert. Demzufolge sind auch die möglichen Ergebnisse der Gesprächsanalyse in hohem Maße von der Art, Repräsentativität und Qualität der beiden, der eigentlichen Gesprächsanalyse vorausgehenden Arbeitsschritte präjudiziert. Eventuelle Mängel hinsichtlich der Korpuserstellung und/oder Transkription schlagen voll auf die jeweilige gesprächsanalytische Untersuchung durch, was allerdings - bei gegenüber dieser Problematik gleichgültiger Anwendung gesprächsanalytischer Methoden - leicht verborgen bleiben kann. In Form einer Faustregel formuliert hieße dies etwa: Keine gesprächsanalytische Untersuchung ohne eingehende Darstellung und Diskussion der maßgeblichen Determinanten, Restriktionen und Kontingenzen der zugehörigen Korpuserstellung und Transkription.

In jeder Forschungsrichtung, die im Abschn. "Wissenschaftshistorische Quellen der Gesprächsanalyse" vorgestellt worden ist, sind bestimmte Formen der Gesprächsanalyse mehr oder weniger weit entwickelt worden. Relativ weit entwickelt sind z.B. die Analyseverfahren im Sinne von Sacks et al. (1974) (s.S. 135 ff.) sowie dasjenige nach Labov u. Fanshel (1977) (s.u.). Beide Verfahrensweisen können deshalb auch als Musterbeispiele gesprächsanalytischer Forschung gelten. Meiner Überzeugung nach lassen sich jedoch alle sieben Ansätze und die in ihnen entwickelten analytischen Verfahren mit Gewinn bei der Untersuchung familialer Interaktion und Kommunikation verwenden. Ansatzweise ist dies auch schon z.T. geschehen (vgl. Martens 1974; Oevermann et al. 1976, 1979).

Wollte man den Versuch unternehmen, alle gesprächsanalytischen Ansätze ineinander überzuführen oder miteinander zu verknüpfen, so ergäbe dies - auch bei idealtypischer Denkweise - wohl kaum das Modell einer "vollausgebauten" Gesprächsanalyse. Beim gegenwärtigen Problem- und Entwicklungsstand der Gesprächsanalyse dürfte es ratsam sein, mit verschiedenen Analyseformen methodenexplorativ - je nach Bereich, Gegenstand, Ebene und Ziel der Untersuchung - zu experimentieren.

Für den Bereich der familialen Kommunikation und Interaktion, insbesondere innerhalb des therapeutischen Kontextes, möchte ich vorschlagen, eine der für die sieben vorgestellten Forschungsrichtungen exemplarische, gesprächsanalytische Untersuchungsform schwerpunktmäßig mit zwei, i.e.S. nicht gesprächsanalytischen, wenn auch in einem solchen Rahmen mit Nutzen anwendbaren Methodiken zu kombinieren, nämlich mit einer formal-quantitativen Prozedur und den Interaktionsskalen im Sinne von Riskin u. Faunce (1969) (s.u.)[24].

Von den gesprächsanalytischen Untersuchungssystemen soll hier das von Labov u. Fanshel (1977) entwickelte näher vorgestellt werden, nicht zuletzt deshalb, weil es im therapeutischen Kontext entwickelt worden ist.

Formal-quantitative Analyse des Gesprächsverhaltens[25]

Eine erste, wenn auch nicht sehr weit und tief reichende Einsicht in die familiale und familientherapeutische Interaktions-/Kommunikationsstruktur erlaubt die Erfassung und Analyse der quantitativen Verteilung der Einheiten, Relationen und Prozesse im Ge-

---

24 Dieser Vorschlag ergeht in erster Linie an gegenüber qualitativer Sozialforschung skeptisch, wenn nicht eher ablehnend eingestellte Zeitgenossen; an anders gelagerte Gemüter ergeht er in umgekehrter Richtung, mit Fingerzeig auf die relative Nützlichkeit quantitativer Methodiken.

25 Eine ausführliche Darstellung über formal-quantitativ orientierte Verfahrensweisen erübrigt sich an dieser Stelle, da noch gesondert auf sie eingegangen wird.

spräch bzw. im Transkript des Gesprächs.

Ein recht einfaches Mittel, Interaktionsstrukturen festzustellen, ist eine Distributionsanalyse auf der Gesprächsschrittebene, wobei - unter der Voraussetzung einer relativ unproblematischen Definition von Anfang und Ende eines Gesprächsschrittes ("turn") - u.a. gefragt wird: Wer spricht/schweigt wie häufig und wie lange? Wer spricht wie oft zu wem und wie lange? Wer unterbricht wen wie häufig? usw.[26]

Die quantitative Verteilung dieser formalen Einheiten läßt sich auch in entsprechender Weise für einzelne, evtl. bedeutsame Gesprächsphasen und -segmente (z.B. Gesprächseröffnung; Gesprächsmitte: Entfaltung des Hauptthemas und der Subthemen; Gesprächsränder: Nebenthemen, Episoden; Gesprächsbeendigung) bestimmen, um etwa mögliche Unterschiede, Wechsel und Veränderungen des Gesprächsverlaufs, z.B. im Rahmen einer Familientherapie, besser erfassen zu können. Darüberhinaus ist es ganz nützlich, die Ergebnisse der Distributionsanalyse anschaulich in Form von sog. "Interaktogrammen" darzustellen (s. Abb. 1).

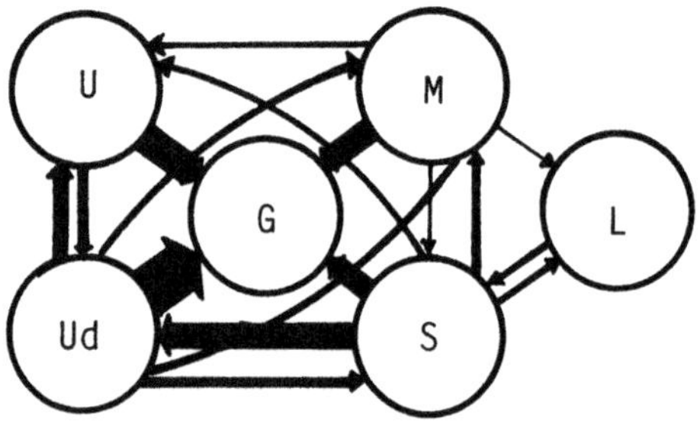

Abb. 1. Interaktogramm; die Dicke der Pfeile gibt die Häufigkeit der Adressierungen wieder, die Buchstaben stehen für einzelne Personen. (Aus: Diegritz u. Rosenbusch 1977,S. 108)

---

26 Seit kurzem wird versucht, Interaktionen in familientherapeutischen Sitzungen auch über die An- und Abwesenheit von Sprache formal-quantitativ zu erfassen (vgl. Brähler et al., S. 173 ff.; s. auch Brähler u. Overbeck 1981; Klein et al. 1983; Overbeck et al. 1982, 1983).

Bezieht man bei einer eher formal-quantitativ orientierten Untersuchungsweise auch den sequentiellen Aspekt mit ein, wird damit ein für die Organisierung und Strukturierung von Gesprächen durch die Teilnehmer sehr wichtiger Problembereich der Analyse zugänglich gemacht. Gefragt wird dann etwa: Wer übernimmt nach wem wie oft und wie lange einen Gesprächsschritt?[27]

Die Interaktionsanalyse nach Jules Riskin

Bei dem Versuch,die familiale Kommunikation/Interaktion zu analysieren, wird in denjenigen Verfahren ein Schritt weitergegangen, in denen man sich nicht nur auf eine formale Definition der zu untersuchenden Einheiten beschränkt, sondern sie auch inhaltlich bestimmt. Musterbeispiel für ein solches Vorgehen ist die Interaktionsanalyse nach Riskin u. Faunce (1969).[28]

Bei der Interaktionsanalyse nach Riskin handelt es sich um eine Gruppe von Ratingskalen, die im Rahmen eines umfassenderen Forschungsprojektes am Mental Research Institute (MRI) in Palo Alto entwickelt worden sind. Im Mittelpunkt der verschiedenen For-

---

27 Solche Daten erlauben auch noch in recht unproblematischer Weise die Verwendung statistischer Methodiken, etwa: Häufigkeitsanalysen, Sequenzanalysen, Einzelfallanalysen. Dies gilt in ähnlicher Weise auch für die Interaktionsskalen nach Riskin.

28 Vgl. auch den Beitrag von Brunner et al. (s.S. 273 ff.) zum Reutlinger Familieninteraktions-Diagnosebogen (R F D). Einen sehr gründlichen und detaillierten Überblick über den Status der quantifizierenden Familieninteraktionsforschung für den Zeitraum von 1960 bis 1972 geben Riskin u. Faunce (1972). Es gibt eine Reihe für den "Hausgebrauch" entwickelter, z.T.sehr aufwendiger und differenzierter Untersuchungssysteme zur Familieninteraktion und -kommunikation, die aber meines Wissens nicht veröffentlicht worden sind. Stellvertretend für solche Systeme seien hier genannt: Das Untersuchungssystem von Wirsching und Knauss (Abtlg. f. Psychoanal. Grundlagenforschung u. Familientherapie, Heidelberg) und das Untersuchungssystem von Bernice Rosman (Philadelphia Child Guidance Clinic, Philadelphia/USA).

schungsprojekte standen Untersuchungen, die den Beziehungen zwischen Familieninteraktion und Individualpersönlichkeit galten.

Die wichtigsten allgemein-theoretischen Annahmen, die diesen Untersuchungen zugrunde liegen, besagen: a) daß die Familie als System betrachtet wird und dementsprechend das Verhalten ihrer Mitglieder strukturiert ("patterned") ist; b) daß diese Verhaltensstrukturen über die Zeit konsistent sind; c) daß wenige Minuten offener Interaktion einer Familie den basalen Interaktionsstil dieser Familie enthalten, und d) daß eine genaue Deskription und Konzeptualisierung des Verhaltens der Familie als einer natürlichen Gruppe, bedeutsame Informationen über ihre Mitglieder, einschließlich valider Prognosen über ihre zukünftigen interpersonalen Beziehungen liefern werden (vgl. Riskin 1964, S. 484 f.).

Riskins Ziel bei der Konstruktion der "Family Interaction Scales" war es, ein Instrument zur Untersuchung signifikanter Aspekte der Familieninteraktion zu entwickeln, das sowohl von Konzepten mit theoretischer wie empirischer Relevanz Gebrauch macht. Zu diesem Zweck sind mehrere Skalen konstruiert worden, denen einfache dichotome Kategorien zugrundeliegen, wie sie in ähnlicher Form in zahlreichen anderen empirischen Untersuchungen herangezogen worden sind (vgl. Riskin u. Faunce 1972). Dabei sollen die einzelnen Skalen vom Beurteiler lediglich "lowinferential ratings" erfordern, also dem Beurteiler nur einfach strukturierte Urteile und geringe interpretatorische Anstrengungen abverlangen. Die Skalen beziehen sich eher auf den Prozeß und den Stil der Interaktion als auf den Inhalt, obwohl sie teilweise vom Inhalt abgeleitet sind.

Die einzelnen Skalen der "Family Interaction Scales" lassen sich kurz wie folgt definieren (Riskin u. Faunce 1969, 1970a,b):

1. "Clarity Scale": Diese Skala soll messen, ob die Familienmitglieder "klar" (i.S. von explizit, unzweideutig, kongruent) miteinander sprechen oder nicht, d.h., ihre jeweiligen Redebeiträge sind klar und ihr "Affekt" stimmt mit dem ausgedrückten Gefühl überein.

2. "Topic Scale": Diese Skala soll erfassen, ob die jeweiligen Redebeiträge der Familienmitglieder zu dem gleichen Thema wie der unmittelbar vorausgegangene Redebeitrag gehören oder nicht, und wie die Familienmitglieder Themen wechseln.

3. "Commitment Scale": Diese Skala soll erfassen, ob die Familienmitglieder klar und bestimmt Stellung beziehen oder nicht, bzw. wie verbindlich sie Ideen, Vorstellungen, Wünsche, Gefühle, Meinungen, Vorschläge usw. äußern.

4. "Agree/Disagree Scale": Diese Skala soll das Ausmaß der expliziten Übereinstimmung und Nichtübereinstimmung zwischen den Familienmitgliedern messen.

5. "Intensity Scale": Diese Skala soll das relative Ausmaß der "affektiven" oder "emotionalen" Intensität (von sehr niedriger bis zu sehr hoher Intensität) erfassen, das die Familienmitglieder in ihrem jeweiligen Redebeitrag zeigen.

6. "Relationship Scale": Diese Skala soll das relative Ausmaß der Freundlichkeit oder des Kritikverhaltens zwischen den Familienmitgliedern messen (von stark positiver Beziehung bis zu stark negativer Beziehung).

Aufgabe des Beurteilers ist es, anhand der Tonbandbaufnahme und anhand des Transkripts[29] des Gesprächstextes jeden einzelnen Gesprächsbeitrag ("speech" i.S. von Gesprächsschritt) in bezug auf jede der sechs Skalen einzuschätzen;[30] dies kann - wie es Riskin vorwiegend gemacht hat - für die ersten fünf oder zehn Minuten eines Familiengesprächs geschehen oder auch über die volle Länge eines Gesprächs oder einer Therapiesitzung, wie es sich besonders dann empfiehlt, wenn man am Prozeß des Interaktionsgeschehens und

29 Für die "Agree/Disagree Scale" soll für die Beurteilung der einzelnen Redebeiträge nur das Transkript herangezogen werden (Riskin u. Faunce 1969, S. 14). Wie sinnvoll diese Anordnung ist, kann hier unerörtert bleiben.

30 Riskin u. Faunce (1969) empfehlen zusätzlich die Kategorien "Who-speaks-to-whom" und "Interruptions" zu erfassen.

seinen möglichen Veränderungen interessiert ist.

Die Skalen 1, 3, 5, und 6 schließen sowohl verbale wie nonverbale Aspekte des zu beurteilenden Redebeitrages mit ein. Die beiden übrigen Skalen 2 und 4 beziehen sich lediglich auf den verbalen Aspekt. Ein sehr detailliertes und gründlich ausgearbeitetes Manual erleichtert die Aufgabe der Beurteilung (Riskin u. Faunce 1969).

Die von Riskin u. Faunce mitgeteilten Koeffizienten für Inter-rater- und Intra-rater-Reliabilität der einzelnen Skalen liegen im großen und ganzen recht hoch (vgl. Faunce u. Riskin 1970; Riskin u. Faunce 1969, 1970a,b).

Zwar sind die einzelnen Skalen, bzw. die ihnen zugeordneten Kategorien, kaum theoretisch, noch viel weniger sprechhandlungs- oder gesprächstheoretisch begründet (in der von Riskin gewählten Form wird dies wohl auch kaum möglich sein). Trotzdem dürfte ihre Verwendung im Rahmen eines Untersuchungsprojektes zum Interaktionsverhalten in Familien, sowohl stigmatisierter wie auch "normaler" ("non-labeled") Familien (Riskin 1982; Riskin u. McCorkle 1979), v.a. aus zwei Gründen sinnvoll sein: Erstens ist durch ihren Einsatz die Möglichkeit gegeben, an die Diskussion der bisherigen Familieninteraktionsforschung anzuknüpfen (vgl. Riskin u. Faunce 1972);zweitens können sie als Referenztests für ein sonst schwerpunktmäßig andersartiges Vorgehen, z.B. ein stärker gesprächstheoretisch begründetes, herangezogen werden.

Das diskursanalytische Verfahren nach Labov und Fanshel

Die bislang elaborierteste Form einer gesprächsanalytischen Vorgehensweise stellt die "Diskursanalyse" nach Labov u. Fanshel (1977) dar. Die Differenziertheit und Komplexität des von diesen Autoren bei der Untersuchung eines 15minütigen Ausschnittes einer

Therapiesitzung[31] entwickelten Instrumentariums und ihre Systematik des Vorgehens liefern ein auch für repräsentativere Analysen eminent bedeutsames Arbeitsmodell (vgl. Dittmar 1978).

Labov u. Fanshel (1977) gehen von einigen zentralen Grundannahmen aus:

1. Nach ihrer Ansicht decken therapeutische Diskurse Strukturen alltäglicher verbaler Interaktion auf; insofern sei ihre Erforschung von grundsätzlich allgemeinerem interaktions- und kommunikationswissenschaftlichem Interesse". 2. sie fassen das Gespräch (Diskurs, Konversation) als "a type of human interaction taking place within a social frame" (1977, S. 26) auf; dementsprechend ist das therapeutische Gespräch als soziales Ereignis, als sozialer Prozeß zu betrachten; 3. für sie bildet die Struktur von Gesprächen "a matrix of utterances and actions bound together by a web of understandings and reactions" (1977, S. 30).

Die spezielle Prozedur der Analyse des konkreten Gesprächsverhaltens, von Labov u. Fanshel als "cross-sectional analysis" bezeichnet, läßt sich vereinfacht den wichtigsten Untersuchungskategorien entlang skizzieren.

Unter der Perspektive der "cross-sectional analysis" werden die Komponenten des Gesprächs in ihrem Verhältnis zueinander bestimmt (vergleichbar einer Momentaufnahme einer unter dem Mikroskop fixierten Probe eines Biotops), wobei Labov u. Fanshel prinzipiell zwei Untersuchungsebenen unterscheiden :

- A) Die Ebene dessen, "what is said" und
- B) die Ebene dessen, "what is done".

Im großen und ganzen spielen folgende methodischen Schritte auf der Untersuchungsebene A eine Rolle:

---

31 Es ist der Anfang der 20. Sitzung einer psychoanalytisch ausgerichteten Therapie mit einer 19jährigen Patientin (Diagnose: Anorexia nervosa).

1. "Text"

Ausgangsmaterial der Analyse ist die Tonbandaufnahme und der in einer bestimmten Weise transkribierte Text. Dieser Text wird zunächst in Episoden zerlegt[32], um dann Gesprächsausschritt für Gesprächsausschritt, bzw. auch in bestimmten Gesprächsausschrittsequenzen, fortlaufend analysiert zu werden, und zwar: a) unter Rückgriff auf die Ergebnisse der Analyse der vorangegangenen Textteile, soweit sie relevant erscheinen; b) unter Heranziehung des Kontextwissens zur therapeutischen Situation; c) des soziolinguistischen Hintergrundwissens der Autoren aufgrund zahlreicher anderer Untersuchungen (vgl. Labov 1976/1978); d) unter sporadischer Verwendung von Einsichten durch ein Interview der Autoren mit der behandelnden Therapeutin zu Vorgehen, Ablauf und Ziel der Therapie.

2. "Separating and identifying paralinguistic cues"

Neben den in Standardschriftsprache transkribierten Texten werden in der parallelen Spalte die "paralinguistischen Hinweise" aufgeführt, die die jeweiligen Wörter, Phoneme, Sätze usw. begleiten. Im Text selbst ist nur einer dieser "cues" präsent, das Sprechtempo (z.B. durch Schreiben von Wörtern ohne Zwischenraum, Punktierung je nach Länge der Pause). In ihrer Analyse beschäftigen sich Labov u. Fanshel mit den paralinguistischen Hinweisen Lautstärke, Tonhöhe, Prosodie, Stimmqualitäten (Lachen, Winseln usw.) und einigen soziolinguistischen Varianten der phonetischen Ebene (z.B. "-in" statt "ing").
Wo die Intonationskonturen eine bedeutsame Rolle spielen, wird die "Cues"-Spalte durch Schaubilder der spektographischen Analyse ergänzt, die das aktuelle Steigen und Fallen der Tonhöhe augenfällig werden läßt. Mit Hilfe eines oszilloskopischen Schaubildes kann das Tempo illustriert werden, wenn besonders auffallende Muster des Schweigens und schnellen Sprechens auftreten.

---

32 Der Text, an dem Labov u. Fanshel (1977) ihre Methode demonstrieren, wird von ihnen in fünf Episoden unterteilt.

3. "Expanding the text"

Der nächste Untersuchungsschritt stellt eine Synthese dar. Das Material der ersten beiden Analyseschritte "Text" und "Paralinguistische Hinweise" wird wieder zusammengesetzt und zwar in Form eines "expandierten" Textes. Hierunter ist eine optimal explizite Version des manifesten Gesprächstextes zu verstehen. Dabei werden alle Informationen zusammengebracht, die verfügbar sind und helfen können, den Prozeß der Produktion, Interpretation und Sequenzierung der zu untersuchenden Äußerung verstehbar zu machen. Labov u. Fanshel kennzeichnen die "open-ended procedure" der "Expansion" wie folgt:

"1. We expand the meaning conveyed by the cues into the nearest equivalent in textual terms, according to our best understanding of it.
2. We expand and make explicit the referents of pronouns to other utterances and events in other time frames.
3. We introduce factual material that is presented before and after this utterance, sometimes from widely separated parts of the interview.
4. We make explicit some of the shared knowledge between participants, which we derive from a study of the therapeutic situation as a whole, other interviews, and the playback with the therapist" (1977, S. 49 f.).

Die Rekonstruktion des Gesprächstextes in Form des expandierten Textes ist ein notwendiger Schritt der Analyseprozedur, da der expandierte Text den Kontext für mögliche "Propositionen" liefert.

4. "Propositions"

In den expandierten Texten lassen sich eine Reihe von in einem Gespräch regelmäßig wiederkehrenden Kommunikationsformen lokalisieren, die als "Propositionen" bezeichnet werden. Auch wenn sie von den Teilnehmern im Laufe des Gesprächs nicht immer in konziser, expliziter Form geäußert werden, so stellt sich bei näherer Untersuchung verschiedener von ihnen berichteter Interaktionen doch bald heraus, daß Propositionen bei der einen Gelegenheit lediglich implizit, bei einer anderen recht klar zum Ausdruck gebracht werden.

Propositionen repräsentieren die kognitive Komponente der kommunikativen Transaktionen und können als das "what we are talking about" oder "what is 'really being talked about'" (Labov u. Fanshel 1977, S. 52) definiert werden. Bei weitgehender Analyse der berichteten Interaktionsereignisse kommen andere Propositionen zum Vorschein, die von allgemeinerem Charakter sind und auf dem zugrundeliegenden Geflecht aus "Rechten" ("rights") und "Verpflichtungen" ("obligations") basieren.

Bei der Paraphrasierung einer Proposition in der Expansion benutzen Labov u. Fanshel eine Ausdrucksweise, die nahe mit der aktuellen Äußerung verwandt ist; bei formalen Definitionen benutzen sie eine restringiertere Reihe von Termen, die sie dem Vokabular der Rollentheorie, der Therapeutin und der Alltagssprache entnehmen. Wie bei der Identifikation der paralinguistischen Hinweise bilden diese Ausdrucksformen eine offene Reihe.

Labov u. Fanshel unterscheiden eine Reihe von Propositionen:

a) Solche, die für therapeutische Situationen allgemein zu gelten scheinen, wie z.B. :

{COOP}	Role partners should cooperate to solve mutual problems.
{S}	One should express one's needs and emotions to relevant others.
{AUT}	The therapist does not tell the patient what to do.

b) Allgemeine Propositionen, die mit dem normalen Ablauf des sozialen Lebens zu tun haben, wie eine Reihe von formelhaften Äußerungen, die Statusprädikate einschließen :

{AD}	X is an adult member of the household.
{RSNBL}	X is a reasonable person.
{HEAD}	X is head of a household.
{INT}	X interprets the emotions of others.

Jede von diesen Statuskennzeichnungen ist mit einer Reihe von Rollenverpflichtungen und Kriterien für ein angemessenes Rollenverhalten verknüpft.

c) Eine andere Reihe von Propositionen enthält Performanzprädikate sowie eine große Anzahl von Propositionen, die im Alltagsleben benutzt werden, um die an eine Rolle geknüpfte Handlung einer Person zu kritisieren oder zu unterstützen. Sie werden häufig in Form kategorial-quantitativer Urteile ausgedrückt; wie z.B.: "X never knows when to stop eating." Eine in Unterhaltungen nicht gerade seltene Proposition besagt etwa :

{STRN} X's obligations are greater than his capacities.

Oder in Verknüpfung mit einer Ursache :

{X:STRN} External circumstances are responsible for role strain.

Zusätzlich zu den fundamentalen Prädikaten wird eine Anzahl von "Operatoren" auf diese Propositionen angewendet (z.B. stehen die Zeichen '=', '∼' für Ähnlichkeit und Negation).

5. "Interaction"

Labov u.Fanshel (1977) definieren "interaction" als "action which affects (alters or maintains) the relations of the self and others in face-to-face communication" (a.a.O., S. 59). Solche Interaktionen sind für sie Sprechakte/Sprechhandlungen. Es sind Handlungen, die mit den Mitteln des Sprechens vollzogen werden (vgl. Austin 1972). In der Bestimmung der Ereignisse auf der Handlungsebene ("what is done"; Ebene B) sehen die Autoren den kritischsten Schritt ihrer Analyse (a.a.O., S. 58); denn die interne Struktur der Sprechhandlungen ist erheblich komplexer, als es die ursprüngliche Unterscheidung zwischen Handlung ("act") und Äußerung ("utterance") vermuten läßt. Die Gründe hierfür sind darin zu sehen, daß die meisten sprachlichen Äußerungen mehr als nur eine Sprechhandlung repräsentieren und zudem die Sprechhandlungen hierarchisch organisiert sind.

Zur Beschreibung der interaktionalen Ereignisse auf der (Sprech-) Handlungsebene unterscheiden Labov u. Fanshel vier Klassen hörer- und sprecherseitiger Sprechhandlungen (a.a.O., S. 61): a) Meta-actions (initiate, continue, end, etc.); b) representations (give information, express feelings, reinforce, acknowledge, etc.); c) requests (request action, give action, etc.); d) challenges (challenge, question, defend, admit, etc.).

Kennzeichnend für die verschiedenen Ebenen ("what is said"/"what is done") und Komponenten ("Text", "Cues", "Expansion", "Interaction") der "cross-sectional analysis" ist darüberhinaus, daß sie durch drei Modi der Direktheit bzw. Indirektheit miteinander in Beziehung stehen. Die Relation zwischen "Text" und "paralinguistic cues" wird als "mode of expression" bezeichnet, die Beziehung zwischen "propositions" und "expansion" als "mode of argument", und die Beziehung zwischen dem, was gesagt wird und dem, was dadurch getan wird, als "mode of interaction" (a.a.O.,S. 67). Als bedeutsame Determinanten des Grades der Indirektheit in diesen Relationen sind dabei nach Labov u. Fanshel "Macht" und "Solidarität" anzusehen (a.a.O., S. 68). Mit der Einführung dieser Kategorien ist auch die Möglichkeit gegeben, das Analysemodell der "cross-sectional analysis" auf Prozesse alltäglicher Interaktion und nicht nur auf therapeutische bzw. pathologische anzuwenden.

Die grundlegende Unterscheidung zwischen "what is said" und "what is done" hat für Labov u. Fanshel weitere Konsequenzen. Nach ihrer Ansicht liegt die Kohärenz des Gesprächs (discourse) in den Verbindungen der Sprechakte, und zwar aufgrund einer Reihe von Sequenzierungsregeln, während die beiden Ebenen durch eine Reihe von Interpretations- und Produktionsregeln miteinander verbunden werden (a.a.O., S. 71). Diese Regeln nennen sie "Diskursregeln".

Mit diesen Regeln versuchen die Autoren, zum einen die interne Abfolgelogik der Äußerungen auf der Basis der intendierten Handlungen, zum anderen die Verstehensbedingungen der Interaktionspartner und damit auch die Bedingungen der Produktion ihrer Sprechhandlungen zu rekonstruieren.

Ihre grundlegende These lautet, daß Abfolge und Sequenzierung im Gespräch nicht zwischen den Äußerungen stattfinden, sondern "between actions which are being performed" (a.a.O., S. 70). Mit dieser Formulierung soll dem Sachverhalt Rechnung getragen werden, daß der Verlauf des therapeutischen Gesprächs, wenn man ihn allein auf der verbalen und paralinguistischen Äußerungsebene betrachtet, sprunghaft, inkonsistent, dem Betrachter teilweise unverständlich erscheint, von den Beteiligten aber offenbar verstanden wird. Mit anderen Worten, den Gesprächen in Therapien liegt eine Abfolgetechnik zugrunde, die auf der Äußerungsebene nicht unmittelbar ersichtlich ist, aber durch eine umfassende, sich auf die Interaktionsebene zentral stützende Untersuchung zu rekonstruieren ist. Damit stellen Labov u. Fanshel ihre Arbeit in den Rahmen von Analyseprogrammen, die kommunikative Interaktionsprozesse auch auf der Ebene latenter Sinnzusammenhänge und latenter Interaktionsintentionen konstituiert sehen (vgl. den Ansatz der interpretativ-ethnomethodologischen Soziologie und der objektiven Hermeneutik unter dem Punkt "Wissenschaftshistorische Quellen der Gesprächsanalyse").

Literatur

Austin JL (1972) Zur Theorie der Sprechakte (How to do things with words). Reclam, Stuttgart

Ballmer TT (1979) Probleme der Klassifikation von Sprechakten. In: Grewendorf E (Hrsg) Sprechakttheorie und Semantik. Suhrkamp, Frankfurt

Bauman R, Sherzer J (eds) (1974) Explorations in the ethnography of speaking. Cambridge University Press, New York London

Berens FJ (1975) Analyse des Sprachverhaltens im Redekonstellationstyp "Interview". Eine empirische Untersuchung. Hueber, München

Berens FJ, Jäger KH, Schank G, Schwitalla J (1976) Projekt Dialogstrukturen. Ein Arbeitsbericht. Hueber, München

Bergmann JR (1981) Ethnomethodologische Konversationsanalyse. In:

Schröder P, Steger H (Hrsg) Dialogforschung. Schwann, Düsseldorf, S 9-51

Brähler E, Overbeck A (1981) Die Erfassung der Interaktion in familientherapeutischen Sitzungen durch die automatische Analyse des Sprechverhaltens. Med Psychol 7:79-94

Brennenstuhl W (1975) Handlungstheorie und Handlungslogik. Scriptor, Kronberg/Ts.

Cicourel A (1975) Sprache in der sozialen Interaktion (Cognitive sociology). List, München

Deutrich KH (1971) Aufnahme und Archivierung gesprochener Hochsprache. Texte gesprochener deutscher Standardsprache 1:18-32

Diegritz T, Rosenbusch HJ (1977) Kommunikation zwischen Schülern. Urban & Schwarzenberg, München

Dijk TA van (1980) Textwissenschaft. Eine interdisziplinäre Einführung. Deutscher Taschenbuchverlag, München

Dittmann J (Hrsg) (1979) Arbeiten zur Konversationsanalyse. Niemeyer, Tübingen

Dittmar N (1978) Zum Forschungsstand der Erzählanalyse. Linguistische Berichte 58:78-82

Duncan S Jr (1974) On the structure of speaker-auditor interaction during speaking turns. Lang Soc 3:161-180

Ehlich K (1979) Verwendungen der Deixis beim sprachlichen Handeln. Lang, Frankfurt

Ehlich K, Rehbein J (1972) Zur Konstitution pragmatischer Einheiten in einer Institution: Das Speiserestaurant. In: Wunderlich D (Hrsg) Linguistische Pragmatik. Athenäum, Frankfurt, S 209-254

Ehlich K, Rehbein J (1976) Halbinterpretative Arbeitstranskriptionen (HIAT). Linguistische Berichte 46:21-41

Ehlich K, Rehbein J (1977) Wissen, kommunikatives Handeln und Schule. In: Goeppert H (Hrsg) Sprachverhalten im Unterricht. Fink, München

Ehlich K, Rehbein J (1979) Sprachliche Handlungsmuster.In: Soeffner HG (Hrsg) Interpretative Verfahren in den Sozial- und Textwissenschaften. Metzler, Stuttgart, S 243-274

Ehlich K, Rehbein J (Hrsg) (1981) Kommunikation in Schule und Hochschule. Linguistische und ethnomethodologische Analysen. Niemeyer, Tübingen

Ehlich K, Switalla B (1976) Transkriptionssysteme. Eine exemplarische Übersicht. Stud Linguist 2:78-105

Faunce E, Riskin J (1970) Family interaction scales. II. Data analysis and findings. Arch Gen Psychiatry 22:513-526

Garfinkel H (1967) Studies in ethomethodology. Prentice Hall, Englewood Cliffs

Goffman E (1974) Das Individuum im öffentlichen Austausch. Suhrkamp, Frankfurt

Goffman E (1975) Interaktionsrituale. Über Verhalten in direkter Kommunikation. Suhrkamp, Frankfurt

Goffman E (1976) Replies and responses. Lang Soc 5:257-313

Grewendorf G (Hrsg) (1979) Sprechakttheorie und Semantik. Suhrkamp, Frankfurt

Grice HP (1957) Meaning. Philosoph Rev 66:377-388

Grice HP (1968) Utterer's meaning, sentence meaning, and word-meaning. Found Lang 4:1-18

Grice HP (1969) Utterer's meaning and intention. Philosoph Rev 78:147-177

Gumperz JJ (1975) Sprache, lokale Kultur und soziale Identität. Schwann, Düsseldorf

Gumperz JJ, Herasimchuk (1973) The conversational analysis of social meaning. A study of classroom interaction. In: Jäger S (Hrsg) Probleme der Soziolinguistik. Vandenhoek & Ruprecht, Göttingen (Zeitschrift für Literaturwissenschaft und Linguistik, Beiheft 3, S 79-110)

Gumperz JJ, Hymes D (eds) (1972) Directions in sociolinguistics. Holt, Rinehart & Winston, New York

Henne H, Rehbock H (1982) Einführung in die Gesprächsanalyse, 2. Aufl. De Gruyter, Berlin New York

Hymes D (1979) Soziolinguistik. Zur Ethnographie der Kommunikation. Suhrkamp, Frankfurt

Jäger KH (1976) Untersuchungen zur Klassifikation gesprochener deutscher Standardsprache. Redekonstellationstypen und argumentative Dialogsorten. Hueber, München

Kallmeyer W, Schütze F (1976) Konversationsanalyse. Stud Linguist 1:61-84

Klein H, Overbeck A, Brähler E (1983) Dimensionen des Kommunikationserlebens in familientherapeutischen Erstinterviews. Psychother Med Psychol 33:63-73

Labov W (1972) Das Studium der Sprache im sozialen Kontext. In: Klein W, Wunderlich D (Hrsg) Aspekte der Soziolinguistik. Athenäum, Frankfurt, S 123-206

Labov W (1976/1978) Sprache im sozialen Kontext. In: Dittmar N, Rieck BO (Hrsg) Bd 1 u. 2. Scriptor, Kronberg

Labov W, Fanshel D (1977) Therapeutic discourse. Psychotherapy as conversation. Academic Press, New York San Francisco London

Leist A (1972) Zur Intentionalität von Sprechhandlungen. In: Wunderlich D (Hrsg) Linguistische Pragmatik. Athenäum, Frankfurt

Maas U, Wunderlich D (1972) Pragmatik und sprachliches Handeln. Athenäum, Frankfurt

Martens K (1974) Sprachliche Kommunikation in der Familie. Scriptor, Kronberg

Mehan H Jr, Wood H (1975) The reality of ethnomethodology. Wiley, New York

Oevermann U, Allert T, Gripp H, Konau E, Krambeck J, Schröder-Caesar E, Schütze Y (1976) Beobachtungen zur Struktur der sozialisatorischen Interaktion. Theoretische und methodologische Fragen der Sozialisationsforschung. In: Auwärter M, Kirsch E, Schröter K (Hrsg) Seminar: Kommunikation, Interaktion, Identität. Suhrkamp, Frankfurt, S 371-403

Oevermann U, Allert T, Konau E, Krambeck J (1979) Die Methodologie einer "objektiven Hermeneutik" und ihre allgemeine forschungslogische Bedeutung in den Sozialwissenschaften. In: Soeffner HG (Hrsg) Interpretative Verfahren in den Sozial- und Textwissenschaften. Metzler, Stuttgart, S 352-434

Overbeck A, Brähler E, Klein H (1982) Der Zusammenhang von Sprechverhalten und Kommunikationserleben im familientherapeutischen Interview.Prax Kinderpsychol Kinderpsychiatr 31:125-143

Overbeck A, Klein H, Meyer A, Brähler E (1983) Kommunikationserleben in familientherapeutischen Erstinterviews. Psychother Med Psychol 33:20-28

Psathas G (Hrsg) (1979) Everyday language. Studies in ethnomethodology. Irvington, New York

Rehbein J (1977) Komplexes Handeln. Elemente zur Handlungstheorie

der Sprache. Metzler, Stuttgart
Riskin J (1964) Family interaction scales. A preliminary report. Arch Gen Psychiatry 11:484-494
Riskin J (1982) Research on 'non-labeled' families. A longitudinal study. In: Walsh F (ed) Normal family processes. Guilford, New York
Riskin J, Faunce E (1969) Family interaction scales. Scoring manual. Mental Research Institute, Palo Alto
Riskin J, Faunce E (1970a) Family interaction scales. I. Theoretical framework and method. Arch Gen Psychiatry 22:527-537
Riskin J, Faunce E (1970b) Family interaction scales. III. Discussion of methodology and substantive findings. Arch Gen Psychiatry 22:527-537
Riskin J, Faunce E (1972) An evaluative review of family interaction research. Fam Process 11:365-455
Riskin J, McCorkle M (1979) 'Non-therapy' family research and change in families. A brief clinical research communication. Fam Process 18:161-162
Sacks H, Schegloff E, Jefferson G (1974) A simplest systematics for the organization of turn-taking in conversations. Language 50:696-735
Schank G (1981) Untersuchungen zum Ablauf natürlicher Dialoge. Hueber, München
Schank G, Schoenthal G (1976) Gesprochene Sprache. Eine Einführung in Forschungsansätze und Analysemethoden. Niemeyer, Tübingen
Schegloff E (1979) Identification and recognition in telephone conversation openings. In: Psathas G (ed) Everyday language. Studies in ethnomethodology. Irvington, New York, pp 23-78
Schenkein J (Hrsg) (1978) Studies in the organization of conversational interaction. Academic Press, New York San Francisco London
Scherer KR (1977) Die Funktion des nonverbalen Verhaltens im Gespräch. In: Wegener D (Hrsg) Gesprächsanalyse. Buske, Hamburg, S 273-295
Scherer KR, Wallbott HG (Hrsg) (1979) Nonverbale Kommunikation: Forschungsberichte zum Interaktionsverhalten. Beltz, Weinheim Basel
Schütz A (1962/1964/1966) Collected papers, 3 vols. Nijhoff, Den Haag
Schwitalla J (1979) Dialogsteuerung in Interviews. Hueber,München
Searle J (1971) Sprechakte. Suhrkamp, Frankfurt
Steger H (1976) Einleitung. In: Berens FJ, Jäger KH, Schank G (Hrsg) Projekt Dialogstrukturen. Ein Arbeitsbericht. Hueber, München
Ungeheuer G (1977) Gesprächsanalyse und ihre kommunikationstheoretischen Voraussetzungen. In: Wegener D (Hrsg) Gesprächsanalyse. Buske, Hamburg, S 27-65
Wunderlich D (Hrsg) (1972) Linguistische Pragmatik. Athenäum, Frankfurt
Wunderlich D (1974) Grundlagen der Linguistik. Rowohlt, Reinbek
Wunderlich D (1976) Studien zur Sprechakttheorie. Suhrkamp,Frankfurt
Wunderlich D (1978) Wie analysiert man Gespräche. Beispiel Wegauskünfte. Linguistische Berichte 58:41-76

Die automatische Interaktionschronographie von Familientherapiesitzungen

E. Brähler, H. Klein und A. Overbeck

EINFÜHRUNG

Die Betrachtung der Familie ist bei vielen Erkrankungen in den Blickpunkt des Interesses gerückt, nachdem die Bedeutung des familiären Bezugssystems für die Genese von Krankheit und psychosozialen Problemen bei Familienmitgliedern theoretisch herausgearbeitet und praktisch nachgewiesen wurde. In vielen Ländern erfreut sich die Familientherapie als Behandlungsmethode zunehmenden Interesses und immer breiterer Anwendung in klinischen und psychosozialen Bereichen. In den USA und der Schweiz entwickelte sich bereits eine als Familienmedizin bezeichnete Disziplin. Die unterschiedlichen Ansätze innerhalb der Familientherapie finden eine Vereinheitlichung in der Sichtweise, daß Beziehungen für das Verhalten und die Erfahrung von Personen ebenso wichtig sind wie unbewußte intrapsychische Ereignisse (Gurman u. Kniskern 1978). Analog der Entwicklung der Familientherapie durch die Arbeit von Praktikern in verschiedenen Disziplinen liegt inzwischen eine Fülle theoretischer und klinischer Publikationen vor.

Im Gegensatz dazu finden sich im Bereich der empirischen Familienforschung erst in neuerer Zeit einige Beiträge. Für die Jahre 1970-1973 gibt es überhaupt keine objektiven Studien. Inzwischen existieren empirische Arbeiten, die aber z.T. nicht publiziert

Interaktion in der Familie
Herausgegeben von E. J. Brunner

sind oder methodischen Kriterien nicht standhalten. Die meisten Studien befassen sich mit Erfolgs- bzw. Ergebnisaspekten familientherapeutischer Behandlung im Vergleich zur Einzel- oder Ehe- oder Paartherapie. Als Kriterien fungieren Patienten- und Therapeutenurteile bzw. Fremdratings.

Auch die Familiendiagnostik steckt noch in den Kinderschuhen, während man den Markt an individuumsbezogenen Testverfahren kaum mehr überblicken kann und bei der Paardiagnostik bereits zahlreiche Ansätze vorliegen. Die relativ geringe Zahl an geeigneten Untersuchungsinstrumenten mag wohl hauptsächlich darin begründet liegen, daß bei Untersuchung von Mehrpersonenkonstellationen komplizierte methodische Probleme auftreten. Diesen Problemen sieht sich auch die Gruppenforschung gegenüber, doch die Familien stehen als Kleingruppe zwischen Einzel- und Paaruntersuchungen einerseits und größeren Gruppen andererseits.

So sind nicht alle für größere Gruppen konzipierte Untersuchungsmethoden ohne weiteres für Kleingruppen sinnvoll, andererseits können viele Untersuchungsmethoden bei Einzel- und Paaruntersuchungen nicht ohne weiteres verallgemeinert werden. Bei der Auswahl der Meßmethode ist eine Zusammenarbeit zwischen Klinikern und Wissenschaftlern unabdingbar, damit nützliche und valide Meßmethoden auch die Bereiche erfassen, die von Klinikern akzeptiert werden (z.B. Triangulierung, Kollusion, Pseudomutalität).

Evaluative Quellen zur Beurteilung des Therapieprozesses und Therapieergebnisses sind die Familienmitglieder selbst, die Therapeuten, trainierte Rater, die Veränderungen entsprechend familientherapeutischer Konzepte beurteilen (z.B. Individuation), objektive Beobachter nonverbaler Ereignisse oder Computer, die Variablen wie Sprechrate, Schweigen, Sprechgeschwindigkeit usw. registrieren. Fremdratings von Familien ermöglicht der Heidelberger Familienbeurteilungsbogen von Wirsching (1978) sowie das Familienbeobachtungssystem von Overbeck und Perinelli. Als Selbstratings können die Gießen-Test-Selbstbilder von Familienmitgliedern verwandt werden (Angermeyer et al. 1979), die verallgemeinerte Grid-Technik (Gerlach 1983, Erfassung von Selbstkonzepten in Familien mit Hilfe der Grid-Technik. Unveröffentlichtes Manuskript) und das Gießen-Test-Gruppenverfahren von Scheer (1975). Zur Erfassung von Interaktionsabläufen bietet sich das Kategoriensystem nach Bales an (Wöhrmann 1983, Inhaltsanalyse in familientherapeutischen Sitzungen. Unveröffentlichtes Manuskript).

In der vorliegenden Arbeit wird über die Anwendung eines Verfahrens zur automatischen Analyse des Sprechverhaltens in Familientherapiegesprächen berichtet, das aus der Interviewforschung bei Dyaden weiterentwickelt wurde. Ähnliche Untersuchungen, allerdings mit der manuellen Interaktionschronographie, wurden unabhängig voneinander auch von Mattejat u. Wiesse (1983), Angermeyer u. Hecker (1980) sowie Brunner (1982) durchgeführt.

DIE INTERAKTIONSCHRONOGRAPHIE

Die Interaktionschronographie geht auf zwei unabhängig voneinander entwickelte Ansätze zurück. Die eine Arbeit entstand auf dem nachrichtentechnischen Sektor: Norwine u. Murphy (1938) erfaßten automatisch die An- und Abwesenheit von Sprache in Telefongesprächen. Die andere Arbeit entstand auf dem Feld der Sozialanthropologie. Chapple (1939, 1940) markierte manuell auf einem mit gleichbleibender Geschwindigkeit angetriebenen Papierstreifen Verhaltensweisen von Personen, die unter Blickkontakt miteinander kommunizierten.
Die manuelle Interaktionschronographie wurde dann ein häufig verwandtes Verfahren in der Interviewforschung (z.B. Chapple 1953; Matarazzo et al. 1956; Kasl u. Mahl 1956; Goldman-Eisler 1968). Alle auf der Interaktionschronographie von Chapple aufbauenden Apparate mußten von einem menschlichen Beobachter bedient werden. Da dieser die verschiedenen Hebel beim Eintreten einer Pause erst nach einer gewissen Reaktionszeit betätigte oder eine Pause überhaupt nicht wahrnahm, da sie zu kurz war, konnten mit Hilfe dieser Methoden zwar längerdauernde Pausen zufriedenstellend erfaßt werden, nicht jedoch kurze Pausen.

Als erste entwickelten Verzeano u. Finesinger (1949) im Anschluß an das Verfahren von Norwine u. Murphy (1938) einen automatischen Interaktionsrecorder für Zweiergespräche. Diverse weiterentwikkelte automatische Interaktionsrecorder wurden bei vielen Interviewforschungsprojekten eingesetzt (Hargreaves u. Starkweather 1959; Ramsay u. Law 1966; Jaffe u. Feldstein 1970; Brady 1969; Gerver u. Dinely 1972; Brähler 1976).

Bei der Interaktionschronographie wird die lineare Abfolge von Reden und Schweigen und damit Aspekte der Interaktion erfaßt. Das Verfahren der automatischen Sprachanalyse hat sich in zahlreichen Untersuchungen der Psychotherapieforschung, Interviewforschung und Linguistik bewährt (vgl. Brähler 1976). Daher bietet sich das Verfahren auch zur Erforschung von Interaktionsabläufen bei Mehrpersonenkonstellationen wie Familien- und Familientherapiegesprächen an. Die Vorteile des Verfahrens gegenüber Textanalysen stellen sich wie folgt dar:

a) Es wird eine objektive Beschreibung des Gesprächsverlaufs ermöglicht.
b) Der Arbeitsaufwand ist wesentlich geringer, wodurch umfangreichere Untersuchungen ermöglicht werden.
c) Die gewonnenen Analysen sind sofort verfügbar und können damit ggf. in den weiteren Therapieverlauf miteinbezogen werden.
d) Mit der Erfassung des Schweigens wird ein wichtiger Aspekt der nonverbalen Kommunikation in die Untersuchung miteinbezogen.

Die Interaktionschronographie erscheint bei Mehrpersonenkonstellationen noch erfolgversprechender als bei Dyaden, da sie die dabei auftretenden, wesentlich komplexeren Interaktionsmuster adäquat erfassen kann.

DER PROZEß DER DATENGEWINNUNG

Wir beschreiben im folgenden den Prozeß der Datengewinnung bei der automatischen Analyse des Sprechverhaltens beispielhaft bei

Vierpersonenkonstellationen, die wir am häufigsten untersuchen. Das Grundprinzip ist bei anderen Mehrpersonenkonstellationen das gleiche.

Die Sprachschallwellen der 4 am Gespräch beteiligten Personen werden mit 4 separaten Mikrophonen aufgenommen. Bedingung für das Gelingen der Analyse ist, daß die Sprachschallwellen einer Person deutlich lauter auf dem der Person zugeordneten Mikrophon aufgenommen werden, als die Sprachschallwellen der anderen Personen. Dies gelingt nach unseren Erfahrungen am besten mit Umhängemikrophonen, da die Lautstärke quadratisch mit der Entfernung abnimmt. Richtmikrophone haben den Nachteil, daß die am Gespräch beteiligten Personen sich kaum bewegen dürfen, um nicht den Aufnahmewinkel zu verlassen. Kehlkopfmikrophone haben den Nachteil, daß der Inhalt des Gesprochenen kaum verständlich ist und damit das Speichern des verbalen Inhalts unmöglich wird. Darüberhinaus werden sehr viele Schluck- und Räusperbewegungen registriert. An den Aufnahmeraum werden keine besonderen Anforderungen gestellt. Es ist lediglich auf eine Abschirmung von Außengeräuschen zu achten. Der Geräuschpegel an den Mikrophonen darf die Lautstärke der betreffenden Person bei leisem Reden nicht übertreffen. Die Gespräche können zwar simultan ausgewertet werden, doch empfiehlt sich eine Speicherung, um bei eventuellen technischen Störungen die Auswertung wiederholen zu können und um den verbalen Inhalt archiviert zu haben. Die Speicherung nehmen wir mit einem Vierkanaltonbandgerät vor. Möglich ist auch die Verwendung von 2 Stereotonbandgeräten, doch ergeben sich dabei Probleme bei der Synchronisation beim Abspielen.

Die Sprachschallwellen werden direkt oder vom Tonband einem Gleichrichter zugeführt und dann über einen Analogdigitalwandler mit einer Abtastrate von 500/s in Zahlen transformiert. Die weitere Auswertung wird dann von einem Computer übernommen. Zunächst werden jeweils über einen Zeitraum von 0,25 s die Zahlenwerte, die von den 4 Kanälen bzw. 4 Mikrophonen übermittelt wurden, addiert. Diese Werte stellen ein Maß für die Lautstärke in einem 0,25-s-Intervall für die 4 Personen dar.

Die Untersuchungseinheit kann zwar fast beliebig klein gewählt werden, doch da selbst bei merklich schallgedämpften Räumen die Nachhallzeit kaum niedriger ist als 0,25 s,, wäre die Erfassung von kleineren Intervallen lediglich pseudogenau.

Für jedes Zeitintervall wird die Entscheidung getroffen, ob überhaupt geredet wurde und wenn, wer geredet hat. Dies geschieht dadurch, daß überprüft wird, ob auf einem Kanal die über das Zeitintervall summierte Impulsanzahl einen kritischen Schwellenwert übersteigt oder nicht. Dieser Schwellenwert wird ermittelt als Maximalwert bei Nichtsprechen der Gesprächspartner, d.h. für Grundrauschen, das sich in jedem Raum zeigt. Einem Zeitintervall wird der Wert 0 = Pause zugewiesen, wenn die addierten Impulswerte bei allen 4 Kanälen unter dem kritischen Schwellenwert liegen. Übertrifft die Impulszahl auf einem Kanal den kritischen Schwellenwert, so wird dem Intervall der Wert 1 (Gesprächsteilnehmer 1), 2 (Gesprächsteilnehmer 2), 3 (Gesprächsteilnehmer 3) oder 4 (Gesprächsteilnehmer 4) zugewiesen, je nachdem, um welchen Kanal es sich handelte. Übertrifft die Impulsanzahl auf zwei oder mehreren Kanälen den kritischen Schwellenwert, so wird der als Sprecher identifiziert, auf dessen zugeordnetem Kanal die Impulsanzahl am höchsten ist. Auf die Erfassung gleichzeitigen Sprechens wird damit verzichtet. Eine genaue Erfassung gleichzeitigen Sprechens würde solche Anforderungen an die Aufnahmebedingungen stellen, daß eine extrem künstliche Situation entstehen würde. Der Verzicht auf die Erfassung gleichzeitigen Sprechens wird dadurch erleichtert, daß es sehr selten vorkommt. Bei dem, was vom Zuhörer subjektiv als gleichzeitiges Sprechen wahrgenommen wird, handelt es sich oft um ganz kurzfristig wechselndes Reden, wie die Inspektion bei den 0,25-s-Intervallen ergibt.

Durch den Prozeß der Datengewinnung ist der lineare zeitliche Verlauf des Sprechverhaltens der Interviewpartner in einer Zustandskette von Reden (1, 2, 3, 4) und Schweigen (0) abgebildet.

Bei dem Verfahren werden auch nichtsprachliche lautliche Äußerungen, wie z.B. Räuspern, Seufzen, Husten usw. erfaßt. Dies sehen wir als unproblematisch an. Eine Störquelle stellt oftmals das

Herumspielen an den Mikrophonen dar, das v.a. für Kinder sehr verlockend erscheint.

Insgesamt gesehen ist die Aufnahmetechnik ein wenig "invasives" Verfahren, so daß wir bei unseren Aufnahmen keine sonderlich künstliche Situation erzeugen. Abgelehnt wird jedoch gelegentlich das Aufnehmen aus prinzipiellen Gründen, die hier beim heutigen Stand der Datenschutzdiskussion nicht bewertet werden sollen.

KENNWERTE DES SPRECHVERHALTENS

Auch hier soll exemplarisch das Vorgehen bei Vierpersonenkonstellationen beschrieben werden.

Durch den Prozeß der Datengewinnung ist das Sprechverhalten der Gesprächspartner in einer Zustandskette abgebildet - im linearen Zeitverlauf - mit Zahlen von 0, 1, 2, 3, 4, die als Grundlage für die weitere Analyse dient. Für ein Gespräch von 60 min Länge liefert das automatische Sprachanalyseverfahren eine Zustandskette von 14400 Einheiten. Eine Aufschlüsselung dieser Einheiten nach bestimmten Ereignissen ist notwendig, um die Häufigkeit dieser Ereignisse als Kennwerte für das untersuchte Gespräch, bzw. für Abschnitte, zur Verfügung zu haben.

Häufigkeit der Einzelergebnise

Summiert man die Ereignisse 0, 1, 2, 3, 4 getrennt auf, so erhält man die Schweigezeit d0 in dem Gespräch, und die Redezeiten d1, d2, d3, d4 der Personen 1, 2, 3, 4.
Durch Normierung auf die Gesprächsdauer d=d0+d1+d2+d3+d4 erhält man die prozentualen Anteile.

Matrix der Übergänge 1. Ordnung

Hier werden 2 nacheinanderfolgende Einheiten als Ereignisse betrachtet und festgestellt, wie oft welche Zustände aufeinanderfolgen. Es ergibt sich eine dyadische Übergangsmatrix (Tabelle 1).

Tabelle 1. Matrix der Übergänge 1. Ordnung

	0	1	2	3	4
0	h_{00}	h_{01}	h_{02}	h_{03}	h_{04}
1	h_{10}	h_{11}	h_{12}	h_{13}	h_{14}
2	h_{20}	h_{21}	h_{22}	h_{23}	h_{24}
3	h_{30}	h_{31}	h_{32}	h_{33}	h_{34}
4	h_{40}	h_{41}	h_{42}	h_{43}	h_{44}

Dabei bedeutet z.B. h_{12} die Häufigkeit, mit der Person L_2 direkt nach Person L_1 redet. Insgesamt ergeben sich (4+1) = 25 Häufigkeiten.

Ist man nur an Wechseln der Redeführung interessiert, so reduziert sich die Matrix auf (Tabelle 2):

Tabelle 2. Reduzierte Matrix der Übergänge 1. Ordnung

	1	2	3	4
1	X	h_{12}'	h_{13}'	h_{14}'
2	h_{21}'	X	h_{23}'	h_{24}'
3	h_{31}'	h_{32}'	X	h_{34}'
4	h_{41}'	h_{42}'	h_{43}'	X

Diese Matrix enthält nur noch 4 (3) = 12 Häufigkeiten.
Durch Vergleich der beiden Matrices kann man feststellen, wie

viele Wechsel von Person L_1 zur Person L_2 direkt stattfanden oder nach einer Pause. Es werden alle Pausen $\leq$ 0,25 s erfaßt. Diese Grenze ist durch die Aufnahmebedingungen gesetzt. Ist man nicht an allen (Rede-)Pausen interessiert, sondern an Schweigepausen, so muß man offensichtlich die Grenze höher setzen. Die Häufigkeitsverteilung der Pausen nach ihrer Länge ist meist negativ j-verteilt und liefert damit kein Entscheidungskriterium. Wir haben die Grenze bei 2 s gezogen und betrachten alle Pausen $\geq$ 2 s als Schweigen. Dies ist eine subjektive Entscheidung. Inhaltlich wäre die Bedeutung von Pausen nur über ein Fremdrating zu qualifizieren.

Matrix der Übergänge 2. Ordnung

Will man Triaden von Statements erfassen, so empfiehlt sich ein Verzicht auf Aufschlüsselung danach, ob die Wechsel direkt oder nach einer Pause bzw. Schweigen stattfanden, weil sonst die Zahl der betrachteten Konstellationen sehr hoch ist. Man erhält dann 36 Triaden (Tabelle 3):

Tabelle 3. Matrix der Übergänge 2. Ordnung

h'_{121}	h'_{212}	h'_{312}	h'_{412}
h'_{123}	h'_{213}	h'_{313}	h'_{413}
h'_{124}	h'_{214}	h'_{314}	h'_{414}
h'_{131}	h'_{231}	h'_{321}	h'_{421}
h'_{132}	h'_{232}	h'_{323}	h'_{423}
h'_{134}	h'_{234}	h'_{324}	h'_{424}
h'_{141}	h'_{241}	h'_{341}	h'_{431}
h'_{142}	h'_{242}	h'_{342}	h'_{432}
h'_{143}	h'_{243}	h'_{343}	h'_{434}

Probleme der adäquaten Differenzierung

Die oben beschriebenen Kennwerte sind schon sehr zahlreich. Das Vorgehen führt bei größeren Mehrpersonenkonstellationen noch zu weitaus mehr Ereigniskonfigurationen, obgleich nur relativ einfache Kommunikationsmuster erfaßt werden. Dies führt zu dem Problem, daß die Fülle der unterschiedenen Ereignisse unübersichtlich und bei einer feineren Ausdifferenzierung so selten wird, daß sie nur bedingt als Kennwerte geeignet sind.
Dieses Problem taucht oft bei Konfigurationsfrequenzen auf (vgl. Lienert 1978).
Eine Lösungsmöglichkeit besteht darin, zu agglutinieren (vgl. Lienert 1978), indem man Gesprächsteilnehmer nach interaktiven Gesichtspunkten gruppiert und zu Subsystemen zusammenfaßt. Inhaltlich sprechen wir von Monologen, Dialogen und Trilogen. Dadurch gelangt man zu einer massiven Reduktion der Zahl der betrachteten Kennwerte, gleichzeitig unter Beibehaltung wichtiger Differenzierungen.

Die gelegentlich vorgenommene Reduktion der Häufigkeitsvariablen in Interaktionschronographie durch Faktorenanalyse ist sehr problematisch, da die Variablen teilweise linear voneinander abhängig sind. Bei der Interpretation der Faktorenstruktur ist man meist nicht sicher, ob man Redestile gefunden hat oder lediglich triviale Verknüpfungen interpretiert.

Eine Analysemöglichkeit der Kennwerte, die zu einer prägnanten Charakterisierung des Interaktionsverlaufs führt, besteht darin, in Konfigurationsfrequenzanalysen der Kennwerte einer Stunde im Vergleich mit hypothetisch erwarteten Häufigkeiten Asymmetrien bzw. bevorzugte Interaktionsverläufe herauszuarbeiten: Durch das Auffinden von Assymetrien in Konfigurationsfrequenzanalysen können bevorzugte Interaktionsabläufe/-muster herausgearbeitet werden, indem man reale und hypothetisch zu erwartende Häufigkeiten miteinander vergleicht.

ERGEBNISSE ZUR AUSWERTUNGS- UND PARALLELTESTRELIABILITÄT DER AUTOMATISCHEN SPRACHANALYSE

Um die Zuverlässigkeit der automatischen Sprachanalyse zu überprüfen, wurden von 8 Sitzungen einer Familientherapie, an denen neben der Therapeutin die Mutter, Tochter und der Sohn teilnahmen, Textprotokolle angefertigt. Aus den Textprotokollen wurden für insgesamt 83 Fünfminutenabschnitte die Wortanzahl der Beteiligten, die Statementanzahl und die Häufigkeiten der verschiedenen Redewechsel ermittelt. Dieselben Fünfminutenabschnitte wurden auch der automatischen Sprachanalyse unterzogen und die entsprechenden Werte ermittelt. Die automatische Sprachanalyse wurde außerdem wiederholt, um die Reliabilität des Verfahrens zu überprüfen. Die Tabelle 4 enthält die Zusammenstellung der Ergebnisse.

Die Reliabilität der automatischen Sprachanalyse liegt bei den untersuchten Variablen zwischen .964 und .999. Das Verfahren der automatischen Sprachanalyse erweist sich damit als sehr objektiv. Eine Personenabhängigkeit der Reliabilität ist nicht anzunehmen, sondern nur eine Konstellationsabhängigkeit.

Die Korrelation der automatisch ermittelten Redezeiten der Beteiligten mit dem aus dem Textprotokoll ermittelten verbalen Output, der in Worten gemessen wurde, liegen zwischen .95 und .99. Trotz der hohen Korrelation zwischen Redezahl und Wortanzahl zeigen sich Unterschiede in der Redegeschwindigkeit. Diese liegt bei der Tochter durchschnittlich bei 5,43 Worten/s, während sie beim Sohn bei 3,91/s durchschnittlich liegt. Obgleich die Redegeschwindigkeit sehr unterschiedlich ist, zeigen jedoch die hohen Korrelationen bei den Beteiligten, daß die Redezeit durch die automatische Sprachanalyse sehr zuverlässig erfaßt wird.

Weiterhin wurde die automatisch registrierte Anzahl der Statements der Beteiligten mit der aus den Textprotokollen ermittelten Anzahl der Statements verglichen. Bei der automatischen Analyse war ein Statement definiert als lautliche Äußerung eines Gesprächsteilnehmers, die durch keine lautliche Äußerung eines an-

Tabelle 4. Vergleich formaler Sprachvariablen aus der automatischen Sprachanalyse und dem Textprotokoll über 83 Fünfminutenabschnitte; Th Therapeutin, So Sohn, To Tochter, Mu Mutter. (Aus: Brähler u.Overbeck 1981)

Textprotokoll	$\bar{x}$	s	Automatische Analyse	1. Auswertung $\bar{x}$	1. Auswertung s	2. Auswertung $\bar{x}$	2. Auswertung s	Reliabilität	Formale Validität
Worte Th	160.42	75.53	Rededauer Th	161.88	78.88	162.51	78.22	.997	.95
Worte So	202.11	207.51	Rededauer So	206.69	199.18	206.74	198.57	.999	.97
Worte To	262.77	185.34	Rededauer To	193.68	148.04	193.71	147.44	.999	.97
Worte Mu	352.22	169.97	Rededauer Mu (jeweils in 0,25 s)	333.92	182.60	331.75	182.50	.999	.97
Statementanzahl Th	30.88	9.07	Statementanzahl Th	32.74	10.23	32.61	9.95	.979	.86
So	25.41	20.82	So	30.98	21.24	30.87	21.21	.994	.96
To	29.60	15.88	To	30.69	17.12	31.10	17.22	.991	.92
Mu	37.98	12.91	Mu	40.52	12.65	40.49	12.70	.991	.84
Redewechsel			Redewechsel						
Th/So	8.80	8.36	Th/So	10.19	8.84	10.27	8.90	.987	.95
Th/To	10.27	9.30	Th/To	10.35	10.07	10.52	10.16	.991	.97
Th/Mu	11.77	8.14	Th/Mu	11.99	8.48	11.63	8.57	.981	.93
S/Th	8.13	7.55	S/Th	9.58	8.69	9.52	8.45	.985	.95
S/To	5.13	4.86	S/To	6.53	5.38	6.57	5.32	.964	.79
S/Mu	12.01	11.51	S/Mu	14.57	11.90	14.57	11.73	.984	.95
To/Th	10.82	9.31	To/Th	11.00	10.46	10.98	10.39	.991	.95
To/So	4.65	4.50	To/So	5.86	4.99	5.83	5.18	.962	.78
To/Mu	14.35	9.92	To/Mu	13.71	9.32	14.02	9.54	.987	.92
Mu/Th	11.98	8.26	Mu/Th	11.95	9.31	11.92	9.24	.986	.93
Mu/So	11.92	11.31	Mu/So	14.68	12.15	14.52	11.93	.987	.95
Mu/To	14.27	10.12	Mu/To	13.52	13.34	13.75	9.66	.984	.93

deren unterbrochen wurde. Wechselpausen werden bei dieser Definition dem vorangegangenen Statement zugerechnet. Die Korrelation der auf verschiedene Arten ermittelten Anzahl der Statements liegt zwischen .84 und .96. Ein Vergleich der Mittelwerte von beiden Auswertungen zeigt, daß bei der automatischen Auswertung tendenziell eher mehr Statements erfaßt werden. Die Differenzen sind jedoch sehr gering. Bei den verschiedenen Redewechseln, die gleichfalls sowohl aus dem Textprotokoll als auch aus der automatischen Sprachanalyse ermittelt wurden, liegen die Korrelationen zwischen .78 und .97. Auch hier zeigen sich bei den Mittelwerten nur geringfügige Differenzen. Bei der Höhe dieser Korrelation ist zu bedenken, daß die Erstellung des Textprotokolls teilweise mit Fehlern bei der Wiedergabe, v.a. bei schnell aufeinander folgenden Redewechseln, behaftet sein kann.

Insgesamt zeigen die Ergebnisse, daß das Verfahren der automatischen Sprachanalyse mit sehr hoher Zuverlässigkeit die Redeanteile der Beteiligten erfaßt und damit auch die Schweigezeiten. Darüberhinaus wird auch die Statementanzahl und die Zahl der Redewechsel zuverlässig ermittelt. Dies läßt auch den Schluß zu, daß die weiteren untersuchten Kategorien des Sprechverhaltens, die nicht aus dem Textprotokoll ermittelt werden können, durch die automatische Sprachanalyse zuverlässig erfaßt werden, da es sich um Unterkategorien der Redewechsel handelt.

ERSTE VALIDIERUNGSUNTERSUCHUNGEN

Auf speziellere Ergebnisse der Sprachanalyse aus Familienerstgesprächen und Familientherapiesitzungen können wir hier nicht eingehen (vgl. Overbeck et al. 1982). Vielmehr werden wir exemplarisch die Validierung des Verfahrens mit klinisch relevanten Methoden darstellen.

Zu einer Pilotstudie wurden 20 Familienerstgespräche mit einer Therapeutin untersucht, an denen Vater, Mutter und Kind teilnahmen. Die Familien hatten die Familienambulanz des Zentrums für Psychosomatische Medizin aufgesucht wegen Symptomen des Kindes, die im Bereich von Verhaltensstörungen bzw. psychosomatischen Erkrankungen lagen.

Die Kennwerte des automatisch erfaßten Sprechverhaltens wurden mit dem durch Fragebögen erfaßten Kommunikationserleben der 4 Interviewteilnehmer in Beziehung gesetzt.

Für die Eltern, den Therapeuten und das Kind wurde jeweils ein Fragebogen entwickelt mit 47, 46 bzw. 49 Items, die bipolar angelegt und 5stufig skaliert waren. Sie enthalten 3 Gruppen von Items: solche, die die Wahrnehmung des Redeablaufs betreffen (Redeitems)', solche, die den emotionalen Kontakt mit den anderen am Gespräch beteiligten Personen betreffen (Beziehungsitems); sowie solche Items, die die persönliche Befindlichkeit während und unmittelbar nach dem Gespräch betreffen (Items zum Selbsterleben). Die Fragebögen wurden im Anschluß an das Erstgespräch ausgefüllt.

Das Kommunikationserleben ließ sich für alle 4 Personen auf jeweils 5 wesentliche Dimensionen zurückführen. Die Ergebnisse zeigen die inhaltliche Validität der mit der automatischen Analyse des Sprechverhaltens gewonnenen Kennwerte. Insgesamt wiesen 12 von 20 ermittelten Erlebnisdimensionen bedeutsame Beziehungen zum automatisch erfaßten Sprechverhalten auf.
Ferner wurde festgestellt, daß das durch die automatische Analyse erfaßte Sprechverhalten das Kommunikationserleben der Gesprächsteilnehmer überwiegend beeinflußt. Es zeigte sich, daß subjektive Befindlichkeiten im engen Zusammenhang mit Redekonstellationen stehen. Z.B. fühlt sich das Kind entlastet bei großem Redeanteil des Vaters und Dialogen von Vater und Therapeut, während es sich bei hohen Redeanteilen der Mutter und häufigen Dialogen zwischen sich und der Mutter eher belastet fühlt. Derartige Korrelationen verweisen auf therapeutisch-praktische Gesichtspunkte in Therapiesitzungen.

Die 20 Erstinterviews wurden außerdem nach dem Verfahren von Bales (1950) analysiert. Ein Vergleich der Kennwerte nach Bales mit den Kennwerten aus der automatischen Analyse des Sprechverhaltens ergab, daß ein Teil der Balesschen Kennwerte in signifikantem Zu-

sammenhang mit Kennwerten der automatischen Sprachanalyse stehen. Durch diesen Zusammenhang ergibt sich die Frage, ob es weiterhin gerechtfertigt ist, die Balesschen Kategorien als inhaltlich definiert und die Kennwerte des Sprechverhaltens als formal zu betrachten. Dies stellt jedoch ein allgemeines Problem bei allen contentanalytischen Verfahren dar, ebenso wie das Häufigkeit/Intensitätsdilemma (vgl. Brähler 1980).
Eine weitere Validierungsmöglichkeit besteht in dem Vergleich klinisch-kasuistischer Urteile mit den Ergebnissen der Sprachanalyse.

Anhand einer Verlaufsstudie bei der Therapie einer Familie (mit einer an Anorexia nervosa erkrankten Tochter), an der über 11 Therapiestunden lang neben der Therapeutin und der Indexpatientin, deren Mutter und der Bruder teilnahmen, wurde überprüft, ob sich durch die automatische Analyse des Sprechverhaltens Verlaufs- und Entwicklungsaspekte in der Therapie erfassen lassen. Es zeigte sich, daß sich die Veränderungen, die sich klinisch im Verlauf der Therapie vollzogen, durch die automatische Analyse des Sprechverhaltens objektivieren lassen.
Die Ergebnisse der ersten Untersuchungen haben gezeigt, daß sich das Verfahren zur automatischen Analyse des Sprechverhaltens in der Familientherapie bewährt hat.
Damit steht ein objektives, reliables und valides Verfahren zur Verfügung, Forschungsfragestellungen in der Familientherapie nachzugehen.

WEITERES FORSCHUNGSVORGEHEN

Obgleich sich aus den bisherigen Untersuchungen das Verfahren als objektiv, reliabel und valide erwiesen hat, ist von den oben mitgeteilten Ergebnissen keine Verallgemeinerbarkeit zu erwarten wegen der geringen Stichprobengrößen und der Beteiligung nur einer Therapeutin. Vielmehr handelt es sich zunächst im Sinne der Aktionsforschung um die Selbstkontrolle der Therapeutin durch einen

Forschungsansatz. Bei einem momentan durchgeführten Anschlußprojekt wird eine Kontrolle des Therapeutenverhaltens zur Ermittlung besserer Therapiestrategien angestrebt. Untersucht wird auch der Einfluß der Rückmeldung der Forschungsergebnisse auf das Therapeutenverhalten im 2. Untersuchungsabschnitt, um zu überprüfen, ob die Rückmeldung einen positiven Einfluß bei Therapien erwarten läßt.
Als weitere unabhängige Variablen wurden auch das Geschlecht des Kindes, sowie als Kovariable die Beziehungsstruktur der Eltern und die Art der Störung des Kindes berücksichtigt.
Ein besonderes Augenmerk gilt auch dem Prozeßverlauf der Interaktion innerhalb von Therapiestunden, der mittels faktorenanalytischer P-Technik über Fünfminutenabschnitte erfaßt werden soll.

Die automatische Analyse des Sprechverhaltens ist jedoch nicht nur ein rein quantitatives Verfahren. Analog des Symptom-Kontext-Verfahrens von Luborsky u. Auerbach (1969) soll versucht werden zu erfassen, von welchen Interaktionsabfolgen Schlüsselszenen der Interviews begleitet bzw. angekündigt werden.

Literatur

Angermeyer NC, Hecker H (1980) Communication patterns in normal and disturbed families. Paper presented at the XXX International Conference on Communication, Acapulco
Angermeyer MC, Schwoon DR, Richartz M (1979) Krankheit und Familie. Selbst- und Fremdwahrnehmung von Eltern Schizophrener und somatisch Kranker im Gießen-Test. Nervenarzt 50:725
Bales RF (1950) Interaction process analysis. Addison-Wesley,Cambridge
Brady PT (1968) A statistical analysis of on-off-patterns in 16 conversations. Bell Syst Techn 47:73-91
Brähler E (1976) Die automatische Analyse des Sprechverhaltens in psychoanalytischen Erstinterviews mit der Gießener Sprachanalyseanlage. Med. Dissertation, Ulm
Brähler E (1980) Untersuchungsmethoden der klinischen Interviewforschung. Psychother Med Psychol 30:206-211
Brähler E, Overbeck A (1981) Die Erfassung der Interaktion in familientherapeutischen Sitzungen durch die automatische Analyse des Sprechverhaltens. Med Psychol 7:79-94
Brunner EJ (1982) Zur Analyse von Interaktionsstrukturen im Fami-

liensystem. Prax Kinderpsychol Kinderpsychiatr 31:300-307
Chapple ED (1939) Quantitative analysis of the interaction of individuals. Proc Acad Sci US 25:58-67
Chapple ED (1940) Measuring human relations: an introduction to the study of the interaction of individuals. Genet Psychol Monogr 22:3-147
Chapple ED (1953) The standard experimental (stress) interview as used in interaction chronograph investigations. Hum Organ 12: 23-32
Gerver D, Dineley G (1972) ASPA: Automatic speech-pause analyzer. Behav Res Methods Instrum 4:265-270
Goldman-Eisler F (1968) Psycholinguistics. Academic Press, London New York
Gurman AS, Kniskern DP (1978) Research on marital and family therapy: progress, perspective and prospect. In: Garfield SL, Bergin AE (eds) Handbook of psychotherapy and behavior change. Wiley, New York Toronto, pp 817-901
Hargreaves WA, Starkweather JA (1959) Collection of temporal data with the duration tabulator. J Exp Anal Behav 2:179-183
Jaffe J, Feldstein S (1970) Rhythms of dialogue. Academic Press, New York London
Kasl SV, Mahl GF (1956) A simple device for obtaining certain verbal activity measures during interviews. J Abnorm Psychol 53:388-390
Lienert GA (1978) Verteilungsfreie Methoden in der Biostatik, Bd 2, 2. Aufl, Hain, Meisenheim
Luborsky L, Auerbach AH (1969) The symptom-context method: Quantitative studies of symptom formation in psychotherapy. J Am Psychoanal Ass 17:68-99
Matarazzo JD, Saslow G, Guze SB (1956) Stability of interaction patterns during interviews: A replication. J Cons Clin Psychol 20:267-274
Mattejat F, Wiesse J (1983) Zur Untersuchung familienpathologischer Aspekte mit der Interaktionschronographie - Eine Erkenntnisstudie -. Z Klin Psychol 12:94-112
Norwine AC, Murphy OJ (1938) Characteristic time intervalls in telephonic conversation. Bell Syst Techn 17:281-291
Overbeck A, Brähler E, Klein H (1982) Der Zusammenhang von Sprechverhalten und Kommunikationserleben im familientherapeutischen Interview.Prax Kinderpsychol Kinderpsychiatr 31:125-143
Ramsey RW, Law LN (1966) The measurement of duration of speech. Lang Speech 9:96-102
Scheer JW (1975) Untersuchungen zur Struktur psychotherapeutischer Gruppen. Phil. Dissertation, Gießen
Verzeano P, Finesinger JE (1949) An automatic analyzer for the study of speech in interaction and in free association. Science 110:45-47
Wirsching M (1978) Krankheit und Familie - Eine empirische Untersuchung der psychologischen und sozialen Dimensionen chronischer körperlicher Krankheiten im Jugendalter. Habilitationsschrift, Heidelberg

Teil III. Einzelne methodische Verfahren

Kriterien zur Wahl der Interviewtechnik in der Familientherapie

M. Bosch

ORGANISMISCH-HOLISTISCHES PARADIGMA UND FAMILIENTHERAPIE

Familientherapie ist Systemtherapie. In ihrem eigentlichen Sinn basiert sie auf dem organismisch-holistischen Paradigma, wie es wissenschaftstheoretisch in jüngster Zeit zunehmend in der Literatur beschrieben wird (Maturana 1970, 1979; Varela et al. 1974; Capra 1975, 1981; Guntern 1980; Bosch 1983a,b). Insofern bedingt die Familientherapie eine völlig andere Wahrnehmungsorganisation und Denkstruktur, als in unserer westlichen Kultur üblich. Wir sind geprägt durch das jahrhundertelang vorherrschende dualistisch-reduktionistische Paradigma; wir denken in der Regel fragmentiert, kausal-linear, und unsere Sprache ist ebenso aufgebaut. Schon allein dadurch ist es schwierig, die völlig neuen Sichtweisen der Familientherapie einem Leser ansatzweise zu übermitteln. Haley setzte sich seit 1971 in vielen Schriften dafür ein, daß dieses Andersartige in den bestehenden Institutionen und Universitäten nicht sofort übersehen wird und untergeht. Die Einführung von Familientherapie führt in der Praxis einer etablierten Insti-

Interaktion in der Familie
Herausgegeben von E. J. Brunner

tution stets zu erheblichen Beunruhigungen. Der Versuch, sie auf die üblichen "ungefährlichen" Formen dualistisch-reduktionistischer Organisation zu reduzieren und mit solchen auf eine Ebene zu stellen, wird auch in Deutschland verständlicherweise von den etablierten Psychotherapierichtungen genauso wie etwa den Psychiatrien mit Macht betrieben (vgl. den Psychotherapiegesetz-Entwurf der Bundesrepublik Deutschland, in dem Familientherapie den Einzeltherapiemethoden zugeordnet wurde, linear zur Arbeit mit Einzelnen, Paaren und Gruppen).

Eine tatsächlich auf dem organismischen Paradigma beruhende Familientherapie befindet sich in Übereinstimmung mit den neuesten Erkenntnissen der Physik. Sie betrachtet heute als gesichert, daß es kein noch so kleinstes festes Partikel (Materie) gibt, sondern lediglich Energie aufgrund von dauernd vor sich gehenden aktiven Prozessen von Beziehungen und Mustern von Beziehungen zwischen diesen Prozessen. An allen Berührungsflächen, den Kontaktgrenzen, führt eine ständige vergleichende Auseinandersetzung zu dauernder Fluktuation und innerem Ausbalancieren aller Teilprozesse im Sinne zahlreicher multifaktorieller Homöostasen in jeder Systemeinheit. Diese Auseinandersetzungsprozesse mit dem Ergebnis der Anpassung und/oder der Evolution breiten sich stets im Gesamtsystem aus und führen somit zu ständiger Veränderung und Erneuerung (Capra 1981; Varela 1981; Pribram 1981; s. hierzu auch Bosch 1983b).

Alle familientherapeutischen Konzepte, die auf diesem Paradigma beruhen, beziehen Aspekte der Selbstorganisation von Systemeinheiten ein: Implizit in Setting und Behandlungsaufbau z.B. die Mailänder Schule; implizit und explizit z.B. Minuchin (1977); in Setting, Intervention sowie Schulung der Familie und ihrer Mitglieder z.B. Satir (1973) und McClendon (1979). Das Besondere des entwicklungsorientierten Ansatzes Satirs ist dabei die Anbindung an das Selbstwertgefühl der Einzelperson und - über die Besserung der Symptomatik hinausgehend - die angestrebte Befähigung zur eigenverantwortlichen Weiterentwicklung (Satir 1973, 1975).

Struktur und Entwicklung widersprechen sich im organismischen Paradigma nicht, auch wenn dies bisweilen in der familientherapeutischen Literatur so erscheint (Bosch 1983b). Ein Familientherapeut kann an jedem Punkt im System beginnen und seinen Schwerpunkt des Vorgehens wählen (Bosch 1977, Ansätze der entwicklungsorientierten Familientherapie. Einführung in die systemzentrierte Form oder Phase und ihre Weiterentwicklung. Unveröffentlichte Dissertation, Universität Frankfurt). Die Modelle der familientherapeutischen Strategien sind aus den genannten Gründen vielfältig und für Außenstehende/Anfänger oft verwirrend. Mein Beitrag soll Orientierungshilfen aufzeigen.

GRUNDLAGEN ZUR DIAGNOSEERSTELLUNG

Den wissenschaftstheoretischen Rahmen und die Grundlagen zur Diagnoseerstellung für das strukturell-orientierte, das entwicklungs-orientierte und das Mailänder Modell habe ich an anderer Stelle zusammengetragen (Bosch 1983b; vgl. auch 1983a). Sie werden hier nur kurz angerissen. Im folgenden soll der Schwerpunkt auf Hinweisen zum Aufbau des Erstinterviews und zur Überprüfung allgemeiner Hypothesen für die rasche Wahl von Interventionstechnik und Behandlungsaufbau des Familientherapeuten liegen.

Einbeziehung der Therapeutenpersönlichkeit

Jeder Behandlung und Wahl der Interventionsrichtung in der Familientherapie geht eine Diagnose voraus, die bei jeder Interaktion bestätigt bzw. neu erstellt werden muß. Interaktionseinheiten und -regeln sind dabei als hypothetische Konstrukte des Beobachters aufzufassen (Maturana 1970, S. 5; Riskin 1963, S. 343 ff.;Jackson 1965, S. 589 ff.). Maturana (1979) formuliert noch präziser: "Regelhaftigkeiten sind nicht Merkmale des Systems, sondern unserer Beschreibung."

Der Therapeut ist stets Teil des therapeutischen Systems. Er muß daher laufend in die Diagnose einbezogen bleiben

- hinsichtlich seiner Vorerfahrung und seines Könnens,
- hinsichtlich seiner spezifischen Wahrnehmungs- und Interpretationsweisen,
- hinsichtlich seiner Persönlichkeit und Vorgeschichte.

Aus den einleitenden Ausführungen ergibt sich, daß Lehren und Lernen von Familientherapie als Prozeß eigene Anforderungen an eine Fachkraft stellt. Ausbildungsleiter stimmen überein, daß Anfänger in Familientherapie erst nach zweijähriger Schulung und bei einer umfangreichen Praxis beginnen, "systemisch" wahrzunehmen, d.h. die Fähigkeit besitzen, gleichzeitige, rückbezügliche, neben- wie übereinandergelagerte und interagierende Vorgänge wahrzunehmen, ohne sich einseitig mit einem Familienmitglied zu identifizieren.

Cleghorn u. Levin (1973) beschreiben Voraussetzungen und Kriterien für Anfänger, Fortgeschrittene und Erfahrene der Familientherapie. Ein Therapeut müsse sich in der Führung von Interviews heimisch fühlen, bevor er die Fähigkeiten entwickeln könne, die der Familientherapie eigen sind. Der beginnende Familientherapeut müsse fähig sein, eine gegenseitige Arbeitsbeziehung mit einem Einzelpatienten oder Klienten herzustellen, bevor er dasselbe mit einer dysharmonischen Familie erlernen kann (Cleghorn u. Levin 1973, S. 440). Die Autoren beschreiben die "Basisfähigkeiten konzeptueller, perceptualer und exekutiver Art, die im Familieninterview benötigt werden und es dem Therapeuten ermöglichen, potentiell erfolgreich mit Familien zu arbeiten, die nicht rigide sind, aber sich unter ungewöhnlichem Streß befinden, ... jedoch noch über ein gutes Repertoire zur Bewältigung von Problemen verfügen und nur wenige sich wiederholende, rigide Muster aufweisen" (a.a.O., S. 441).

Durch die Hilfe eines Therapeuten, der die Grundfähigkeiten erworben hat, würden sich zwar einige Familien ändern, die zuvor über längere Zeit dysfunktionale Verhaltensmuster aufrechterhalten hatten; die Besserung gründe sich jedoch normalerweise auf die Selbstheilungskräfte der Familie und nicht so sehr auf spezifische Veränderungen, die der Therapeut induziert (a.a.O., S. 442). In der Regel sei ein zusätzlich hohes Maß an Ausbildung für Fortgeschrittene notwendig, um mit fixierten, rigiden, unproduktiven und komplizierten transaktionalen Mustern innerhalb einer Familie zurechtzukommen. Weitere Fähigkeiten vollkommen neuer Art wären erforderlich (a.a.O., S. 443). Familientherapeuten müßten Familiensysteme zur Veränderung bringen. Es bestehe ein grundsätzlicher Unterschied, ein "Veränderungsagent" zu sein oder ein Helfer bei menschlichem Leiden. "Verzweifelte Familien regen den Wunsch eines Therapeuten, durch direkte Intervention zu helfen, stark an" (a.a.O., S. 444).

Der fortgeschrittene Therapeut erfasse verläßlich Verhaltensmuster und die Veränderungsfähigkeit der Familie, um Veränderungen planen zu können. Er bilde rasch begründete Hypothesen bezüglich der Wirkung seiner Interventionen und könne die Konzeption seines Behandlungsplanes operationalisieren. Er könne die beobachteten unangepaßten Transaktionsmuster der Familie zum Symptom in Beziehung setzen und dies der Familie aufzeigen. Er erarbeite neue entsprechende Verhaltensweisen und Ergebnisse und übernehme die Kontrolle der unangepaßten Transaktionen und jeglicher dahinter liegender Kräfte in einer Weise, daß die Familie dieser unangenehmen Kontrolle nur durch Veränderungen entkommen könne (a.a.O., S. 443 f.). "Schließlich hat der erfahrene Therapeut die Effektivität seiner Interventionen klar und genau zu überprüfen und sein methodisches Vorgehen zur Erreichung von Änderungen zu untersuchen und mit ihm zu experimentieren; als Kriterium gebraucht er seine Beurteilung, was eine Familie effektiver und mit weniger Mühen vorankommen läßt. ... Er braucht sich nicht mehr auf alte Modelle oder bekannte Arbeitsweisen stützen, er ist frei, jede Familie als einmalig zu sehen" (a.a.O., S. 445 f.).

Auf die Therapeutenpersönlichkeit mit ihren individuellen Mustern, Einschränkungen, Vorerfahrungen, Präferenzen und den im Prinzip gleichen Regeln/(Wert-)Vorstellungen, wie sie die Klientenfamilie aufweist, und auf die mögliche Konfliktübertragung bin ich schon früher eingegangen (Bosch 1977, unveröffentlichte Dissertation, Universität Frankfurt, 1983a; Bosch u. Kohaus 1980). Selbstverständlich sind diese Punkte in der laufenden Diagnose und im Behandlungsplan in der Familientherapie ständig mit zu berücksichtigen.

In den folgenden Ausführungen lehne ich mich an das an, was meine Kollegen und ich am Institut für Familientherapie (Weinheim) in der Ausbildung von Familientherapeuten als besonders hilfreich zurückgemeldet bekamen. Dabei beziehe ich mich auf bereits vorliegende Schriften und hoffe, auch "fortgeschrittenen Familientherapeuten" Orientierungshilfen anzubieten. Ich erhebe weder den Anspruch auf Vollständigkeit, noch stelle ich meine Form der Arbeit mit Familien dar, die aufgrund meines breiten Hintergrundes je nach Familie und Situation sehr unterschiedlich ist.

Kriterien zur Diagnoseerstellung

Um Familien diagnostisch besser erfassen zu können, wurden verschiedene Kriterien erstellt (vgl. etwa Symmetrie und Komplementarität). Ein angehender Familientherapeut muß lernen, streng Inhalt und Prozeß voneinander zu unterscheiden. Der Familientherapeut interveniert nur in bezug auf den Prozeß. Er kümmert sich um den Inhalt lediglich, soweit er ihn als "Vehikel" für seine Interventionen auf der Prozeßebene nutzen kann, etwa, wenn sich alle Familienmitglieder von einem bestimmten Thema angesprochen fühlen, wenn sie an einer Sache beteiligt sind oder für etwas engagiert sind.

Von besonderem Interesse für die strukturelle Analyse eines Familiensystems sind die von Kantor u. Lehr (1975) benannten Methoden des Zugangs ("methods of access") jeder Familie: Raum, Zeit und Energie. Nach diesen Autoren handelt es sich bei jeder dieser Dimensionen um einen Mechanismus, um eine Organisationsfunktion in dem Sinne, daß damit das Erreichen eines bestimmten Ziels kontrolliert werden kann. Was den Kontrollmechanismus "Raum" betrifft, so werden z.B. affektive Ziele wie "nurturance" oder "intimacy" durch Abgrenzung nach außen, aber auch durch Grenzziehungen im Innern des Familiensystems gesichert; über räumliche Komponenten wird die Distanz zwischen den Familienmitgliedern reguliert. In ähnlicher Weise wird der Mechanismus "Zeit" verwendet.

Da diese Kontrollmechanismen "Raum", "Zeit" und "Energie" in gewisser Weise quantitativ erfaßbar sind, ergibt sich somit eine Möglichkeit der Erfassung der Funktionalität vs. Dysfunktionalität von Familiensystemen. Die Mechanismen werden als "Handlungsstrukturen" ("structures of action") verstanden,"as abstract concepts which become tangible in operation" (a.a.O., S. 67).

Zieldimensionen sind "power", "meaning" und "affect". (Ich verwende die englischen Begriffe, weil die deutschen nur eine tendenziöse oder unvollständige Wiedergabe ermöglichen und den Sinngehalt verzerren.) Neben den Kontrollmechanismen sind die Zieldimensionen für mich heute für eine genaue diagnostische Erfassung und für die Gesamtplanung der Therapie unerläßlich. Bei der Wahl des "Vehikels" hilft es mir, wenn ich bei den von der Familie angeschnittenen Themen die Energie prüfe, die von jedem Familienmitglied für dieses Thema investiert wird.

Die Zieldimensionen erlauben eine räumliche Betrachtungsweise: Die Power-Dimension hat im Erleben meist eine Qualität einer Vertikalen (oben/unten; Hierarchie). Die Meaning-Dimension kann mit Diagonalen verglichen werden: ihre Thematik ist Gleichheit und Verschiedenheit, alle Sinnbezüge als Nebeneinander. Die Affektdimension wird eher auf der Horizontalen erlebt und verlangt Partner auf gleicher Ebene. Somit ist für mich von vornherein ausgeschlossen, daß emotionale Themen positiv verarbeitet werden können, wenn zwischen den Familienmitgliedern Power-Konflikte schwelen.

Was mir weiterhin half, ein Instrumentarium für Diagnose und Therapieplanung zu entwickeln, ist die Unterscheidung, die Kantor u. Lehr (1975) zu den jeweiligen Systemeinheiten machen; die Autoren unterscheiden die Gesamtfamilieneinheit, die interpersonale Einheit) und die personale Einheit. Wenn ich einem Familienmitglied zuhöre, prüfe ich, ob es für die Gesamtfamilieneinheit spricht (d.h., sich und die Gesamtfamilie nicht unterscheidet oder für diese - in Abgrenzung gegenüber außen - redet), ob es sich als Teil der Familie fühlt, seine Aussage somit innerhalb der interpersonalen Einheit verstanden werden muß, oder ob es sich als eigenständige Person und Identität, also aus der personalen Einheit heraus äußert. Ein Großteil aller Familienkonflikte, die zu Symptomen bei Einzelnen führen, stammen aus der Unvereinbarkeit der interpersonalen (IE) und der personalen Einheit (PE). So reagiert z.B. die Familie auf PE-Äußerungen eines Pubertierenden häufig mit IE-Forderungen und negiert oder opfert somit die PE ihrer Mitglieder. Ein Teil der schwereren, v.a. psychiatrischen Symptomatiken tritt auf, wenn einem Mitglied die Teilnahme innerhalb der IE von den anderen untersagt wird, es jedoch die Familie nicht verlassen kann oder darf.

ERSTINTERVIEW UND BEHANDLUNGSKONZEPT BEI KINDLICHEM SYMPTOMTRÄGER

Aufbau des Erstinterviews in der Familientherapie

Innerhalb der von mir und meinen Kollegen am Institut für Familientherapie (Weinheim) seit 1975 durchgeführten berufsbegleitenden Fort- und Ausbildungen sind wir dazu übergegangen, folgendes Schema für den Aufbau eines Familienerstgespräches zu vermitteln (Tabelle 1):

Tabelle 1. Schema für den Aufbau eines Familienerstgespräches

Phase	Rolle des Therapeuten	Inhalt
0. Vorbereitung des Therapeuten		a) Erste Daten, erste Hypothesen, Vorgehensüberlegungen (Vorgeschichte der Familie, Vorgeschichte des Therapeuten) b) Persönliche Vorbereitung

1. Kontakt- und Aufwärmphase (sternförmige Kommunikation)	Gastgeber (Raumgeber)	Begrüßung, Bekanntmachen mit Raum und Rahmen Kontakt zu jedem Mitglied individuell und als Familienmitglied im Hier und Jetzt. Erlaubnis geben, Brücken bauen, Fremdheit zu Nähe wandeln, Angst abbauen, Vertrauen aufbauen
2. Strukturerkennungs- und Definitionsphase (netzförmige Kommunikation)	a) Regisseur, Animator (Inhalt) b) Beobachter, Systemanalytiker (Prozeß)	a) Information sammeln Inhalt: Problem, Jetzt, Geschichte Prozeß: Jeder mit jedem; Fördern, was die Systemstruktur sichtbar macht; Joining mit System und dessen Definitionen (nicht beurteilen) auf der Basis der Erwartungen, Bedürfnisse. Keine Veränderungsinterventionen b) Problemdefinition über Umformulierung (vom I.P. zum Familienproblem)
3. Kontraktphase a) Inhaltskontrakt	Vertragspartner	Prüfen: Familiendiagnose, Oberflächenstruktur, Bedürfnisse, Fähigkeiten, tatsächliche Möglichkeiten, Grenzen Erarbeitete Problemdefinition und Zielvorstellung kontraktieren mit jedem Einzelnen als Mitglied der Familie und mit der Gesamtfamilie
b) Rahmenkontrakt		Rahmenbedingungen: Zeit, Ort, Geld, Konsequenzen, Absagen, Zahl der Sitzungen usw.
4. Abschlußphase	Regisseur Vertragspartner Gastgeber	Klares Ende setzen, nichts Neues mehr. Zwischenbilanz (Kontrakt wiederholen, evtl. Sitzungsverlauf, was offen), Rahmenstruktur wiederholen und vervollständigen (Adreßkärtchen). Abschied
5. Auswertungsphase	a) Atemholer b) Kritiker, Entdecker, Planer	a) Therapeut sorgt für sich b) Minimalbericht: Neue Information, Verlauf der Sitzung, Auffälligkeiten Systemskizzen, Diagnose, Kontrakte, erwarteter Therapieverlauf c) Auswertung der Sitzung: z.B. Tonband, Video, Excerpt, mit Beobachter. Konsequenzen für die Therapieplanung? Krisen zu erwarten?

Dieses Schema hat den Vorteil, daß Anfänger der Familientherapie nicht gleich im ersten Gespräch mit der Forderung überlastet werden, eine therapeutische Veränderung erreichen zu müssen (wie dies viele internationale Kapazitäten als nötig ansehen), und trotzdem Hoffnung für die Familie entsteht.

Es ist wichtig, daß der Therapeut sich bewußt für die Arbeit mit dieser Familie entscheidet und den Kontrakt seinem gegenwärtigen Können und Wissensstand anpaßt, sowie die Erwartungen der Familie realitätsentsprechend begrenzt (durch positive Definitionen). Er kann etwa absprechen, auf "Entdeckungsreise" in einem bestimmten Bereich zusammen mit den Familienmitgliedern zu gehen. In keinem Fall sollte er einen Erfolgskontrakt (Zielversprechen) machen.

Allgemeines Konzept für die erste Behandlungsphase

Im Zuge des Durcharbeitens der gesamten bis 1978 verfügbaren Literatur zum Thema Familientherapie wurde mir deutlich, daß sich alle Autoren, mit Ausnahme von Kempler (1975), auf Familien mit kindlichem Symptomträger bezogen. Daraus ergab sich für mich die Annahme, daß Eltern von kindlichen Symptomträgern in wesentlichen Teilen in einer komplementären Beziehungsstruktur miteinander kommunizieren. Dies konnte seither an unzähligen Beispielen bestätigt werden. In diesen Familien findet sich ferner nahezu ausnahmslos das Phänomen der Triangulation. (Unter Triangulation wird das explizite oder implizite Kommunizieren zum Empfänger über eine dritte Person verstanden. So kann z.B. der einzige Kontakt der Ehepartner durch Sorgen und Reden über den Symptomträger gegeben sein. Siehe dazu auch Minuchin 1974; Minuchin u. Fishman 1981; Satir 1973, 1975.) Es bestehen in solchen Familien Unklarheiten und ungelöste Konflikte im Bereich von Macht, Hierarchie und Potentialnutzung. Die Handhabung der Generationsgrenzen ist unklar. Kognitiv bilden einschränkende dualistische Vorstellungen, die sich in mehr oder minder rigiden Regeln und Mustern verfestigten, die Basis. Sobald sich die zentralen Regeln der Einheit Gesamtfamilie und der interpersonalen Einheit den ersten drei Kommunikationsformen in Streßsituationen nach Satir (1975; vgl. auch Bandler et al. 1978) zuordnen lassen - nämlich "placating", "blaming" oder "computing" -, fällt zusätzlich auf, daß diese Familien in Streßsituationen meist mit auf Konstanz gerichteten und konstanzerzwingenden Feedbackschleifen antworten: Die personale Einheit wird gegenüber der interpersonalen Einheit als nachrangig bewertet bzw. völlig geopfert oder gar tabuisiert. Es entwickelt sich dann eine Tendenz zu steigender Reglementierung und Geregeltheit, zu Einengung und Verarmung, welche im Laufe der Zeit immer mehr Aktivitäts- und Lebensbereiche erfaßt.

Gerade umgekehrt weisen Personen und Systeme, die sich entsprechend zu Satirs Streßkommunikationsform "irrelevant" verhalten, sich also weniger durch Regelmäßigkeiten als durch Bewegung und Sprunghaftigkeit auszeichnen, eine starke Tendenz zu variationsprovozierenden Feedbackschleifen auf (s.a. Bosch 1977, unveröffentlichte Dissertation, Universität Frankfurt; Hoffman 1971, S. 294). Hoffman führte die Begriffe konstanzerhaltende und variationsprovozierende Feedbackschleifen ein, als er feststellte, daß die allgemein gebräuchlichen Begriffe "negative und positive Feedbackschleifen" irreführend sind. Jegliche Feedbackschleife wirkt zur gleichen Zeit abweichungsverstärkend und abweichungsbehindernd, je nachdem, welche Systemeinheit betrachtet wird. Beispielsweise kann die Imbalance der Kernfamilie die Balance der Großfamilie fördern (Hoffman 1971, S. 303 f.).

Zusammenfassend kann gesagt werden: Sobald bei kindlichem Symptomträger das Phänomen der Triangulation oder der dauernden Sprunghaftigkeit und Unterbrechung in einer Familie vom Therapeuten beobachtet wird, ist dies ein Hinweis dafür, daß die Dimension "power" in Mitleidenschaft gezogen ist. Die Konflikte können offen und/oder verdeckt sein. Die Generationsgrenzen erscheinen meist verwischt, selten bereichsweise äußerst starr und undurchlässig. Für diese Familien empfehlen wir, die Power-Dimension als Arbeits- und Prozeßebene zu wählen und den Behandlungsaufbau wie folgt zu gestalten:

Das Erstgespräch (s. Tabelle 1) wird mit dem Ziel der Information, Abklärung der Erwartungen, der Systemdiagnose und der Kontrakterstellung geführt. Eine begrenzte Zahl von Sitzungen wird festgelegt, wobei die letzte als Auswertungs- und evtl. Neukontraktierungssitzung verstanden wird.

Die erste (meist einzige) Behandlungsphase wird systemzentriert strukturiert, mit dem Ziel der Umverteilung der Struktur des Systems im Sinne der Etablierung klarer Generationsgrenzen (s. auch Minuchin, strukturelles Modell) und direkter Kommunikation (s. auch Satir 1973, 1975). Der Therapeut führt die Prozesse auf der hierarchischen Ebene (elterliche Macht gegenüber dem Kind). An inhaltlichen Themen werden jene aus den Dimensionen Power, Energie, auch Zeit und Raum, bevorzugt. Bei Themen aus der Meaning-Dimension (Bedeutungs- und Bewertungsfragen) muß der Therapeut auf Manipulationen und Verschleierungstaktiken besonders achten. Themen aus dem emotionalen Bereich sind auf jeden Fall zu vermeiden. Das erfolgreiche Ende des auf das Gesamtsystem allein bezogenen strukturellen Arbeitens kündigt sich in der Regel durch Symptomerleichterung oder Symptomverlust an, durch verläßliches Heraushalten der Kinder aus der elterlichen Paarbeziehung sowie durch seltene Triangulationen. Gleichzeitig zeigen sich ein besseres Selbstwertgefühl aller Familienmitglieder und ein leichterer Umgang mit Verschiedenheit.

Es empfiehlt sich, zur Vermeidung von Abhängigkeiten vom Therapeuten, nach 10, maximal 15 Sitzungen zur Stabilisierung des Neuen Behandlungsintervalle einzulegen. Die Familie erhält so die Chance, ihre Selbstregulierungs- und Selbstheilungskräfte zu erfahren.

Spätere Behandlungsphasen

Sind die genannten Kriterien für den erfolgreichen Abschluß der ersten Behandlungsphase erfüllt, kann sich eine weitere Behandlungsphase zeitlich direkt oder nach einer Pause anschließen. Es geht dann verstärkt um eine weitere Sicherung der Unterschiedlichkeiten und Abgrenzungen (Dimension Meaning) im interpersonalen Bereich, jedoch wird mit dem Elternpaar jetzt zunehmend als Ehepaar gearbeitet.

Die Dimension Affect setzt bereits die Fähigkeit voraus, den anderen zu achten und in seinem So-Sein stehen zu lassen. Sie verlangt einen Austausch der Menschen als gleiche, gleichwertige Personen. Jetzt erst kann verstärkt auf die personale Einheit übergegangen werden, da sie nicht mehr so bedrohlich erlebt wird. Die Integration des Erarbeiteten - insbesondere in getrennten Sitzungen - wird im Gesamtsystem sichergestellt.

Auf den Abschluß jedes Teilschrittes und der Gesamtbehandlung wird in unserem Modell größter Wert gelegt. Je weniger Interaktions- und Inhaltsbereiche in einer Familie durch rigide Muster abgedeckt sind, um so gewinnbringender und rascher arbeiten wir mit entwicklungsorientierten Formen, wie sie insbesondere von Satir (1973, 1975) ausgearbeitet worden sind.

Das beschriebene Konzept reduziert die Zahl vorzeitiger Behandlungsbrüche bei Anfängern erheblich und verhilft ihnen dazu, systemische Abläufe nach und nach besser zu erfassen, auch wenn Anfänger dazu tendieren, sich mit einzelnen Familienmitgliedern zu identifizieren und linear-kausal denken.

GESPRÄCHSFÜHRUNG BEI DER DIAGNOSEERSTELLUNG IM ERSTINTERVIEW

Kennenlernen und Vertrauen schaffen

Geübte Therapeuten können bereits bei der Begrüßung und in wenigen Anfangsinteraktionen sehr viel Information sammeln und überprüfen. Anfänger können jedoch sicher sein, daß alle wesentlichen Phänomene sich in der Familie so oft wiederholen, daß sie auch später genügend Chancen haben, sie zu erfassen. Über die Anfangsphase gibt es in der Literatur ausreichende Beschreibungen, so daß sie nicht besonders ausgeführt werden muß (Haley u. Hoffman 1967; Haley 1971, 1976, 1978; Minuchin 1974; Minuchin u. Fishman, 1981; Minuchin et al. 1967; Satir 1963, 1967, 1972). Wichtig ist lediglich, daß der Therapeut darauf bedacht ist, keine sog. "Veränderungsinterventionen" zu setzen, da die Familie sich danach nicht mehr deutlich genug darstellen dürfte. Beispiele dafür sind: "Ich möchte hier die Regel einführen, daß ..."; "Von jetzt ab läßt jeder den anderen ausreden"; "Bitte sprechen Sie nur, wenn ich Sie auffordere".

Nach jedem mir bekannten Modell der Familientherapie ist es ferner wichtig, daß der Therapeut alle Phänomene positiv aufnimmt oder von einer anderen Seite her positiv ausdrückt (s. in der Literatur unter den Stichworten wie "re-defining", "reframing", "using positives", "putting into a new perspective").

Gestaltung der Fragetechnik

Es ist wichtig, daß der Therapeut kein Familienmitglied zu lange ausläßt und daß er lernt zu bemerken, wenn er jemanden nicht einbezogen oder beachtet hat.

Wir lehren unsere Ausbildungsteilnehmer, mit den verschiedensten Bemerkungen, Fragen, Themen und Interventionen verbal und nonverbal jedes Familienmitglied anzusprechen und zu erreichen, und nennen dieses Vorgehen "Reihum".
Vor allem in der Aufwärmphase, jedoch auch beim Aufbau therapeutischer Bearbeitungsprozesse und im größeren Maßstab über die einzelnen Sitzungen hinweg, ist es notwendig, einerseits die zeitliche Dauer von Gesprächsbeiträgen auszudehnen von Einzelsätzen über Interaktionen bis hin zu Passagen, andererseits die Komplexität des Themas und seine Bedrohlichkeit nacheinander aufzubauen und zu steigern. Man kann nicht mit dem zentralen Tabu beginnen, ohne die Familie zu verlieren. Diesen dosierenden, aufbauenden Akzent des "Reihum" nennen wir "Stockwerksarbeit" und verwenden gern das Synonym des Treppensteigens oder des Bergsteigens zur Verdeutlichung.

Familieneinheiten und Widerstand

Die eben beschriebene Technik des "Reihum" wende ich ebenfalls an, wenn ich sog. "Widerstand" gleich welcher Ausprägung wahrnehme. Ich gehe dabei auf ein bisher sicheres Thema oder Gebiet zurück und erbitte die Stellungnahme eines weiteren Familienmitglieds.
Dazu greife ich methodisch auf die drei Einheiten zurück, aus denen jemand sprechen kann (s. oben). Man kann sich vorstellen, daß es für ein Familienmitglied am wenigsten riskant ist und es am leichtesten die Zustimmung aller anderen Mitglieder erhält, wenn es positiv erlebte Akzente aus der Gesamtfamilieneinheit heraus äußert. Aus der interpersonalen Einheit wird es auch weniger bedrohlich sein zu sprechen, als aus der personalen Einheit heraus, sofern letztere nicht voll akzeptiert ist. Wie leicht es in einer Familie möglich ist, aus allen drei und insbesondere aus der personalen Einheit heraus zu sprechen und gehört zu werden, läßt sich leicht mit dem vergleichen, was bislang oft als "Widerstand" bezeichnet wurde. ("Widerstand" ist eine Beschuldigung, die nur auf die Unzufriedenheit des Therapeuten hinweist und auf seine Unfähigkeit, Einfluß zu nehmen; Kempler 1973, S. 11.) Als Familientherapeut werte ich alles, was ich im herkömmlichen Sinne als "Widerstand" erlebe, als wichtige Systeminformation (das "therapeutische System" - also mich eingeschlossen!). Entsprechend den genannten Einheiten gestalte ich heute meine Fragetechnik und mein "Reihum" verschieden. Es folgen dazu einige kurze Hinweise, die der Leser für sich selbst prüfen und ausprobieren kann.

INTERVIEWTECHNIK GEMESSEN AM SOG. WIDERSTAND

Gesprächsführungstechnik bei erlaubter personaler Einheit

Bemerke ich, daß ein oder mehrere Mitglieder Aussagen aus der personalen Einheit heraus machen, auch wenn die übrige Familie sie nicht annehmen kann, dann stelle ich im "Reihum" ähnliche, zunächst ungefährliche und positive Fragen, d.h. die gleiche Frage an jede Person direkt. Später frage ich zur Wahrnehmung und zur inneren Verarbeitung der Informationen nach den eigenen Gedanken und Reaktionen. Das bedeutet, daß ich hier bei Paaren jeden Partner zu der Paarbeziehung, zu sich selbst, zum Partner und zu seinen inneren Vorgängen fragen kann, ebenso auch die Beobachter bzw. Dritten zu allen Bereichen. Diskrepanzen stelle ich fest und lasse sie zunächst stehen. Ich kann sie als Thema zur Bearbeitung wählen und in einen Teilkontrakt einbauen.

Beispiele

Zur Abklärung des Anliegens der Familie spricht der Therapeut (Th) sofort jedes Familienmitglied (Fm) direkt an:

Th : "Was möchten Sie für sich und Ihre Familie?"

1. Fm : Antwortet meist mit längeren Erklärungen und gebraucht dabei verallgemeinernde Hauptwörter (Hauptbegriffe)

Th : "Sagen Sie mir mit einem Wort, was Sie möchten."

Th : "Was meinen Sie ganz genau, wenn Sie ... (den Hauptbegriff) sagen?"

Mit dieser Frage wendet der Therapeut einen Prozeß, den das Fm in der Vergangenheit zu einem statischen, fixen Begriff reduzierte, zurück in einen aktiven, dynamischen Prozeß. Er kann dies durch die Initiierung einer Interaktion verstärken und sofort direkt erlebbar machen: "Zeigen Sie mir das in Ihrer Familie!"

Der Th wendet sich jetzt an jenes Fm, an das der Hauptbegriff (oft nonverbal) gerichtet war oder auf das er bezogen wurde; er sammelt jetzt Information vom Empfänger dieser Aktivität:

Th : "Wie ist das für Sie?" "Wie erleben Sie das?" "Wie fühlen Sie darüber?" "Wie denken Sie darüber?"

Während der Abklärung der Anliegen jedes Einzelnen in bezug auf die Gesamtfamilie hat der Th Gelegenheit, das Problembewußtsein der Familie zu erweitern. Er definiert dabei individuell dargestellte Probleme um in solche, die die ganze Familie betreffen.

Dies geschieht durch:

- Eine allgemeine Bemerkung, wie z.B.: "Wenn ein Fm leidet, sind alle anderen davon mitbetroffen."

- Hören des Problems und es im "aktiven Zuhören" als schmerzlich, schwierig, bedrückend usw. zurückgeben.

- Auflösen von "wir" in klare Bezogenheit, in "ich" und "du" (Interaktion).

- Hinwendung zu jedem Fm reihum : "Wie betrifft Sie ...".

- Umformulierung, wie: "Diese Familie leidet ..." statt "Karl leidet ...".

- Umwandeln passiver Redeformen in aktive : "Karl scheint/zeigt/ tut ..." statt "Karl leidet/ist ...".
  "Diese Familie möchte ..." statt "Sie alle sind ..."

Neue Verhaltensweisen können hier direkt eingeführt werden.

Th : "Sage das jetzt zu Gerd."

Fm : "Ich getraue mich nicht."

Th : "Was würde passieren, wenn du das zu ihm sagen würdest?"

Fm : "Er würde mich ablehnen."

Th : "Könnte es sein, daß dein Vater dich abgelehnt hätte, wenn du das ('...') zu ihm gesagt hättest?"

Fm : "Oh, der! Das hätte ich mich nicht wagen dürfen. Der hätte mich geschlagen und drei Tage nicht mehr angeschaut!"

Th : "Er hätte dich auf diese Weise abgelehnt. Das muß für dich schlimm gewesen sein. Hier ist Gerd. Er sagte, er wollte das von dir hören, und er wäre erleichtert. Er ist nicht dein Vater. Versuche es jetzt und achte darauf, wie Gerd jetzt reagiert."

Jede Veränderung muß in das Familiensystem integriert werden, da durch sie zunächst das Gleichgewicht gestört ist. Dazu ist es notwendig, jedes Fm Stellung nehmen zu lassen:

"Wie hast du das erlebt? Was bedeutet das für dich? Wie verändert sich dadurch deine Situation? Wie könntest du dich nun anders verhalten, wenn ...?"

"Elke hat erfahren, daß es nicht gefährlich ist zu fragen ... Niemand braucht seine Fragen in dieser Familie selbst beantworten ... Du kannst auch fragen."

"Du kannst ihr sagen, wann du ihr antworten möchtest und wann nicht. Laß uns prüfen, ob das stimmt, was ich sage. Elke, wie ist das für dich, wenn Susanne sagt, sie will dir jetzt nicht antworten? ... Hans, und wie wäre das für dich? ... usw."

In der Regel komme ich in diesen Familien mit einer kurzen Phase strukturellen Vorgehens aus und arbeite fast ausschließlich entwicklungsorientiert. Ich bin als Therapeut und als Person ansprechbar und die Familienmitglieder erhalten Auskunft über meine inneren Gedanken, wenn sie dies wünschen. Sie allein haben die Verantwortung für ihre Therapie.

Fragen bei tabuisierter personaler Einheit

Wenn kein Mitglied Aussagen aus der personalen Einheit macht und meine auf diese zielenden Fragen nur in der interpersonalen Einheit beantwortet werden oder gar regelmäßig eine andere Person als die Angesprochene antwortet, vermeide ich PE-Fragen. Dann frage ich kein Mitglied mehr zu sich oder gar seinen inneren Verarbeitungsabläufen, sondern wesentlich zum Geschehen oder zu beobachtbaren Vorgängen. Am ehesten frage ich alle Familienmitglieder reihum zu dem gleichen beobachtbaren Verhalten eines anderen Mitglieds oder zwischen zwei Personen.

Beispiel

Th zu M : "Ihr Mann sagte gerade, daß Peter frech ist, wenn Sie alle beim Mittagessen sind. Wissen Sie, was er meint?"

M : "Ja, der Peter ist frech und obendrein unausstehlich."

Th : "Was tut der Peter, wenn er frech und unausstehlich ist beim Mittagessen?"

M : "Er macht ...."

Th zu Br : "Du bist auch beim Mittagessen, was beobachtest du, was der Peter tut?"

Br : "Er verhält sich ..."

(Nachdem Th die gleiche Frage allen Mitgliedern gestellt hat, wiederholt er) :

"Wenn Ihr alle beim Mittagessen seid, denken Sie, Frau P., daß der Peter frech und unausstehlich ist, wenn er ... macht, und du denkst das, wenn er sich ... verhält, und du, wenn er .... und Sie, Herr P., denken, daß Peter frech ist, wenn er ..."

(Der Th wendet sich nun erst dem Symptomträger zu) :

"Was erinnerst du, wie du dich verhälst, wenn alle beim Mittagessen sind, Peter?"

P : .....

Th zu P : "Denkst du auch, daß du dann frech bist?" Oder:"Denkst du, daß deine Eltern ... (dieses Verhalten) meinen, wenn sie sagen, du bist frech beim Mittagessen? Oder welches sonst?"

In diesem Sinne verbinde ich mich mit dem System ("joining") und passe mich seinen Gepflogenheiten an. Dabei spreche ich die als Symptomträger genannte Person stets zuletzt an. Zum Schluß wiederhole ich alle Aussagen zu dem gleichen Punkt und lasse diese nebeneinander unkommentiert stehen - also ohne auf Unterschiede und Diskrepanzen hinzuweisen. Hilfreich ist es, daß ich mir genau vorstelle, welche Paarbeziehungen in der Familie bestehen, und darauf achte, daß ich sie alle im Reihum erreiche. Bei bestimmten Themen werde ich die Triaden in gleicher Weise einbeziehen. (Bei einer Paarbeziehung z.B.: Was tut Peter und wie reagiert darauf Liesel? - Bei einer Triadenbeziehung z.B.: Wenn Peter das zu Liesel sagt, was tut dann Erich?)

Fragen bei chronisch rigiden Mustern

Bei schwer psychosomatischer oder psychiatrischer Symptomatik eines oder mehrerer Familienmitglieder, bei schweren chronischen Konflikten, bei diffuser Kommunikation und fast ausschließlichem Sprechen aus der Gesamtfamilieneinheit oder der interpersonalen Einheit, bei ständigem Akzent-, Thema- und Richtungswechsel und bei vielen Hinweisen auf das Phänomen "mind reading" (d.h. einer glaubt zu wissen, was im anderen vorgeht, und nimmt dies als Ursache für sein Verhalten) muß ich annehmen, daß die direkte Kommunikation als zu bedrohlich erlebt wird. In manchen dieser Familien wird dem Symptomträger die Teilnahme an der interpersonalen Einheit nur begrenzt erlaubt.

Wiederum passe ich mich dem System an ("joining" auf der Systemebene), um es noch erreichen zu können. Meine Fragetechnik richtet sich diesmal wesentlich auf Triaden, d.h. ich frage eine dritte Person fast ausschließlich zu zwei anderen. Danach frage ich nach qualitativen Unterscheidungen, wie etwa: "Wer von beiden mehr oder weniger ...". Diese Technik ist klar, sehr detailliert und mit Beispielen versehen von Selvini Palazzoli et al. (1981) dargestellt worden, so daß ich mich im folgenden an diese Ausführungen anlehne.

Die Vorgehensweise der Mailänder Schule

Selvini Palazzoli et al. (1981, S. 134-137) unterscheiden fünf Methoden, "wenn es darum geht, das Symptom zu erforschen":

1. Spezifisches Verhalten unter spezifischen Umständen wird betont.
2. Verhaltensunterschiede werden hervorgeholt, anstatt daß Eigenschaften aufgegriffen werden, "die als für eine bestimmte Person typisch angesehen werden" (a.a.O.).
3. Ein spezifisches Verhalten oder eine spezifische Interaktion wird durch verschiedene Familienmitglieder eingestuft.

4. Auf Veränderungen im Beziehungsverhältnis vor und nach einem bestimmten Ereignis wird eingegangen.
5. Unterschiede in bezug auf hypothetische Situationen werden festgestellt.

Selvini Palazzoli et al. halten fest, daß sie jeweils alle diese Methoden anwenden, auch schon in der ersten Sitzung. Es geht in allen fünf angedeuteten Vorgehensweisen darum, an Informationen über das Familiensystem heranzukommen. Statt in eine langweilige Aufzählung symptomatischer Verhaltensweisen verstrickt zu werden, ziehe es der Therapeut vor, das Interview mit der Familie dahin zu lenken, herauszufinden, "wie jedes Familienmitglied auf das Symptom reagiert" (a.a.O., S. 135).
Der Therapeut folge dabei dem triadischen Modell, "indem ein Familienmitglied aufgefordert wird, zu beschreiben, wie ein anderes auf das Symptom reagiert und wie ein drittes auf diese Reaktion reagiert" (a.a.O.).

Die Vorgehensweise der Mailänder Schule wird jeweils an kurzen Fallbeispielen demonstriert, von denen ich hier eines zitieren möchte:

"Das folgende Beispiel ist ein Ausschnitt aus einer ersten Familientherapiesitzung mit einer Familie mit einem anorektischen Sohn, Marcello.

Therapeut (zu Ornella, seiner Schwester): Wenn deine Mutter versucht, Marcello zum Essen zu bewegen, und er die Nahrung verweigert, was tut dann dein Vater?
Ornella: Eine Zeitlang hält er sich zurück, aber dann wird er langsam wütend und beginnt zu schreien.
Therapeut: Wen schreit er an?
Ornella: Marcello.
Therapeut: Und wenn er Marcello anschreit, was tut dann deine Mutter?
Ornella: Sie wird über Papa wütend. Sie sagt, er ruiniere alles, er habe keine Geduld und er mache alles nur noch schlimmer.
Therapeut (zum Vater): Und was macht Ornella während diesen ganzen Vorgängen?
Vater (indem er seine Tochter in offener Bewunderung anlächelt): Sie ißt einfach weiter, als ob nichts geschehen wäre." (a.a.O., S.135 f.)

Eine weitere wichtige Methode der Informationsgewinnung sehen diese Autoren darin, "mit der Befragung der Subgruppen zu beginnen" und damit eine "schrittweise Erweiterung des Beobachtungsfeldes zu erreichen" (a.a.O., S. 136). Ich zitiere auch hiervon das Beispiel der Autoren. Neben der schrittweisen Befragung wird hier übrigens noch einmal die Anwendung der eben genannten Befragungsmethoden demonstriert.

"Ein junges Ehepaar mit zwei Söhnen, Paolo und Alessandro, 6- und 4jährig, wandte sich wegen Erziehungsschwierigkeiten mit Paolo an unser Zentrum. In den Wochen vor der vereinbarten Sitzung hatte sich seine Unartigkeit ins Unerträgliche gesteigert; er hatte eine Überschwemmung im Haus veranstaltet, Nägel in ein wertvolles Möbelstück geschlagen, und anderes mehr.

Während der Teambesprechung vorgängig zum ersten Familiengespräch beschlossen wir, mit den verschiedenen Subgruppen beginnend die familiären Beziehungsverhältnisse unter die Lupe zu nehmen. Sollte, wie das oft der Fall ist, der Vater den ganzen Tag beruflich abwesend und die Mutter während dieser Zeit mit den Kindern zu Hause sein, würden wir mit der Untergruppe Mutter-Kind beginnen. Dabei wollten wir nach der soeben beschriebenen Befragungsmethode vorgehen:

1. in Begriffen von Unterschieden:

   Therapeut (zum Vater): Wer ist anhänglicher an die Mutter, Paolo oder Alessandro?

2. in Begriffen von spezifischem Interaktionsverhalten unter spezifischen Umständen:

   Therapeut: Paolo, wenn du Alessandro wütend machst, was tut dann deine Mutti? Alessandro, wenn du Paolo wütend machst, was tut deine Mutti dann?

Immer unter Beibehaltung dieses Konzepts wollten wir dann auf die ganze Familie übergehen.

   Therapeut: Wenn euer Papi abends zu Hause ist, ist Paolo dann unartiger zu Mutti oder ist er lieber zu ihr? Wenn er böse zu Mutti ist, was macht dann der Papi? usw." (a.a.O.).

Wenn ich die Techniken der Mailänder Schule anwende, unterbinde ich Interaktionen in der Familie nonverbal und halte die sternförmige Kommunikation über das gesamte Interview hinweg aufrecht. In diesem Fall bin ich nur Interviewer. Ich schaffe durch Art, Auswahl und Reihenfolge meiner Fragen eine aufmerksame Atmosphäre und nehme alles an, was gesagt wird und geschieht, um es evtl. später unbedingt positiv zu deuten, etwa innerhalb einer Verschreibung.

Die Vorgehensweise von Satir

Satir (1973, 1975) geht ebenfalls triadisch vor, jedoch nie nur verbal. Sie läßt das, was gesagt wird, körperlich im Raum darstellen. Zunächst läßt sie das Familienmitglied, von dem gesprochen wird, aufstehen und bringt es in eine Körperhaltung, die dieser Aussage entspricht und als stimmig bestätigt wird.

Satir fragt dann jedes Familienmitglied:
"Während er/sie so steht und sagt '....' und sein Gesicht dabei so aussieht, bist du wo? ... und tust was? ... und sagst was? ... und wer ist noch da? ... und was tut/sagt der?"

Jede Person wird von Satir entsprechend gestellt, wodurch sie den Prozeß erheblich verlangsamt. Sie läßt die Diskrepanzen deutlich auf allen Ebenen erleben, ohne sie verbal aufzuzeigen, und fragt dann das nächste Familienmitglied, ob es das genauso beobachtet usw. Satir wiederholt wiederum jegliche Unterschiede, indem sie diese nebeneinanderstellt.

Zu diesem Zeitpunkt hat sie gewöhnlich so viel Vertrauen hergestellt, daß sie auch die Personen zu sich selbst befragen kann. Häufig akzentuiert sie nun, was jemand innen fühlt/denkt, nach außen tut/sagt, und macht es so im Zusammenhang mit dem Selbstwertgefühl "menschlicher".

Ein Interview Satirs mit einer Familie mit schizophrener Symptomatik, das jedoch diese Verdeutlichung und Verlangsamung über das Medium der Skulptur nicht enthält, ist mit ausführlichen Kommentaren durch Haley und Satir abgedruckt in Haley u.Hoffman (1967).

Wichtig erscheint mir, daß ich in diesen Familien strikt darauf achte, nur positive Worte zu verwenden und als Therapeut stark strukturiere. Ich lasse Interaktionen nach dem alten Muster zwischen den Familienmitgliedern kaum zu.

Literatur

Bandler R, Grinder J, Satir V (1978) Mit Familien reden. Gesprächsmuster und therapeutische Veränderung. Pfeiffer, München Frankfurt a.M.
Bosch M (1983a) Strukturell- und entwicklungs-orientierte Familientherapie innerhalb der Humanistischen Psychotherapie. In: Schneider K (Hrsg) Familientherapie aus der Sicht therapeutischer Schulen. Junfermann, Paderborn
Bosch M (1983b) Diagnose-Grundlagen in der strukturell- und entwicklungsorientierten Familientherapie. In: Brunner EJ (Hrsg) Eine ganz alltägliche Familie. Beispiele aus der familientherapeutischen Praxis von Helm Stierlin, Michael Wirsching, Alex Ammann u.a. Kösel, München
Bosch M, Kohaus M (1980) Die therapeutische Beziehung - Funktion und Rolle des Therapeuten in der Familientherapie. In: Petzold H (Hrsg) Die Rolle des Therapeuten und die therapeutische Beziehung. Junfermann, Paderborn
Capra F (1975) The Tao of physics. An exploration of the parallels between modern physics and eastern mysticism. Shambala, Berkeley
Capra F (1981) The turning point. Seminar auf der Internationalen Sommer-Konferenz "Toward a humane future". Lloret de Mar/Spanien
Cleghorn JM, Levin S (1973) Training family therapists by setting learing objectives. Am J Orthopsychiatry 43:439-446
Guntern G (1980) Die kopernikanische Revolution in der Psychotherapie: der Wechsel vom psychoanalytischen zum systemischen Paradigma. Familiendynamik 5:2-41
Haley J (ed) (1971) Changing families. Grune & Stratton, New York
Haley J (1976) Problem-solving therapy. New strategies for effective family therapy. Jossey-Bass, San Francisco.
Haley J (1977) Direktive Familientherapie. Strategien für die Lösung von Problemen. Pfeiffer, München
Haley J (1978) Gemeinsamer Nenner Interaktion. Pfeiffer, München
Haley J, Hoffman L (1967) Techniques of family therapy. Basic, New York London
Hoffman L (1971) Deviation-amplifying processes in natural groups In: Haley J (ed) Changing families. Grune & Stratton, New York
Jackson DD (1965) Family rules: Marital quid pro quo. Arch Gen Psychiatry 12:589-594
Kantor D, Lehr W (1975) Inside the family. Toward a theory of family process. Jossey-Bass, San Francisco
Kempler W (1973) Gestalt therapy. In: Corsini RJ (ed) Current psychotherapies. Honolulu
Kempler W (1975) Grundzüge der Gestalt-Familientherapie. Klett, Stuttgart
Maturana H (1970) Neurophysiology of cognition. In: Garvin P (ed) Cognition. A multiple view. Spartan, New York
Maturana H (1979) Autopoiesis and evolution. Paper presented at the 145th meeting of the American Association for the Advancement of Science, Houston/Texas
McClendon R (1979) Phasen der Familientherapie. In: Barnes G (Hrsg)

Transaktionsanalyse seit Eric Berne, Bd 1. Institut für Kommunikationstherapie, Berlin, S 139-157
Minuchin S (1974) Families and family therapy. Harvard Univers. Press, Cambridge/Mass.
Minuchin S, Fishman HC (1981) Family therapy techniques. Harvard Univers. Press, Cambridge/Mass.
Minuchin S, Montalvo B, Guerney BC Jr, Rosman BL, Shumer F (1967) Families of the slums. Basic, New York
Pribram KH (1981) Consciousness in the world of objects. Seminar auf der Internationalen Sommer-Konferenz "Toward a humane future". Lloret de Mar/Spanien
Riskin J (1963) Methodology for studying family interaction. Arch Gen Psychiatry 10:340-348
Satir V (1963) Conjoint family therapy. Science and Behavior, Palo Alto
Satir V (1967) A family of angels. In: Haley J (ed) Techniques of family therapy. Grune & Stratton, New York
Satir V (1972) Peoplemaking. Science and Behavior, Palo Alto
Satir V (1973) Familienbehandlung. Kommunikation und Beziehung. Theorie, Erleben und Therapie. Lambertus, Freiburg
Satir V (1975) Selbstwert und Kommunikation. Familientherapie für Berater und zur Selbsthilfe. Pfeiffer, München
Selvini Palazzoli M, Boscolo L, Cecchin G, Prata G (1981) Hypothetisieren - Zirkularität - Neutralität: Drei Richtlinien für den Leiter der Sitzung. Familiendynamik 6:123-139
Varela FG (1981) Living ways of sense-making: A middle path for neuroscience. Seminar auf der Internationalen Sommerkonferenz "Toward a humane future". Lloret de Mar/Spanien
Varela FG, Maturana HR, Uribe R (1974) Autopoiesis. The organization of living systems, its characterization and model. Biosystems 5:187-196

Projektive Verfahren in der Familientherapie

I. Brintzinger-von Köckritz

DAS URSPRÜNGLICHE KONZEPT DER PROJEKTIVEN VERFAHREN

Zur Entstehung der projektiven Tests - Grundannahmen, die zu ihrer Entwicklung geführt haben

Denker und Künstler haben schon von alters her die Vermutung geäußert, daß Menschen in ihre Phantasieproduktionen, wie auch bei der Ausdeutung wenig strukturierten Materials, eigene Erfahrung, Vorstellungen, Wünsche und Befürchtungen miteinfließen lassen.

So schrieb bereits Leonardo da Vinci (1453 - 1519, zit. in Baumgarten-Tramer 1943) in seinem Buch von der Malerei an seine Schüler: "Es ist wohl wahr, daß man in einem solchen (von verschiedenerlei Farben an die Wand geworfenen) Fleck mancherlei Erfindungen sieht - d.h. ich sage, wenn sie einer darin suchen will -, nämlich menschliche Köpfe, verschiedene Tiere, Schlachten, Klippen, Meer, Wolken und Wälder und andere derlei Dinge, und es ist gerade wie beim Klang der Glocken, in den kannst Du auch Worte hineinlegen, wie es Dir gefällt" (a.a.O., S. 117). "Durch verworrene und unbestimmte Dinge wird nämlich der Geist zu neuen Erfindungen wach" (a.a.O., S. 125).
Um die Jahrhundertwende tauchten Anregungen auf (Binet u. Henry

Interaktion in der Familie
Herausgegeben von E. J. Brunner

1895), aus mehrdeutigem Material, wie Tintenklecksen, einen psychologischen Test zu entwickeln. Diese Anregungen wurden verschiedentlich aufgegriffen (in Amerika von Dearborn 1897; in Rußland von Rybakow 1910, zit. in Baumgarten-Tramer 1943; in England von Bartlett 1916). Das heute bekannteste Klecksdeuteverfahren ist das des Schweizer Psychiaters Hermann Rorschach. Er begann seine Klecksdeuteversuche 1911 und veröffentlichte seine Rorschach-Testserie erstmalig 1920 (Rorschach 1962).

Brittain in Amerika ließ 1907 erstmals zu Bildern mit mehrdeutigem Inhalt Geschichten schreiben und vermutete, daß eine Kausalbeziehung besteht zwischen den Phantasieinhalten der Geschichten und den Affekten des Geschichtenschreibers. 1935 wurde von Murray u. Morgan der thematische Apperzeptionstest (TAT) als Geschichtenerzählverfahren vorgestellt, der ebenfalls bis in die heutige Zeit hinein weite Verbreitung findet.

Zahlreiche weitere Verfahren wurden in der Folgezeit entwickelt, die alle auf der Grundhypothese basieren, daß bei der Ausgestaltung oder Ausdeutung mehrdeutigen Materials der Deuter die Tendenz hat, eigene Anteile in seine Deutungen mit hinein zu legen. Das Material ist verschieden und spricht deshalb auch verschiedene Persönlichkeitsdimensionen an. Neben einigen Klecksdeuteverfahren (Rorschach, Bero, Z-Test), gibt es Bilddeuteverfahren, in denen unterschiedliche Themenkreise und soziale Erfahrungsbereiche zur weiteren Ausgestaltung nahegelegt werden (neben dem TAT z.B. der CAT von Bellak, der Blacky-Picture-Test von Blum, der Columbus-Test von Langeveld, der Four-Pictures-Test von van Lennep, der Object-Relations-Test von Phillipson u.a.). Des weiteren gibt es verbale Ergänzungsverfahren, in denen Satz- oder Geschichtenanfänge zur weiteren Ausgestaltung vorgelegt werden (z.B. der Wartegg-Erzähltest, die Düss-Fabelmethode, der Thomas-Geschichtenerzähltest, verschiedene Satzergänzungsverfahren von Payne, Rohde, Forer u.a.). Das Reizmaterial kann auch visuell und sprachlich kombiniert angeboten werden (z.B. der Rosenzweig-PF-Test). Schließlich können auch die zeichnerische Auseinandersetzung mit bestimmten Themenkreisen (z.B. "Zeichne Deine Familie in Tieren" nach Gräser, der Wartegg-Zeichentest oder der Baumtest nach Koch) und der Umgang mit verschiedenem standardisiertem Spielmaterial (z.B. der Scenotest nach Staabs und der Welt-Test von Bühler) dazu anregen, sich in individueller Weise mit bestimmten eigenen Themen auseinanderzusetzen.

Der Begriff der Projektion und verschiedene Projektionskonzepte

Seit Wright (1933), Murray (1938) und Frank (1939) werden alle diese Verfahren als projektive Verfahren bezeichnet, deren Wesen Frank so definiert, daß sie aus der Versuchsperson etwas hervorlocken, "was - auf verschiedene Art - Ausdruck der Eigenwelt, des Persönlichkeitsprozesses der VP ist". Möglich wird dies nach seinen Ausführungen, indem sie die Persönlichkeit "einer Situation gegenüberstellen, auf welche die VP entsprechend der Bedeutung reagiert, die diese Situation für sie besitzt" (Frank 1948, S. 46-47).

Der ursprünglich aus der Optik entlehnte Begriff der Projektion wurde erstmals von Freud benutzt, um einen psychodynamischen Vorgang zu beschreiben. Freud glaubte zunächst, daß es die durch den Abwehrmechanismus provozierte psychische Tendenz gibt, Gefühle und Handlungsbereitschaften, die das Ich bedrohen und daher nicht als eigen angenommen werden können oder wollen, einem Objekt, etwa einer Person der Außenwelt, zuzuschreiben (1940, 1950). Später erweiterte er diesen "klassischen Projektionsbegriff", indem er ausführte, daß die Projektion nicht nur für die Abwehr geschaffen sei, sondern auch da zustandekomme, wo es keine Konflikte gibt. "Die Projektion innerer Wahrnehmungen nach außen ist ein primitiver Mechanismus, dem z.B. auch unsere Sinnesorgane unterliegen, der also an der Gestaltung unserer Außenwelt normalerweise größten Anteil hat" (Freud 1924, S. 81).

Murray beschrieb, daß unter dem Einfluß eines Bedürfnisses ein Proband die Tendenz habe, in die ihn umgebenden Objekte einige von den Phantasien, die mit dem Bedürfnis assoziiert sind, zu projizieren (1938, S. 260).

Mit diesem, von der Psychoanalyse ausgehenden Projektionsbegriff wird primär der Vorgang beschrieben, daß psychische Inhalte in Form von Phantasien, Vorstellungen und Handlungsbereitschaften nach außen verlegt werden. Meili nennt dies auch "affektive Projektion" (1961). Als projektiver Vorgang wird es darüberhinaus aber auch bezeichnet, wenn ein Mensch sich in seinen formalen Aspekten, in Struktureigentümlichkeiten, wie sie sich in graphischen Gestaltungen oder formalen Deutungskategorien, wie Wahrnehmungsbevorzugungen und Farbbeachtungen, ausdrücken, darstellt. Meili spricht dabei von "strukturaler Projektion" (1961).

Bei den Bilddeuteverfahren - wie dem TAT - und den Geschichtenfortsetzverfahren kommen überwiegend inhaltliche, affektive Aspekte der deutenden Persönlichkeit zum Ausdruck, bei den Formdeuteverfahren - wie dem Rorschach-Test - wie auch bei zeichnerischen oder gestalterischen Verfahren werden auch oder überwiegend strukturale Aspekte zum Einsatz gerufen. Heiß betonte, daß das Wesentliche der projektiven Verfahren ihre Offenheit und geringe Strukturiertheit ist, wodurch die verschiedenartigen, individuellen Lösungen ermöglicht werden, und schlug für diese Verfahren daher die Bezeichnung "Entfaltungstests" vor (1954).

Nur am Rande erwähnt werden soll, daß die aus der Wahrnehmungspsychologie kommenden Forscher die Abweichung, das Fehlerhafte, die Nichtobjektivität der Wahrnehmung als das Wesentliche dessen sehen, was durch die mehrdeutigen, gestaltungsoffenen Reizangebote der projektiven Verfahren ausgelöst wird, und deshalb glauben, auf den Projektionsbegriff verzichten zu können. Cattell schlug dann auch als bessere Bezeichnung für diese Verfahren "misperception-tests" vor (1951), ähnlich auch Heckhausen (1960).

Der ursprüngliche Verwendungszweck der projektiven Verfahren

Die psychologische Diagnostik hatte sich aus der Individualpsychologie herausentwickelt, d.h. ihr Forschungs- und Untersuchungsgegenstand war und ist weitgehend noch heute das Individuum als Versuchsperson, Proband oder hilfesuchender Patient. So sind auch die projektiven Verfahren als Individualverfahren konzipiert worden, mit dem Ziel, aus den Inhalten oder formalen Ausgestaltungen des Untersuchungsmaterials Hinweise über Gefühls- und Affektzustände, Bedürfnisse und Motive und die Sicht, die ein Proband von seiner Umwelt hat, zu erhalten, um daraus auch Anhaltspunkte für therapeutische Maßnahmen abzuleiten. Jede Testsituation stellt quasi eine "Miniaturlebenssituation" dar, auf die der Proband "in einer Weise anspricht, wie es für ihn auch in einem Querschnitt ähnlicher, wirklicher Lebenssituationen charakteristisch wäre" (Heckhausen 1960).

In diesem Anwendungsmodus wurden die projektiven Verfahren von jeher auch in der Eltern- und Eheberatung benutzt und sie fanden schließlich auch Eingang in die Familiendiagnostik und Familientherapie.

Kurze Beschreibung einiger projektiver Verfahren, die in der Familiendiagnostik Verwendung finden

Ob mehr unbewußte, formale Ausdrucksformen (wie ein Mensch denkt und handelt) oder mehr kognitive Äußerungen über emotionale Empfindlichkeiten oder soziale Erfahrungen durch die projektiven Verfahren angesprochen werden (was ein Mensch sieht, denkt, wünscht, fürchtet), hängt von dem Reizangebot, dem Aufforderungscharakter des jeweiligen Verfahrens ab.

Der TAT (Murray 1943) besteht in seiner ursprünglichen Fassung aus einem Satz von 31 schwarz-weißen Bildtafeln und einer leeren weißen Tafel. Davon wird jedem Probanden in der Regel eine Auswahl von Bildern vorgelegt, zu denen er Geschichten erfinden soll. Die Bilder stellen in der Mehrzahl eine oder mehrere Personen dar, die sich in mehrdeutigen sozialen Situationen befinden. Bei der Auswahl der Bilder zielte Murray darauf ab, daß sie in unserer Kultur wichtige Konfliktbereiche ansprechen sollten. Murray beschrieb den TAT als eine Methode, die in der Lage ist, "einige der dominanten Triebe, Emotionen, Einstellungen, Komplexe und Konflikte einer Persönlichkeit aufzudecken". Die Persönlichkeit stellt in ihren Geschichten aber auch dar, welche Beziehungsfähigkeit und Beziehungserfahrungen sie besitzt und welche Sicht sie von ihren Eltern und sonstigen Kontaktpersonen hat.

Auch die Bilder des CAT (Bellak u. Bellak 1949) und des Columbus-Tests (Langeveld 1969) regen Kinder und Jugendliche an, Geschichten zu erzählen, in denen sich ihre Beziehungen zum Elternhaus, zu den Geschwistern, wie auch ihre Einstellungen zu Gleichaltrigen und zur Schule widerspiegeln.

Gleiche Themen provozieren auch die Düss-Fabeln (Düss 1956) in symbolhafterer Form und die Thomas-Geschichten (Thomas 1938) mit ihrem umweltnäheren, pragmatischeren Aufforderungscharakter.

Auch die Aufgaben: "Zeichne Deine Familie als Tiere" (Brem-Gräser 1970) oder "Zeichne Deine Familie, wie Du sie erlebst" (Abegg (1973), erwiesen sich immer wieder als geeignet, ein Kind dazu zu bringen, seine Situation in der Familie und wie es seine Beziehungen zu den Familienmitgliedern erlebt, darzustellen.

Mit dem Scenotest (v. Staabs 1964) wird dem Kind verschiedenes Spielmaterial (Puppen, Klötze, Tiere, Fahrzeuge, Bäume, Pflanzen, Haushaltsgegenstände) angeboten, mit denen es frei nach Wahl spielen kann, wobei es häufig Eindrücke aus dem eigenen familiären Zusammenleben und dem sonstigen mitmenschlichen Erfahrungsbereich wiedergibt.

Das Deutungsverhalten zu den zehn Rorschach-Kleckstafeln läßt auf Niveau und Artung der intellektuellen Fähigkeiten, auf affektive Ansprechbarkeit und Reaktionsbereitschaft wie auch auf die Kontaktmöglichkeiten und die soziale Anpassungsfähigkeit eines Menschen schließen; darüberhinaus geben die Rorschach-Deutungen aber auch Einblicke in unbewußte Bedürfnisse und Ängste.

DIE VERWENDUNG DER PROJEKTIVEN VERFAHREN IN DER FAMILIENDIAGNOSTIK

Zur Klassifikation der verschiedenen Tests im Rahmen der Familiendiagnostik

Cromwell et al. (s. S. 105 ff.) teilen die in der Familien- und Gruppendiagnostik verwendeten Verfahren in zwei Hauptgruppen ein:
1. Die "self-report-methods"
2. Die "observation-methods"

Zu den Self-report-Methoden zählen die Autoren alle solche Tests, die nicht die Beziehung der Gruppenmitglieder selbst messen, sondern nur indirekt aus den Inhalten und Erlebnisdarstellungen der einzelnen Teilnehmer Rückschlüsse auf die Interaktionen innerhalb der Gruppe zulassen. (Willi spricht hierbei von "Erlebnisanalyse" 1974.) Hierzu gehören - neben anderen, nichtprojektiven Persönlichkeitstests - die projektiven Verfahren in ihrer ursprünglichen Verwendungsform: indem sie einem oder allen Familienmitgliedern getrennt vorgelegt werden und aus den Persönlichkeitsmerkmalen der einzelnen dann indirekt auf die Beziehung zwischen den Gruppenmitgliedern geschlossen wird.

Auch wenn die projektiven Verfahren der ganzen Gruppe zur Bearbeitung vorgelegt werden, nicht aber die Auswertung nach Interaktionsgesichtspunkten erfolgt, sondern auf die gemeinsam entwickelten Inhalte abzielt, um daraus Rückschlüsse auf affektive Komponenten bei den Teilnehmern zu gewinnen, werden sie zu den Self-report-Methoden (in diesem Fall zu den "inferred-interaction-tests") gezählt.

Von "observation-methods" sprechen Cromwell et al. dann, wenn aus den gemeinsam gelösten Aufgaben einer Gruppe direkt auf die Interaktionen der Beteiligten geschlossen werden kann. Unter den projektiven Verfahren sind es der Rorschach-Test und der TAT, die zunächst in Amerika (v.a. von Singer u. Wynne 1966; Singer 1968,

1974; Ferreira 1963; Levy u. Epstein 1964; Loveland et al. 1963; Hassan 1974, Across tasks,communication patterns between parental couples having disturbed and non-disturbed offspring, unpublished dissertation), dann aber auch im deutschen Sprachbereich von Willi (1969, 1973, 1974) und Stierlin et al.(1977) als Interaktionsverfahren standardisiert und um neue Signierungs- und Interpretationsvariablen bereichert worden sind.
Neben dem Rorschach und dem TAT werden auch andere, nichtprojektive Interaktionstests benutzt, die speziell entwickelt wurden, um das Beziehungsgefüge von Familien und anderen Kleingruppen transparent zu machen. Dazu gehören:

- Problemlösungsaufgaben (problem-solving-tasks), wie der SIMFAM nach Olson u. Straus (1972),
- Aufgaben, eine gemeinsame Entscheidung zu fällen ("decision making tasks"; Watzlawick et al. 1969),
- Aufgaben, in denen konflikthafte Themen gemeinsam diskutiert werden sollen ("conflict resolution tasks"), wie die "revealed difference technique" von Strodtbeck (1951) und
- Aufgaben, in denen es gilt, natürliche Lebenssituationen unter Beobachtung zu bewältigen ("naturalistic tasks"), wie z.B. der "Familienlunch" nach Minuchin (1971, zit. in Rosman et al. 1979).

Der Vorteil der projektiven Verfahren gegenüber den nichtprojektiven Interaktionstests besteht darin, daß sie die Gruppenprozesse auf zwei Ebenen erfassen können, sowohl auf der sozialen Verhaltensebene, als auch auf der Ebene des unbewußten Erlebens und Fühlens.

<u>Projektive Verfahren, die als spezielle Familienverfahren entwickelt wurden und als "Self-report"-Methoden eingesetzt werden</u>

Da ihnen die bisher verwendeten projektiven Verfahren nicht genügend Anreiz zu geben schienen, auf die Familienbeziehungen einzugehen, entwickelten Howells u. Lickorish (1975) auf der Basis der Projektionshypothese einen Bildertest, der speziell die zwischenmenschlichen Beziehungen einer Familie erfassen soll. Dieser "Familien-Beziehungs-Test" (FBT) soll einem einzelnen Familienmitglied vorgelegt werden, um zu erfahren, wie es "seine Familie einschätzt und welcher Art die Beziehungen zu ihr sind", um daraus seine "Gefühle und Meinungen" zur Familiensituation zu erfassen. Der individuellen Diagnose des einzelnen Familienmitglieds soll später die Einbeziehung der ganzen Familie folgen, um den Einblick in die Familiensituation abzurunden und um in therapeutische Gespräche überzuleiten.

In Anlehnung an die "Familienskulptur", die als diagnostisches und therapeutisches Hilfsmittel in Gesprächen mit Familien und Familientherapeuten eingesetzt wird (Simon 1972), hat Wille (1982) den Scenotest von v. Staabs (1964) durch Modifikation der Instruktion und Erweiterung der Auswertunsgesichtspunkte zu einem "Familienskulpturtest" umgewandelt. Das Scenomaterial wird einem Kind ab fünf Jahren, Jugendlichen oder Erwachsenen im ursprünglichen Sinne angeboten, doch soll der Proband nun nicht eine beliebige Szene, sondern seine Familie darstellen, "so wie ein Künstler seine Skulptur baut oder der Regisseur im Theater eine Szene darstellen läßt" (1982, S. 151). In einem zweiten Untersuchungsgang, gleich anschließend oder in einer späteren Sitzung, schlägt Wille eine zweite "Wunschskulptur" vor, in der der Proband die Familie nun so gestalten soll, "wie er sie am liebsten haben möchte" (S. 152). Neben den üblichen Auswertungsgesichtspunkten, wie von Staabs sie vorschlug, berücksichtigt Wille als neue Auswertungsaspekte speziell familiendynamische Gesichtspunkte wie "Nähe - Distanz, Kontakt - Isolierung, Dyadenbildung, Allianzen, Koalitionen, Abgrenzungsmöglichkeiten zwischen Großeltern-Eltern-Kind-Achse, zu starre oder zu durchlässige Grenzen zwischen Subsystemen oder innerhalb der Subsysteme". Die Ergebnisse der beiden Familienskulpturbilder sollen zu therapeutischen Gesprächen mit dem Probanden, wie auch - im Einverständnis mit dem Probanden - mit seinen Eltern verwendet werden.

Der interaktionsdiagnostische Ansatz, wie er in der Gruppendynamik und Kommunikationsforschung entstanden ist

Das neue, aus der Gruppendynamik und Kommunikationsforschung erwachsene Paradigma lautet, daß menschliches Verhalten nicht linear, in seiner individuellen Entwicklung allein, verstanden werden kann, sondern in seiner sozialen Bedingtheit systemisch betrachtet und gedeutet werden muß. Die Äußerungen einzelner Gruppenteilnehmer erwiesen sich als nicht ausreichend zuverlässig, das tatsächliche Verhalten zwischen Gruppenteilnehmern zu beschreiben (Olson u. Straus 1972; Scholz 1978). Daraus ergab sich für die Gruppen- und Familiendiagnostik die Forderung, Verfahren an die Hand zu bekommen, die das Kommunikationsgeschehen der Gruppenmitglieder direkt beleuchten, die "transaktionellen Muster zwischen den Individuen eines Humansystems" direkt erfassen (Guntern 1980, S. 4).

Das Kooperationsgeschehen, wie es nun ins Blickfeld der Familiendiagnostiker und Familientherapeuten geraten ist, läßt sich durch ganz konkrete Verhaltensmerkmale beschreiben, wie:

- Wer spricht mit wem?
- Wer unterbricht wen?
- Wer kommt zu spät?
- Wer beendet de facto etwas?
- Wer beurteilt wen?
- Wer entscheidet?
- Wer setzt sich durch? (Minuchin 1977)

Das Vorhandensein und der Ausprägungsgrad solcher Verhaltensparameter wurde zum wesentlichen Auswertungsgegenstand der Interaktionsmethoden, die Mitte der 60er Jahre systematisch entwickelt wurden (Riskin u. Faunce 1972).

Ziel dieser Interaktionsdiagnostik ist es, Hinweise zu bekommen für belastende, symptomfördernde Interaktionen, für den Grad der individuellen Differenzierung der einzelnen Familienmitglieder innerhalb ihrer Gruppe, wie auch für die Qualität der gegenseitigen Rückmeldungen und die Möglichkeiten der Einzelnen bei der gemeinsamen Bewältigung von Aufgaben. Aus diesen diagnostischen Einblicken lassen sich Anhaltspunkte für die Funktionsfähigkeit des Systems, die Planung von therapeutischen Veränderungen und für die Prognose einer Familientherapie ableiten.

Die Auswertungsgesichtspunkte für die projektiven Verfahren in der Interaktionsdiagnostik

Die Auswertungsgesichtspunkte für den Rorschach-Test und den TAT, wie sie sich durch die interaktionelle Betrachtungsweise ergeben haben, sollen hier in Anlehnung an Stierlin et al. (1977) erläutert werden (zur Standardisierung des gemeinsamen Rorschach-Versuchs durch Willi (1973, 1974) s. Reiter-Theil S. 247 ff.).

Die unterschiedlichen Aspekte der Beziehungs- bzw. der Verhaltensebene werden in den beiden Tests durch die Kategorien "Inhalt" und "Interaktionsfluß" repräsentiert, wobei im "Interaktionsfluß" die eigentlich neuen, interaktionellen Gesichtspunkte zusammengefaßt sind.

Da beide Tests aufgrund ihres unterschiedlichen Stimulusangebots verschiedene Arten von Antworten auslösen - die Kleckse des Rorschach-Verfahrens fordern eher heraus, belebte und unbelebte Objekte zu erinnern und aus der Phantasie hervorzuholen, die TAT-Bilder dagegen, mitmenschliche Beziehungen zu reflektieren -, lag es nahe, bei den Inhalten der beiden Tests unterschiedliche Aspekte hervorzuheben: Für die Rorschach-Antworten "Text" und "Form", für die TAT-Aussagen dagegen "Handlung" und "Zentraler Konflikt". Zusätzlich werden die Antworten auf ihre Vielfalt, "Produktivität" und größere oder geringere Konformität, "Konventionalität", beurteilt.
Unter der Kategorie "Interaktionsfluß" soll der Beitrag jedes Einzelnen, wie auch die Gesamtleistung der Gruppe festgehalten werden:

- Wer äußert als erster die Idee zur Geschichte oder die Deutung?
- Wer fällt die Entscheidungen im gemeinsamen Dialog? (Was als Maß für die gruppenbezogene Initiative des einzelnen gelten kann.)

- Wie reagieren die übrigen Gruppenmitglieder auf den Deutungsvorschlag, im Sinne von "Kontinuität" oder "Diskontinuität"? (Was als Ausdruck dafür steht, wie die Familienmitglieder zueinander stehen, wer Macht und Einfluß hat.)

- Ob es zu einem gemeinsam erarbeiteten Ergebnis, zu einem "Konsensus" kommt (als Maß für die Effizienz der Problemlösung.)

- Schließlich sollen alle "affektiven Beiträge" erfaßt werden (was die emotionale Atmosphäre während des Untersuchunggangs wiedergeben kann.)

Bei der statistischen Überprüfbarkeit des gemeinsamen Rorschach-Tests und des gemeinsamen TAT ergeben sich die gleichen Probleme wie bei der traditionellen Verwendung der projektiven Verfahren, da die Varianz des Reizmaterials für die einzelnen Testteilnehmer nicht konstant gehalten werden kann (das Reizangebot hat für jeden eine andere Bedeutung) und auch hinsichtlich der Anzahl der verschiedenen Reaktionen keine Übereinstimmung besteht.

EMPIRISCHE UNTERSUCHUNGEN UND ERGEBNISSE ZUM GEMEINSAMEN RORSCHACH-TEST UND GEMEINSAMEN TAT

Singer (1968), Wynne (1968) wie auch Cutter u. Farberow (1968), Olson (1969) und Willi (1974) haben herausgefunden, daß es nützlich sein kann, individuelle Testdaten einzelner Familienmitglieder neben den Daten eines Gruppenverfahrens zu erheben, da offensichtlich jedes Vorgehen andere Aspekte über die einzelnen Familienmitglieder zum Vorschein bringen und man davon ausgehen kann, daß innerhalb einer Gruppeninteraktion spezifische Eigenarten eines einzelnen Mitglieds verdeckt, aber auch betont werden können. Willi spricht in diesem Sinn von der "Interaktionspersönlichkeit" (1973, S. 82). So trennten z.B. die individuellen Rorschach-Ergebnisse zwischen schizophrenen, neurotischen und normalen Kindern bei Singer u. Wynne (1963) besser als Paar- und Familientestergebnisse.

Reiter-Theil (vgl. S. 247 ff.) fand heraus, daß das Interaktionsverhalten von Familien während des gemeinsamen Rorschach-Versuchs auch situationsabhängig zu sein scheint und wenig mit dem Verhalten übereinstimmte, das die Familien während der Therapiesitzungen zeigten.

Auch Devereux (1976), Keeney (1979) und Cromwell et al. (s. S. 105 ff.) kamen zu dem Ergebnis, daß der Kontext und die Bedingungen einer Untersuchung von ganz entscheidender Bedeutung für das Ergebnis sind.

Kohler (1974) konnte anhand des gemeinsamen Rorschach-Versuchs Veränderungen festhalten, die sich im Laufe einer Ehetherapie im Interaktionsverhalten von Paaren ergaben.

Kesselring (1974) untersuchte Merkmalsunterschiede zwischen angstneurotischen, hysterischen und gesunden Ehepaaren mit dem gemeinsamen Rorschach-Versuch, und gemeinsam mit Boa (Boa u. Kesselring 1974) auch Merkmalsunterschiede zwischen Mann und Frau, und Patient und Nichtpatient.

Petersen (1969) erfaßte anhand des gemeinsamen Rorschach-Versuchs die Dominanzverhältnisse und Kooperationsfähigkeit von Paaren mit klinisch unauffälligen Frauen und neurotischen Frauen im Rahmen einer Untersuchung zu den unerwünschten Nebenwirkungen der "Antibabypille".

Dan Givon (1974) machte den gemeinsamen Rorschach-Versuch als ehetherapeutische Methode nutzbar, indem er dem Ehepaar anhand seiner Testergebnisse seine Kommunikations- und Interaktionsstile anschaulich machte.

Singer u. Wynne (1966) und Wynne et al. (1975) benutzten den gemeinsamen Rorschach-Test und TAT, um verschiedene Stile der Aufmerksamkeit in der Kommunikation zwischen Eltern herauszufinden, und sie konnten signifikante Unterschiede zwischen Elterngruppen mit verschieden gestörten Kindern (schizophrene, Kinder mit Rückzugstendenzen, ausagierende Kinder) feststellen.

Thurner (1980) fand in den Ergebnissen des gemeinsamen Rorschach-Versuchs (s. S. 234 ff.), daß Familien mit einem psychosomatisch darmkranken Kind im Vergleich zu Familien mit gesunden Kindern in ihrer Fähigkeit, gemeinsam die Aufgabe zu lösen, deutlich eingeschränkt waren. Auch zeigten sich ansatzweise eine größere Dominanz der Mutter und geringere Bedeutung des Vaters in den psychosomatischen Familien, wie auch eine negativere Haltung der Patienten ihren Müttern, und der Väter der psychosomatisch kranken Kindern ihren Ehefrauen gegenüber.

Stabenau et al. (1965) und Stabenau u. Pollin (1968) verglichen Ergebnisse aus gemeinsamen TAT-Geschichten von Familien mit verschieden gestörten (schizophrenen, delinquenten) und normalen Kindern und fanden bedeutsame Unterschiede zwischen den Familien in bezug auf ihre Fähigkeit, mit der Geschichtensituation fertig zu werden, in bezug auf die innere Konsistenz ihrer Erzählungen und den Erzählstil.

Winter et al. (1966) analysierten gemeinsame TAT-Geschichten von vier Elterngruppen mit verschieden gestörten Kindern und fanden Unterschiede in ihren allgemeinen Anschauungen und in der Art, wie sie Feindseligkeit äußerten.

Ein Team unter der Leitung von Goldstein (Goldstein et al. 1968, 1970; Alkire et al. 1971) brachte familienspezifische Reaktions- und Transaktionsstile - wie sie sich durch Reaktionen zu TAT-Tafeln und in strukturierten Interviews anzeigten - in Zusammenhang mit Auffälligkeiten für bestimmte Störungen bei Jugendlichen. Sie fanden signifikante Unterschiede v. a. in der Offenheit, mit der Einfluß ausgeübt wurde, und im Geltendmachen von Machtansprüchen bei Mutter und Vater.

Jones (1974, Transactional style deviances in families of disturbed adolescents, unpublished dissertation) fand, ausgehend von TAT-Protokollen, daß Abweichungen im Transaktionsstil von Eltern und Geschwistern mit dem Risiko für Kinder korrellierte, im Erwachsenenalter schizophren zu werden.

Engel (1978) verglich in einem groß angelegten Validierungsuntersuchungsdesign den gemeinsamen Rorschach-Versuch mit mehreren anderen Interaktionstests wie dem SIMFAM und den Interpersonalratings von Bales, mit Expertenratings, dem Gießentest und dem IQ nach dem MWT-B. Außerdem verglich er die Ergebnisse des gemeinsamen Rorschach-Versuchs aus drei unterschiedlichen Stichproben: einer Familientherapiegruppe, einer Gruppe von Familien mit einem chronisch kranken Kind und einer Normalgruppe von Familien mit klinisch unauffälligen Mitgliedern. Die Faktorenanalyse ergab drei Faktoren, die sich sowohl aus den Befunden zu den verschiedenen Tests und den Expertenratings als auch aus den Gruppenvergleichen in unterschiedlicher Ladung isolieren ließen: dies waren Dominanz, Kooperation und affektiver Beziehungsstil (vgl. auch Reiter-Theil, S. 247 ff.).

ZUSAMMENFASSUNG UND STELLUNGNAHME ZUM EINSATZ DER PROJEKTIVEN VERFAHREN IN DER FAMILIENDIAGNOSTIK

Das ursprüngliche Konzept der projektiven Verfahren bestand darin, mit unterschiedlichem Reizangebot aus einem Menschen Aussagen hervorzulocken, die seine Eindrücke, Erfahrungen, Motive, Stimmungen und Gefühle widerspiegeln. In diesem Sinne fanden die Verfahren auch Eingang in die Familienberatung und Familientherapie, indem sie zunächst dazu dienten, den Patienten oder Symptomträger einer Familie näher zu beschreiben, um daraus Hinweise für Veränderungen für ihn selber und für seine Familiensituation abzuleiten. Noch heute werden sie von zahlreichen Familientherapeuten so benutzt. Erst in jüngster Zeit sind neue Reizangebote geschaffen worden ("Familienbeziehungstest") und Anwendungs- und

Auswertungsgesichtspunkte zu einem lang gebräuchlichen Verfahren (der aus dem Scenotest abgeleitete "Familienstrukturtest") hinzugekommen, die zu Einblicken verhelfen sollen, wie ein einzelnes Familienmitglied seine Familienbeziehungen sieht.

Mit der Ausbreitung der Kommunikationstheorie und Systembetrachtungsweise in der Familientherapie ergaben sich eine Abkehr von der patientenbezogenen Betrachtungsweise, und eine Hinwendung auf das System als Ganzes, in dem der Symptomträger als fester Bestandteil und das Symptom als Ausdruck fehllaufenden kommunikativen und interaktionellen Verhaltens gesehen wurde. Zweifel über den Zusammenhang zwischen geschildertem und beobachtetem Verhalten zogen die Forderungen nach Verfahren nach sich, die das Interaktionsgeschehen direkt erfassen.

Die offenen und leicht zu handhabenden Reizangebote des TAT und Rorschach-Tests v.a. erwiesen sich als brauchbar, auch als Vorlage für Gruppenversuche zu dienen, an denen das Interaktionsgeschehen abgelesen werden konnte. Dazu wurden neue Auswertungsgesichtspunkte eingeführt, die eine genaue Verhaltensanalyse der Teilnehmer des Untersuchungsgeschehens zulassen. Auf die inhaltliche Auswertung als den eigentlichen projektiven Gehalt der Deutungen und Geschichten wurde dabei oft weitgehend verzichtet (s. die Beispiele von Thurner, S. 234 ff., und von Reiter-Theil, S. 247 ff.). Die analytisch ausgerichteten Familientherapeuten (Stierlin et al. 1977; Willi 1974) allerdings sehen den besonderen Wert des Einsatzes der projektiven Verfahren in der Familiendiagnostik gerade darin, daß sie sowohl eine Verhaltensanalyse als auch die Erfassung des Erlebnisgehalts der Teilnehmer möglich machten.

Aus zahlreichen empirischen Befunden wie auch aus einer langjährigen Praxis mit Familien psychosomatisch kranker Kinder ergibt sich, daß die projektiven Verfahren sowohl zur individuellen Diagnostik eines Patienten oder Ratsuchenden als auch zur Familiendiagnostik ihren guten Sinn haben und daß es oft angebracht sein kann, sowohl den Patienten einzeln als auch die Familie als Ganzes (in der Regel anschließend und nur mit der Zustimmung des Patienten) einer Interaktionsdiagnostik zu unterziehen. Es erwies sich oft, daß sehr schwer gestörte Patienten gar nicht mehr in der Lage sind, sich dem dynamischen Prozeß ihrer Familie zu stellen und sich erst nach sehr behutsamer, vertrauenaufbauender therapeutischer Unterstützung wieder in der Lage zeigen, sich der familiären Dynamik auszusetzen. Auch Eltern sind am Ende einer langen Symptomverschlechterung eines Kindes oft nicht mehr bereit und fähig, sich einer Verhaltensanalyse mit der ganzen Familie auszusetzen und können erst dazu gewonnen werden, wenn sie Angst voreinander und vor dem Therapeuten abgebaut und Vertrauen (zurück)gewonnen haben.

Anhang: Darstellung der Untersuchungsergebnisse aus dem gemeinsamen Rorschach-Versuch zur Feststellung der Beziehungsstruktur bei Familien mit einem psychosomatisch kranken Kind*

I. Brintzinger-von Köckritz und U. Thurner

Fragestellung und bisherige Befunde zu Verhaltenseigentümlichkeiten von psychosomatischen Familien

Die Untersuchung hatte zum Ziel, herauszufinden, ob sich im gemeinsamen Rorschach-Versuch (GRV) spezifische Verhaltenseigentümlichkeiten bei Familien mit einem psychosomatisch kranken Kind (Colitis ulcerosa und Morbus Crohn) anzeigen, wie sie in Familien mit gesunden Kindern nicht vorkommen. Von zahlreichen Autoren war immer wieder festgestellt worden, daß psychosomatisch (speziell Colitis-ulcerosa-) kranke Patienten untereinander ähnliche Verhaltensweisen aufweisen, daß aber auch spezifische Eigentümlichkeiten in der familiären Konstellation dieser Patienten zu finden sind (Alexander 1971; Schur 1974; M'Uzan 1977; Stephanos 1978; Nemiah u. Sifneos 1970; Engel 1974;Vogt et al. 1977; Mitscherlich 1978; Minuchin et al. 1975; Sperling 1978; Jackson u. Yalom 1974; Stierlin 1976; Stierlin et al. 1977).

Die die Familie als Ganzes betreffenden Auffälligkeiten, die immer wieder hervorgehoben werden, sind:

- Ihre Unfähigkeit, sich neuen, veränderten Bedingungen anzupassen. Auf der gesellschaftlichen Ebene bedeutet das große Isolie-

---

* Auszug aus der Diplomarbeit für das Fach Psychologie von U. Thurner, Tübingen 1980.

Interaktion in der Familie
Herausgegeben von E. J. Brunner

rung, für die Familie selbst mangelnde Flexibilität und Rigidität im Umgang miteinander.

- Ihr starker Widerstand gegen Veränderungen. Veränderungen werden dadurch verhindert, daß Konflikte vermieden werden, die Individualität des einzelnen Familienmitglieds unterdrückt (Minuchin: "Verstrickung") und ein hohes Maß an gegenseitiger Kontrolle und Einmischung unter dem Deckmantel von Fürsorge und Aufopferung ausgeübt wird.

- Die Stimmungslage in den typisch "psychosomatischen Familien" wird als nichtssagend und ausdruckslos beschrieben (die französische psychosomatische Schule um Marty spricht in diesem Zusammenhang von "Alexithymie").

- Die mangelnde Individualität des einzelnen Familienmitglieds zeigt sich auch in einer mangelnden Abgrenzung der Generationen voneinander (Eltern/Kinder).

- Es wird immer wieder eine sehr enge (symbiotische) Beziehung zwischen den Patienten und einer elterlichen "Schlüsselperson" (meist die Mutter) dargestellt, der gegenüber sich die Patienten in einer meist ambivalenten Abhängigkeit befinden.

- Die Mütter werden als sehr überbehütend, überprotektiv, mit einem sehr kontrollierenden, fordernden Erziehungsverhalten geschildert. Der Vater dagegen wird meist als relativ bedeutungslos, oft auch von der Mutter dominiert dargestellt. Konflikte zwischen den Eltern sind spürbar, scheinen aber entweder durch das pychosomatisch erkrankte Kind verdeckt oder auf dieses abgelenkt zu werden. Wird das Kind in die Konflikte hineingezogen, so wird es in einen unlösbaren Loyalitätskonflikt gebracht.

Dem somatischen Symptom wird in dieser familiären Konstellation die Funktion zugeschrieben, zur Aufrechterhaltung des Systems beizutragen, Abhängigkeitstendenzen zu stabilisieren, notwendige Ablösungs- und Veränderungsansätze zu blockieren und Konflikte zu verdecken bzw. deren Austragen zu vermeiden.

Die vorliegende Untersuchung mit dem Gruppen-Rorschach stellt den Versuch dar, diese, während meist längerer Therapien erhobenen Familienbefunde testpsychologisch zu bestätigen.

Versuchsdurchführung

Der GRV wurde mit insgesamt 20 Familien durchgeführt. Davon gehörten jeweils 10 Familien der Versuchs- bzw. der parallelisierten Kontrollgruppe an. Die Versuchsgruppe setzte sich aus Familien mit einem an Colitis ulcerosa oder Morbus Crohn erkrankten Kind zusammen, es handelte sich um fünf weibliche und fünf männliche Patienten mit einem Durchschnittsalter von 13,2 Jahren. Die Familien hatten durchschnittlich vier Mitglieder. In der parallelisierten Kontrollgruppe wurden Familien mit einem gesunden Kind untersucht, das nach Alter, Geschlecht und Schulbildung dem kranken Kind entsprach.

Die Instruktion an die Familien lautete, daß jedes Mitglied beliebig viele Deutungen zu den 10 Kleckstafeln abgeben könne, und daß sich die Familie anschließend sich auf eine gemeinsame Deutung zu jeder Tafel einigen sollte.

Auswertungsgesichtspunkte

Die Rorschach-Reaktionen der Familien wurden nach folgenden Variablen aufgeschlüsselt:

a) Kooperationsvariablen:	Anzahl der gemeinsamen Lösungen, Versager, Qualität des Produkts und des Entscheids
b) Rangordnungsvariablen:	Tafelhalten, Vorschlagszahl, Penetranz, Entscheidung
c) Affektiver Beziehungsstil:	Beurteilungen der Vorschläge des anderen nach Häufigkeit, positiv zustimmend, negativ ablehnend und ambivalent

In Gruppenvergleichen wurden die Befunde ausgewertet auf:

- gesamtfamilialer Ebene (psychosomatische Familie/Kontrollfamilie)
- personaler Ebene (Mütter der Versuchsgruppe/Mütter der Kontrollgruppe)
- struktureller Ebene (Beziehungsgeflecht innerhalb der Familien aufgrund der gegenseitigen Beurteilungen)

Hypothesen zur Struktur der "psychosomatischen Familien" und deren Darstellung in Variablen des GRV

Gesamtfamiliale Ebene

Es wurde erwartet, daß die Familien mit den psychosomatisch kranken Patienten in ihren Fähigkeiten beeinträchtigt sein müßten, eine gemeinsame Aufgabe zu lösen. Im GRV könnte sich darin anzeigen, daß sie

- eine geringere Anzahl an gemeinsamen Lösungen aufweisen,
- qualitativ schlechtere gemeinsame Antworten zustande bringen,
- und auch weniger gute Entscheidungen fällen.

Alle drei Hypothesen konnten deutlich bestätigt werden. Die Unterschiede zwischen den Patienten- und den Kontrollfamilien waren nach dem t-Test signifikant auf dem 1-%-Niveau, dem 0,1-%-Niveau und dem 0,5-%-Niveau.

Die mangelnde Phantasietätigkeit und Gefühlsabwehr der psychosomatischen Familien könnte sich im GRV vielleicht in einer geringeren Anzahl der vorgeschlagenen Deutungen ausdrücken.

In diesem Punkt ließen sich Unterschiede zu den Kontrollfamilien statistisch nicht sichern, allerdings wirkten sich hier rechnerisch die kleinen Gruppengrößen negativ aus, da eine Familie mit Extremwerten sehr stark zu Buche schlug. Zur Feststellung der Phantasiearmut und Gefühlsabwehr wären hier aber wohl auch andere, in der Auswertung nicht berücksichtigte Variablen (wie z.B. die Inhaltsvariabilität und -originalität) aussagekräftiger gewesen, denn schließlich kann sich Gefühlsabwehr sicher auch hinter viel Reden bzw. einer relativ hohen Anzahl stereotyper Deutungen verbergen.

Die gedämpfte, ausdruckslose Stimmung und die oft bestätigte Vermeidung von Auseinandersetzungen der einzelnen Familienmitglieder einer psychosomatischen Familie miteinander müßte die Zahl der gegenseitigen Beurteilungen herabdrücken.

Dies zeigte sich als Tendenz (auf dem 10-%-Niveau) bei der t-Testberechnung an.

Personale Ebene

Die oft beschriebene Dominanz der Mütter von Colitis- bzw. Morbus-Crohn-Patienten könnte sich in den GRV-Variablen in einem höheren Penetranzscore dieser Mütter niederschlagen, d.h. darin, daß die gemeinsamen Familiendeutungen häufiger von den Patientenmüttern stammen als von denen der Kontrollfamilien. Dies ließ sich statistisch jedoch nicht sichern.

Darüberhinaus könnte sich die Dominanz auch in einem höheren Initialdeutungsscore ausdrücken.
Hier unterschieden sich die Patientenmütter tatsächlich hoch-signifikant von den Müttern der Kontrollfamilien (auf dem 0,5-%-Niveau).
Das dominante Verhalten der Mutter könnte sich im GRV auch in einem höheren soziometrischen Status widerspiegeln, d.h. dadurch, daß sie eine höhere Zahl positiver oder negativer Stellungnahmen auf sich ziehen als andere Familienmitglieder. Hier zeigte sich, daß die Mütter psychosomatisch kranker Kinder einen deutlich niedrigeren soziometrischen Status in der Familie innehaben als die

Mütter der Kontrollfamilien. Dieser Unterschied ist auf dem 0,5-%-Niveau statistisch hochsignifikant gesichert.

Die relative Bedeutungslosigkeit des Vaters in den psychosomatischen Familien könnte sich im GRV dadurch ausdrücken, daß die Väter der erkrankten Kinder

- in einem geringeren Anteil zu den in der Familie durchgesetzten Lösungen beitragen,
- daß ihr Penetranzscore im Vergleich zur Zahl ihrer Vorschläge geringer ist, und
- daß sie weniger Initialdeutungen geben.

Alle diese Hypothesen ließen sich mindestens tendenziell (auf dem 10-%-Niveau) bzw. auf dem 5- und 2,5-%-Niveau statistisch sichern.

Strukturbezogene Ergebnisse

Um die Interaktionswege der drei wichtigsten Interaktionspartner (Mutter-Patient, Vater-Patient, Vater-Mutter) näher zu beleuchten, wurden "Soziogramme" hergestellt.

Aufgrund der Komplexität dieser Variablen können Bestätigungen auf hohen Signifikanzniveaus kaum erwartet werden. So ließen sich denn auch diese Ergebnisse - im Unterschied zu den vorhergegangenen - meist nur auf einem Signifikanzniveau von 10 % sichern:

- Überprotektives Verhalten der Mütter psychosomatischer Patienten könnte sich in häufigen Beurteilungen der Vorschläge ihres Kindes anzeigen.
Dies bestätigte sich tendenziell. Dabei zeigten sich deutlich ausgeprägte geschlechtsspezifische Unterschiede in der Gruppe der psychosomatischen Familien: Die Mütter neigten dazu, v.a. ihre Töchter häufiger, aber auch häufiger negativ zu beurteilen, was auf eine ambivalente Einstellung der Mütter zu ihren kranken Kindern hindeutet (signifikant auf dem 2,5-%-Niveau).
Die große Abhängigkeit der Patienten gegenüber der sie häufig

frustrierenden "Schlüsselperson" (Mutter) und die damit einhergehenden aggressiven und ambivalenten Gefühle könnten sich ebenfalls in einer häufigeren, aber häufiger negativen Beurteilung der Vorschläge der Mütter von seiten der Patienten auswirken.

Überraschenderweise beurteilten die Patienten ihre Mütter jedoch deutlich seltener, verglichen mit den Kontrollkindern (signifikant auf dem 2,5-%-Niveau), gleichzeitig aber häufiger negativ. Dies legt den Schluß nahe, daß die oft zitierte feindselige Haltung der Patienten der Schlüsselperson gegenüber hier recht unverdeckt zum Ausdruck kam.

Auch hier deuteten sich Geschlechtsunterschiede an: Weibliche Patienten beurteilten ihre Mütter häufiger (signifikant auf dem 2,5-%-Niveau) und positiver, während sie von ihnen häufiger negativ beurteilt wurden (auf dem 2,5-%-Niveau signifikant).
Männliche Patienten dagegen beurteilten ihre Mütter seltener und häufiger negativ, wurden von ihnen aber auch seltener und häufiger negativ beurteilt.

- Die erwartete Interaktionshäufigkeit zwischen den Patienten und ihren Vätern ließ sich statistisch nicht sichern.
Tendenziell fand sich eine geringere negative Interaktion zwischen ihnen als in den Kontrollfamilien.
Wieder deuteten sich geschlechtsspezifische Unterschiede an: Während in den Kontrollfamilien die Väter ihre Töchter weniger negativ beurteilten als die Söhne, kehrte sich dieses Verhältnis bei den Vätern der psychosomatisch kranken Patienten um: Sie beurteilten ihre Töchter häufiger negativ als ihre Söhne.

- Die gestörte eheliche Beziehung der Eltern psychosomatisch kranker Kinder könnte in negativeren Beurteilungen der Vorschläge des Partners zum Ausdruck kommen.

Dies bestätigte sich tendenziell in den geringeren positiven Beurteilungen der mütterlichen Vorschläge von seiten der Väter. Auch hier ergaben sich interessante Hinweise auf geschlechtsspezifische Unterschiede innerhalb der Gruppe der Patientenfamilien:

So beurteilten sich die Eltern weiblicher Patienten häufiger positiv und seltener negativ als die Eltern männlicher Patienten. Die weiblichen Patienten wurden zudem von beiden Elternteilen häufiger negativ beurteilt, während sich die männlichen Patienten häufiger der Zustimmung beider, unter sich aber zerstrittenen Elternteile gegenübersahen.

Die weiblichen Patienten hatten somit in dem GRV die negativste soziometrische Stellung in der Familie: Sie wurden vom Vater und von der Mutter häufiger negativ beurteilt als die gesunden Töchter von ihren Eltern, und hatten in der eigenen Familie auch einen niedrigeren soziometrischen Status als die männlichen Patienten. Diese Unterschiede in der Familienstruktur bei den weiblichen und männlichen Patienten läßt daran denken, daß die Krankheit für sie im Familiensystem eine unterschiedliche Funktion hat: Während die kranke Tochter möglicherweise die Eltern eher als harmonische Einheit erlebt, die sich gegen sie verbündet, um eigene Konflikte zu verdecken, sieht der kranke Sohn sich anscheinend eher zerstrittenen Eltern gegenüber, wobei aber jeder Elternteil versucht, ihn für sich zu gewinnen, wodurch er in einen aussichtslosen Loyalitätskonflikt gerät.

Zusammenfassung

Die Ergebnisse des GRV bestätigten, daß die Familien mit einem psychosomatisch darmerkrankten Kind in ihrer Fähigkeit, gemeinsam eine Aufgabe zu lösen, deutlich eingeschränkt sind, im Vergleich zu Familien ohne psychosomatisch kranke Kinder. Die angenommene Dominanz der Mütter und relative Bedeutungslosigkeit der Väter in den psychosomatischen Familien konnte ansatzweise ebenfalls bestätigt werden. In den Ergebnissen zur Analyse der Familienbeziehungen waren neben der negativen Haltung der Patienten ihren Müttern gegenüber und der geringeren positiven Beurteilungen der Mütter von seiten der Väter, geschlechtsspezifische Unterschiede innerhalb der psychosomatischen Familie auffallend. Da diese aber auf einer sehr schmalen Datenbasis zusammenkamen, müßten sie durch weitere Untersuchungen abgestützt werden. Außerdem wären neue Hinweise und vertieftere Einsichten zu gewinnen, wenn neben der formalen Interaktionsanalyse auch noch eine inhaltliche Auswertung zur Erfassung der emotionalen Befindlichkeiten der Familienmitglieder vorgenommen würde.

Literatur

Abegg W (1973) Der Familientest. Classen, Zürich

Alexander I (1971) Psychosomatische Medizin. De Gruyter, Berlin

Alkire AA, Goldstein MJ, Rodnik EH, Judd LL (1971) Social influence and conterinfluence within families of four types of disturbed adolescents. J Abnorm Psychol 77:32-41

Bartlett FG (1916) An experimental study of some problems perceiving an imagining. Br J Psychol 8:222-267

Baumann G, Roman M (1968) Interaction·products analysis in group and family analysis. J Project Techn Pers Assess 52:331-337

Baumgarten-Tramer F (1943) Zur Geschichte des Rorschachtests. Schweiz Arch Neurol Psychiatr 50:1-13

Bellak L, Bellak SS (1949) Der Kinder-Apperceptionstest. Hogrefe, Göttingen

Binet A, Henri V (1895) La psychologie individuelle. Annee Psychol 2:411-465

Boa J, Kesselring V (1974) Merkmalsunterschiede zwischen Mann und Frau. Der Patient und Nichtpatient im gemeinsamen Rorschach-Versuch. In:Willi J (Hrsg) Anwendung des gemeinsamen Rorschach-Versuchs in Ehetherapie und Forschung. Huber, Bern Stuttgart Wien, S 86-101

Bohm E (1967) Lehrbuch der Rorschach-Psychodiagnostik, 3. Aufl. Huber, Bern Stuttgart Wien

Brem-Gräser L (1970) Familie in Tieren. Die Familiensituation im Spiegel der Kinderzeichnung, 2. Aufl. Reinhardt, München Basel

Brittain HL (1907) A study in imagination. Ped Sem 14:137

Cattell RB (1951) Principles of design in "projective" or misperceptive tests of personality. In:Anderson HH, Anderson GL (eds) An introduction to projective techniques. New York, pp 55-98

Cremerius J (1977) Ist die "psychosomatische Struktur" der französischen Schule krankheitsspezifisch? Psyche 31:293-317

Cutter F, Farberow NL (1968) Serial administration of consensus Rorschach to one patient.J Project Techn Pers Assess 32:258-374

Dan Givon (1974) Der gemeinsame Rorschach-Versuch als ehetherapeutische Methode. In: Willi J (Hrsg) Anwendung des gemeinsamen Rorschach-Versuchs in Ehetherapie und Forschung. Huber, Bern Stuttgart Wien, S 74-75

Dearborn G (1897) Blots of ink in experimental psychology. Psychol Rev 4:390-391

Düss L (1956) Fabelmethode. Institut für Psycho-Hygiene. Biel/

Schweiz
Engel GL (1974) Untersuchungen über psychische Prozesse bei Patienten mit Colitis ulcerosa. In: Brede K (Hrsg) Einführung in die psychosomtische Medizin. Fischer Athenäum, Frankfurt, S. 279-334
Engel GL (1978) Beiträge zur Konstrukt-Validität des gemeinsamen Rorschach-Versuchs von Willi. Hochschul-Verlag, Stuttgart
Ferreira AJ (1963) Decision-making in normal and pathologic families. Arch Gen Psychiatry 8:68
Frank LK (1939) Projective methods for the study of personality. J Psychol 8:389-413
Frank LK (1948) Projective methods. Thomas, Springfield
Freud S (1924) Totem und Tabu. In: Gesammelte Schriften, Bd 10. Int. Psa. Verlag, Leipzig Wien Zürich
Freud S (1950) Über die Berechtigung, von der Neurasthenie einen bestimmten Symptomkomplex als "Angstneurose" abzutrennen. In: Freud S, Werke aus den Jahren 1892-1899. Fischer, Frankfurt (Gesammelte Werke, Bd 1, S 313-342)
Freud S (1940) Psychoanalytische Bemerkungen über einen autographisch beschriebenen Fall von Paranoia. Ges. Werke,Bd 8. Imago, London
Goldstein MJ, Judd L, Rodnik E, Alkire A, Gould E (1968) A method for studying social influence and coping patterns within families of disturbed adolescents. J Nerv Ment Dis 147:233-251
Goldstein MJ, Judd L, Rodnik E, Alkire A, Gould E (1970) Interpersonal themes in the thematic apperceptions test stories of families of disturbed adolescents. J Nerv Ment Dis 150:354-365
Guntern G (1980) Die kopernikanische Revolution in der Psychotherapie, der Wandel vom psychoanalytischen zum systemischen Paradigma. Familiendynamik 5:2-41
Hassan SA (1977) Familie und Störungen Jugendlicher. Familiendynamik 2:69-100, 2:242-254
Heckhausen H (1960) Die Problematik des Projektionsbegriffs. Psychol Beiträge 5:53-80
Heiß R (1954) Diagnostik der Persönlichkeit und Persönlichkeitstheorie. Z Diagn Psychol 2:1-12
Hiltmann H (1964) Wortassoziation und verbale Ergänzungsverfahren. In: Heiß R (Hrsg) Psychologische Diagnostik. Hogrefe, Göttingen (Handbuch der Psychologie, Bd 6, S 535-555)
Hörmann H (1964) Theoretische Grundlagen der projektiven Tests. In: Heiß R (Hrsg) Psychologische Diagnostik. Hogrefe, Göttingen (Handbuch der Psychologie, Bd 6, S 71-112)
Howells JG (1978) Familienpsychotherapie, Grundlagen und Methoden. Reinhardt, München Basel
Howells JG, Lickorisch JR (1975) Familien-Beziehungs-Test. Reinhardt, München Basel
Jackson D, Yalom J (1974) Familiale Interaktionsmuster und Colitis ulcerosa. In: Brede K (Hrsg) Einführung in die psychosomatische Medizin. Fischer Athenäum, Frankfurt, S 242-257
Kesselring V (1974) Statistische Merkmalsunterschiede zwischen angstneurotischen und hysterischen Ehen im gemeinsamen Rorschach-Versuch. In: Will J (Hrsg) Anwendung des gemeinsamen Rorschach-Versuchs in Ehetherapie und Forschung. Huber, Bern Stuttgart Wien, S 43-73
Kohler T (1974) Test und Re-Test im Rahmen einer Ehe-Therapie. In: Willi J (Hrsg) Anwendung des gemeinsamen Rorschach-Versuchs

in Ehetherapie und Forschung. Huber, Bern Stuttgart Wien, S 13-42
Kornadt HJ (1964) Thematische Apperzeptionsverfahren. In: Heiß R (Hrsg) Psychologische Diagnostik. Hogrefe, Göttingen (Handbuch der Psychologie, Bd 6, S 635-684)
Langeveld MJ (1969) Columbus, Analyse der Entwicklung zum Erwachsensein durch Bilddeutung. Karger, Basel New York
Levy J, Epstein NB (1964) An application of Rorschach-Test in family interaction. Fam Process 3:344-376
Loveland NT, Wynne LC, Singer MT (1963) The family Rorschach: A new method for studying family interaction. Fam Process 2:187-215
Meili R (1961) Lehrbuch der Psychologischen Diagnostik, 4. Aufl. Huber, Bern Stuttgart Wien
Minuchin S (1977) Familie und Familientherapie - Theorie und Praxis struktureller Familientherapie. Lambertus, Freiburg
Minuchin S, Rosman BL, Baker L (1975) A conceptual model of psychosomatic illness in children. Arch Gen Psychiatr 32:1031-1038
Mitscherlich M (1978) Die Bedeutung des Übergangsobjekts für die psychosomatische Theorie. In: Overbeck G, Overbeck A (Hrsg) Seelischer Konflikt - körperliches Leiden. Reader zur Psychosomatik. Rowohlt, Reinbek
Murray HA (1938) Explorations in personality. Oxford University Press, New York
Murray HA (1943) Thematic Apperception Test. Harvard University Press, Cambridge/Mass.
Murray HA, Morgan CD (1935) A method for investigating phantasies: the Thematic Apperception Test. Arch 34:289
M'Uzan M de (1977) Zur Psychologie der psychosomatisch Kranken. Psyche 31:318-332
Nemiah JC, Sifneos OE (1970) Psychosomatic illness: A problem in communication. Psychother Psychosom 18:154-160
Olson DH, Ryder RG (1970) Inventary of marital conflicts (IMC): An experimental procedure. J Marr Fam 22:443-448
Olson DH (1969) Diagnosis in marriage counceling: Using SIMFAM, MMPJS and therapists' ratings. Am Assoc Marr Counc Newslett
Olson DH, Straus MA (1972) A diagnostic tool for marital and family therapy: The SIMFAM-technique. Fam Coord 21:251-258
Petersen P (1969) Psychiatrische und psychologische Aspekte der Familienplanung bei oraler Kontrazeption. Thieme, Stuttgart
Reiss D (1971) Varieties of consensual experience: I. A theory for relating family interaction to individual thinking. Fam Process 10:1-28
Revers WJ (1973) Der thematische Apperzeptionstest (TAT). Handbuch zur Verwendung des TAT in der psychologischen Persönlichkeitsdiagnostik, 4. Aufl. Huber, Bern Stuttgart Wien
Riskin JM, Faunce EF (1972) An evaluative review of family interaction. Fam Process 11:365-456
Rorschach H (1962) Psychodiagnostik - Methodik und Ergebnisse eines wahrnehmungsdiagnostischen Experiments, 8.Aufl. Huber, Bern Stuttgart Wien
Rosman BL, Minuchin S, Liebmann R (1979) Der "Familien-Lunch". Eine Möglichkeit zur Einleitung einer Familientherapie bei Magersucht. Familiendynamik 4:335-347
Scholz OB (1978) Diagnostische Interaktionsmethoden - einige notwendige Vorbemerkungen. In: Scholz OB (Hrsg) Diagnostik in Ehe-

und Partnerschaftskrisen. Urban & Schwarzenberg, München Wien Baltimore, S 225-227
Schur M (1974) Zur Metapsychologie der Somatisierung. In: Brede K (Hrsg) Einführung in die psychosomatische Medizin. Fischer Athenäum, Frankfurt, S 335-395
Simon RM (1972) Sculpting the family. Fam Process 11:49-57
Singer MT (1974) Impact versus diagnosis: A new approach to assessment techniques in family research and therapy. Vortrag auf der Ackerman Memorial Conference, Cumana/Venezuela
Singer MT, Wynne LC (1963) Differentiating characteristics of parents of childhood schizophrenics, childhood neurotics and young adult schizophrenics. Am J Psychiatry 120:234-243
Singer MT, Wynne LC (1966) Principles for scoring communication defects and deviances in parents of schizophrenics: Rorschach and TAT scoring manuals. Psychiatry 29, 3:260-288
Singer MT (1968) The consensus Rorschach and family transactions. J Proj Techn Pers Assess 32:348-351
Sperling M (1978) Psychosomatic disorders in childhood. New York
Spitznagel A, Vogel H (1964) Formdeuteverfahren.In: Heiß R (Hrsg) Psychologische Diagnostik. Hogrefe, Göttingen (Handbuch der Psychologie, Bd 6, S 556-634)
Staabs G von (1964) Der Sceno-Test - ein Beitrag zur Erfassung unbewußter Problematik und charakterologischer Struktur in Diagnostik und Therapie. Huber, Bern Stuttgart Wien
Stabenau JR, Pollin W (1968) Comperative life history differences of families of schizophrenics, delinquents and normals. Am J Psychiatry 124:1526-1534
Stabenau JR, Tupin J, Werner M, Pollin WA (1965) A comperative study of families of schizophrenics, delinquents and normals. Psychiatry 28:45-59
Stephanos S (1978) Pathologische primäre Identifikation und ihre Auswirkungen auf die psychosomatische Ökonomie des Individuums. Psychother Psychosom Med Psychol 28:37-49
Stierlin H (1976) Psychosomatische Erkrankungen als Störungen der Differenzierung-Integration: Ein Ausblick auf Familienpsychosomatik. Familiendynamik 1:272-293
Stierlin H, Rücker-Embden J, Wetzel N, Wirsching M (1977) Das erste Familiengespräch - Theorie - Praxis - Beispiele. Klett-Cotta, Stuttgart
Straus MA, Tallmann J (1971) SIMFAM: A technique of observational measurement and experimental study of families. In: Aldous J et al. (eds) Family problem solving. Dryden, Hinsdale
Strodtbeck FL (1951) Husband - wife - interaction over revealed difference. Am Soc Rev 16:468-473
Thomas M (1938) Methode des histoires a completer pour le depistage des complexes et des conflicts affectifs enfantins. Arch Psychol 26:209-284
Vogt L, Bürckstümmer G, Gonst L et al.(1977) Differences in phantasy-life of psychosomatic and psychoneurotic parents. Psychother Psychosom Med Psychol 28:98-105
Watzlawick Pl, Beavin JH, Jackson DD (1969) Menschliche Kommunikation, Formen, Störungen, Paradoxien. Huber, Bern Stuttgart Wien
Wille A (1982) Der Familienskulptur-Test. Prax Kinderpsychol Kinderpsychiatr 4:150-154
Willi J (1969) Joint Rorschach testing of partner relationships.

Fam Process 8:64-78
Willi J (1973) Der gemeinsame Rorschach-Versuch. Diagnostik von Paar- und Gruppenbeziehungen. Huber, Bern Stuttgart Wien
Willi J (1974) Anwendung des gemeinsamen Rorschach-Versuchs in Ehetherapie und Forschung. Huber, Bern Stuttgart Wien
Winter WD, Ferreira AJ, Olson JL (1966) Hostily themes in the family TAT. J Proj Techn Pers Assess 30:270-274
Wright BA (1933) An experimental created conflict expressed in a projective technique. Psychol Bull 38:718
Wynne LC (1968) Consensus Rorschach and related procedures for studying interpersonal patterns. J Proj Techn Pers Assess 32: 352-356
Wynne LC, Singer MT, Bartko J, Toohey ML (1975) Schizophrenics and their families: Recent research on parental communication. In: Tanner JM (ed) Psychiatric research: The widening perspective. Int. Univ. Press, New York
Wynne LC, Singer MT, Toohey ML (1978) Communication of the adoptive parents of schizophrenics. Presented by Wynne at the Fifth International Symposium on the Psychotherapy of Schizophrenia, Oslo 1978

Beziehungen zwischen familialer Interaktion und Therapeutenurteilen: Der gemeinsame Rorschach-Versuch im Kontext der systemorientierten Familientherapie

S. Reiter-Theil

EINLEITUNG UND FRAGESTELLUNG

Grundlage dieses Aufsatzes ist eine Untersuchung über die therapeutische Effizienz von Familienbehandlungen, die an der Familienberatungs- und Behandlungsstelle im Psychotherapeutischen Zentrum (Stuttgart-Sonnenberg) stattgefunden hat. Es handelte sich dabei um Familientherapie nach einem systemtheoretischen Konzept, die im Folgenden als "systemorientierte Familientherapie" bezeichnet wird. Auf dem Hintergrund der wissenschafts- und erkenntnistheoretischen Diskussion über die Frage, ob in der Familientherapie ein neues "Paradigma" zu erkennen sei (Guntern 1980), bestand zunächst Anlaß und Notwendigkeit zu fragen, inwieweit ein in Betracht kommendes Untersuchungsinstrument der Beziehungsdiagnostik auch für die systemorientierte Familientherapie wesentliche Information über die Familie erfassen würde. Nach dem bisherigen Stand der Erkenntnis schien nämlich eine diesem neuen Therapieansatz und "Paradigma" angemessene empirische Untersuchung spezifische Methoden zu erfordern, die jedoch nicht in genügender Differenzierung und Zuverlässigkeit zur Verfügung standen. Die vorliegende Arbeit behandelt den Aspekt der Untersuchung, der dem Verhältnis zwischen der durch das gewählte Untersuchungsinstrument erfaßten Information über die Interaktion in der Familie und den Aussagen der Therapeuten hierüber gilt; die

Interaktion in der Familie
Herausgegeben von E. J. Brunner

Evaluation der Therapien selbst wird dagegen ausgeklammert (Theil 1981, Zur Evaluation systemorientierter Familientherapien an der Familienberatungs- u. Behandlungsstelle im Psychotherapeutischen Zentrum, Stuttgart. Unveröffentl. Manuskript).

Auch die Diskussion über die Frage, ob die systemorientierte Familientherapie ein neues "Paradigma" darstelle, soll hier nicht vertieft werden. In der ausführlichen Auseinandersetzung mit dieser Frage (Theil 1981, Familiale Interaktionsstrukturen und Ziele in systemorientierten Familientherapien. Theoretische und empirische Untersuchungen. Unveröffentl. Diplomarbeit im Fach Psychologie, Universität Tübingen) konnten Argumente für eine solche, aber modifizierte Auffassung angeführt werden. Eine Differenzierung des Paradigmabegriffs nach Masterman (1974)[1] ermöglichte es, im Bereich der therapeutischen Anwendung von der systemorientierten Familientherapie als einem neuen "soziologischen Paradigma" zu sprechen. Das heißt, daß die systemorientierte Familientherapie offenkundig praktiziert wird und sich bereits in der therapeutischen Landschaft etabliert. Über die Entwicklung der anderen Bestandteile eines Paradigmas im Sinne von Kuhn (1967), die dazugehörige Theorie und Forschung nämlich, wird damit noch keine Aussage gemacht. In der Tat muß man davon ausgehen, daß hier eine umfassende und ausgearbeitete Theorie für die therapeutische Praxis noch nicht vorliegt, und auch die empirische Untersuchung der zugrundeliegenden Annahmen läßt bisher zu wünschen übrig. Eine solche Kennzeichnung der systemorientierten Familientherapie als "soziologisches Paradigma" im Sinne von Masterman (1974) bedeutet daher eine realistische Einschränkung gegenüber einer derzeit als verfrüht erscheinenden "Paradigmadiagnose" nach dem weiten und durch viele Implikationen beschwerten Paradigmabegriff von Kuhn, wie sie bei Guntern (1980) vertreten wird.

---

1 Masterman (1974; vgl. Reiter-Theil, S.17 ff.) nennt drei Komponenten des Paradigmabegriffs bei Kuhn (1967):
1. das metaphysische Paradigma, das u.a. die Theorie enthält,
2. das soziologische Paradigma, eine Reihe von neuen Errungenschaften, die sich allmählich verbreiten,
3. das konstruierte Paradigma, welches die eigentliche Grundlage für die wissenschaftliche Untersuchung und Weiterentwicklung der ersten und zweiten Komponente darstellt.

Davon ausgehend wurde unter den Methoden der Interaktionsforschung (s. die Klassifikation bei Jankowski 1978) der Gemeinsame Rorschach-Versuch (GRV) von Willi (1969, 1973) als passendes Untersuchungsinstrument ausgewählt. Das bedeutete eine Konzentration auf die Untersuchung der Interaktion in der Familie - ein für die Familientherapie sicher entscheidender Bereich, wie wir annahmen. Um differenziertere Aussagen über die Beziehung zwischen dem Untersuchungsinstrument, dem Gemeinsamen Rorschach-Versuch (GRV), und dem der Therapie zugrundeliegenden Ansatz der systemorientierten Familientherapie machen zu können, sollten die Beobachtungen aus dem GRV mit den Einschätzungen der Therapeuten über die Interaktion in den Familien beim GRV verglichen werden, wobei die Beobachtungen von einer unabhängigen Versuchsleiterin, die Einschätzungen des Interaktionsverhaltens vom behandelnden Therapeuten der jeweiligen Familie stammten.

Für die empirische Untersuchung ergab sich daraus die folgende Frage:

Wie stellt sich der Zusammenhang zwischen den Beobachtungen der Interaktion in den Familien - aus den diagnostischen Untersuchungen mit dem GRV - und den Einschätzungen der Interaktion durch die systemorientierten Familientherapeuten dar?

METHODEN

Ohne auf die Probleme der Methodenwahl ausführlich einzugehen, wollen wir doch kurz einige Hinweise zu diesem Thema geben. Die bereits erwähnte Klassifikation von Verfahren in der Erziehungs- und Familiendiagnostik bei Jankowski (1978) gibt einen sehr nützlichen Überblick über den Stand der Entwicklung. Dabei werden die Möglichkeiten und Grenzen der einzelnen Ansätze deutlich gemacht. So nennt Jankowski (1978) selbst keine ausgearbeiteten Methoden, die eine angemessene Untersuchung der Familie als Gesamtheit ermöglichen würden. In der Arbeit von Cromwell et al. (s. S. 105

ff.) wird demgegenüber ein (versuchsweise) integrativer Weg beschritten, indem die vorhandenen Untersuchungsmethoden als einander ergänzend systematisiert werden. Die Autoren führen in ihrer Differenzierung der Beobachtungsmethoden bei Familienuntersuchungen vier Versionen an, von denen wir die "decision-making tasks" als die für unsere Zwecke geeignetsten ansahen. Wir entschieden uns für den von Willi (1969, 1973) ausgearbeiteten Gemeinsamen Rorschach-Versuch (GRV), der in testtheoretischer Hinsicht als das relativ am weitesten entwickelte Verfahren erschien.[2]

Bescnreibung des Gemeinsamen Rorschach-Versuchs (GRV): Beobachtung der Interaktion in der Familie

Bei dem GRV handelt es sich um einen "Test, mit dem Interaktion in einer standardisierten Situation direkt beobachtet und nach klar definierten Kriterien qualitativ und quantitativ ausgewertet werden kann" (Willi 1973, S.9). Neben dem beobachtbaren Interaktionsverhalten soll der GRV aber auch die "unbewußte Dynamik der Partner und der Gruppe als Ganzes" erfassen (a.a.O.). Das Vorgehen besteht beim GRV darin, daß zwei oder mehr Partner miteinander den Rorschach-Test absolvieren und dabei versuchen sollen, sich bei jeder Tafel auf eine Deutung zu einigen. Von diesen Informationen ausgehend sind zwei verschiedene Auswertungsmodi möglich, die einander ergänzen: 1. die Interaktions- bzw. Verhaltensanalyse, und 2. die Inhaltsanalyse der individuellen Rorschach-Deutungen. In unserer Untersuchung wurde ausschließlich die Verhaltensanalyse, nicht aber die tiefenpsychologische Inhaltsanalyse angewandt. Die folgenden Ausführungen beziehen sich also immer auf diesen ersten Auswertungsmodus. Willi gruppiert die Variablen der Interaktionsanalyse in drei Verhaltensbereiche:

2 Cromwell et al. erwähnen in der Gruppe der "decision-making tasks" nur die Vorformen des GRV (bis Willi 1969), nicht aber Willis 1973 veröffentlichte Weiterentwicklung.

1. Rangordnung,
2. affektiver Beziehungsstil,
3. Kooperation.

Statt die einzelnen Variablen der drei Verhaltensbereiche, wie sie bei Willi verwandt werden, an dieser Stelle genau darzustellen, verweisen wir auf Willis eigene Beschreibung (1973, S. 23 ff.) und auf die Darstellung bei Engel (1978, S. 49 ff.). Auf Grund verschiedener Erfahrungen, die wir in Vortests mit dem GRV bei Familien gemacht haben, entwickelten wir einige Modifikationen der Auswertung, so daß die von uns untersuchten Variablen der Interaktionsanalyse nach dem GRV folgendermaßen aussahen:

Verhaltensbereich 1 - "Rangordnung"

1. Tafelhalten: Es wird beobachtet, wer von den Teilnehmern zuerst, wie oft und in welcher Reihenfolge die zur Diskussion stehende Tafel in den Händen hält.

2. Vorschlagszahl: Hier geht es um die Anzahl von Klecksdeutungen, die jeder Teilnehmer zur Diskussion stellt.

3. Initialdeutung: Abweichend von Willi und in Übereinstimmung mit Engel wird die jeweils erste Deutung, die auf eine Tafel gegeben wird, als eigene Variable definiert.

4. Penetranz: Die Anzahl der Vorschläge, die ein Teilnehmer zur gemeinsamen Lösung durchsetzt, ist Ausdruck für seine "Penetranz". Dabei werden nicht nur ganze Punkte für das Durchsetzen eines Vorschlags verrechnet, sondern es wird auch festgehalten, wenn eine gemeinsame Lösung, von z.B. zwei Teilnehmern, entwickelt wurde (je 0,5).

5. Entscheiden: Hier wird gezählt, wie häufig ein Teilnehmer maßgeblich über eine gemeinsame Lösung entscheidet. Die Aufgabe enthält einen Entscheidungsakt, der sich v.a. im Diskussionsabschluß zeigt. Auch hier werden (wie bei 4.) neben ganzen Punkten auch Anteile bei gemeinsam übernommener Führung und Entscheidung aufgezeichnet.

Verhaltensbereich 2 - "Affektiver Beziehungsstil"

Indikator für die affektiven Beziehungen zwischen den Teilnehmern ist die Art, in der der eine die Vorschläge des anderen beurteilt und kommentiert:

6. Positiv unterstützend,

7. negativ ablehnend und

8. ambivalent Stellung nehmend.

"Keine Äußerung" wurde nicht zusätzlich erfaßt; es erwies sich aber als nötig, eine weitere Kategorie - "Fragen" - einzuführen.

Verhaltensbereich 3 - "Kooperation"

9. Entscheidungsform: Anstelle von "guten" und "schlechten" Entscheidungen differenzieren wir den Entscheidungsvorgang in vier Formen:
   a) Entscheidungen mit hohem Ausmaß an gemeinsamem Einverständnis und klarer Formulierung des Ergebnisses;
   b) Entscheidungen, die einseitig und autoritär von einem Teilnehmer, ohne Zustimmung der anderen, gefällt werden;
   c) Entscheidungen mit Übereinstimmung, aber ohne klare Formulierung eines Ergebnisses;
   d) Entscheidungen mit eingeschränkter Zustimmung bzw. passiver Distanzierung von Teilnehmern, die sich am Entscheidungsprozeß nicht beteiligen.

   (Von diesen ist nur die erste Entscheidungsform als uneingeschränkt "gut" zu bezeichnen.)

10. Anzahl gemeinsamer Lösungen: Dies sind die Fälle, in denen sich die Teilnehmer auf eine gemeinsame Deutung einigen können.

Der Fragebogen zum Gemeinsamen Rorschach-Versuch: Einschätzung der Interaktion

Um exakte und den operationalen Daten aus der Beobachtung des Interaktionsverhaltens im GRV vergleichbare Einschätzungen zu erhalten, haben wir den "Fragebogen zum Gemeinsamen Rorschach-Versuch" entworfen. Dieser enthält einerseits Fragen, die genau den im Test beobachtbaren Variablen entsprechen und quantitative Voraussagen über das Verhalten der Familienmitglieder verlangen; andererseits werden der Kontext und die Bedeutung dieser Verhaltensweisen für die ganze Familie - also der Bezug zum "System" - vom Therapeuten erfragt. Dadurch sollten die operationalen und quantifizierten Aussagen in therapeutisch sinnvollen Zusammenhängen auswertbar werden.

Entsprechend der Testaufnahme vor Beginn und nach Abschluß der Familientherapie gaben die Therapeuten ihre Einschätzungen sowohl zum ersten als auch zum zweiten GRV ab. Grundlage ihrer Voraussagen waren im ersten Fall lediglich die Informationen und Eindrücke, die sie im Erstgespräch mit der Familie hatten sammeln können. Im zweiten Fall hatten sie alle Erfahrungen aus der Therapie zur Verfügung und konnten ihre Aussagen mit denen des ersten Fragebogens vergleichen. (Diese Vergleichsmöglichkeit war notwendig gewesen, weil wir die Veränderung von Therapiezielen im Lauf der Therapie erfassen wollten.) Bei der Entwicklung des Fragebogens wurde wiederholt mit den Therapeuten der Familienberatungsstelle Rücksprache gehalten, um die offenen Fragen möglichst eng an ihrem therapeutischen Konzept auszurichten.

Außerdem mußten die Therapeuten "am eigenen Leibe" erfahren haben, wie ein GRV abläuft, um sich das Verhalten der Familienmitglieder vorstellen zu können. Daher wurde mit den an der Untersuchung beteiligten Therapeuten der GRV durchgeführt und gemeinsam ausgewertet. Auf diese Weise erfuhr der Fragebogen einige Modifikationen, bis er in der gegenwärigen Form zur Anwendung kam. Diese erwies sich bei den offenen Fragen als teilweise redundant, so daß bei erneuter Anwendung eine Kürzung sinnvoll erscheint. Mit den Therapeuten wurde deshalb vereinbart, im Fragebogen auf bereits Gesagtes zu verweisen, um sich und anderen unnötige Wiederholungen zu ersparen.

DIE DURCHFÜHRUNG DER UNTERSUCHUNG

Allem Anschein nach ist es grundsätzlich nicht möglich, die Interaktion in der Familie zu beobachten, ohne diese auch zu beeinflussen. Außerdem erschwert die Komplexität des Gegenstandes seine angemessene Untersuchung. Daraus folgt, daß am besten unterschiedliche und einander ergänzende Vorgehensweisen in der Untersuchung angewandt werden sollten. Natürlich bedeutet die Kombination von verschiedenen Perspektiven zugleich, daß man unterschiedliche Daten über "ein und denselben" Gegenstand bekommt. Nach einer systemorientierten Sichtweise erscheint dies aber als geradezu notwendige Konsequenz: Der Standort des Beobachters (im weitesten Sinne) sowie seine Selektion und Verarbeitung der Information bestimmen die "Daten", die man schließlich erhält. Wie Cromwell et al. (vgl. S. 105 ff.) hervorheben, kommt es bei einer sinnvollen Diagnostik von Familien nicht in erster Linie darauf an, "conflicting data" zu vermeiden; ihrer Ansicht nach sind solche nicht als Fehlschlag der Untersuchung anzusehen: Sofern sie nämlich aus verschiedenen Blickwinkeln resultieren und unterschiedliche "Systemkontexte" repräsentieren, sei es sogar wahrscheinlich, daß sich die Ergebnisse unterscheiden. Nur mit dieser Einstellung - die allerdings das Ideal der "Einfachheit" in der Wissenschaft zu gefährden scheint - wird eine Annäherung an die Forderungen einer ökosystemischen Diagnostik möglich: durch die Berücksichtigung der kontextuellen Bedingungen und der Relativität der Diagnose.

Ebenfalls in diese Richtung geht die erkenntnistheoretische Grundlegung der Verhaltenswissenschaften von Devereux (1976). Dabei ist die Erkenntnis zentral, daß mit der jeweiligen Methode und durch die Bedingungen, unter denen die Datengewinnung stattfindet, bereits die Klasse der möglichen Daten bestimmt ist - ebenso diejenige der "unmöglichen". In dem Maße, in dem eine Klasse von Verhaltensweisen in einer Untersuchungssituation bevorzugt, suggeriert oder sogar gefordert wird, bekommt gerade das Verhalten, das nicht zu dieser Klasse gehört, aber dennoch auftritt, eine besondere Bedeutung. Diese Aufmerksamkeit gegenüber dem nicht Erwarteten kann zur Vervollständigung der Wahrnehmung bzw. der Datenaufnahme und -evaluation beitragen.

Die Stichproben (Therapeuten und Familien)

Zu den Therapeuten

Die sechs Familientherapeuten dieser Untersuchung (drei männliche und drei weibliche mittleren Alters) waren Mitarbeiter der Familienberatungsstelle; vier von ihnen arbeiteten als Ausbilder für systemorientierte Familientherapie, zwei hatten diese Ausbildung gerade absolviert. Bevor sie Familientherapeuten wurden, waren sie alle bereits therapeutisch oder pädagogisch tätig gewesen, wie dies bei Familientherapeuten üblich ist. Daher verfügten sie über Kenntnisse und Erfahrungen verschiedener Therapieformen, wie Gestalttherapie, Transaktionsanalyse sowie Gruppendynamik; sie alle legten ihrer Arbeit mit Familien ein systemorientiertes - und auf der Ebene der therapeutischen Technik integratives - Konzept zugrunde. Nur eine solche Ausrichtung konnte versprechen, daß Therapie und Diagnostik, und somit auch die Einschätzungen der Therapeuten über das Verhalten der Familien im GRV, die systemorientierte Sichtweise repräsentieren würden, denen die Ergebnisse aus der Untersuchung mit dem GRV gegenübergestellt werden sollten.

Zu den Familien

Alle Familien, die die Familienberatungsstelle aufsuchen, tun dies freiwillig, zuweilen auf Empfehlung einer anderen Beratungsstelle, eines Arztes oder Psychotherapeuten. Teils fällt es den Familienmitgliedern schwer anzuerkennen, daß sie selbst, ihre Anwesenheit und Mitarbeit in der Therapie notwendig seien, da sie doch persönlich von dem jeweiligen Problem scheinbar nicht betroffen sind. Aus diesem Grund, und auch weil Familientherapie hierzulande (1978) noch neu und selten war, ist es verständlich, daß zunächst mit eher reservierten und abwehrenden Reaktionen der Familien gegenüber einer Untersuchung gerechnet worden war, in der sie, zusätzlich zur Therapie, einem Außenstehenden Einblick in ihre Familie geben sollten. Wir wurden angenehm überrascht.

Aus der Untersuchung ausgeschlossen wurden Familien, die nicht "vollzählig" zur Therapie bzw. zur Diagnostik kommen würden; im engeren Sinne bedeutete das zugleich, daß wir nur Familien untersuchen wollten, in denen sowohl Vater als auch Mutter da waren und auch zur Therapie kamen. Dabei wurde kein Unterschied gemacht zwischen Mutter und Stiefmutter bzw. Vater und Stiefvater, ebensowenig zwischen verheirateten und unverheiratet zusammenlebenden Eltern. Ein weiteres Kriterium bestand im Alter des Kindes bzw. der Kinder. Da der GRV aber prinzipiell schon für Kinder vor dem Schulalter als geeignet erschien, konnten wir auch Familien mit Kindern von nur fünf Jahren (mindestens) einbeziehen. Neben diesen Gesichtspunkten, der Zusammensetzung bzw. "Vollständigkeit" der Familie und dem "Alter der Kinder" mußte auch die Zustimmung der Familie gegeben sein, an der Untersuchung teilzunehmen. Erfreulicherweise erklärten sich alle zehn Familien der Stichprobe (sowie die beiden Familien aus den Vortests) ohne weiteres bereit, zweimal für eine Stunde zur Untersuchung in die Familienberatungsstelle zu kommen. Nur eine der zehn Familien konnte allerdings nicht dafür gewonnen werden, nach abgebrochener Therapie (und "Heilung" des identifizierten Patienten) auch zum Abschlußtest zu erscheinen.

Der Versuchsablauf

In der Regel kamen die Familien eigens zu dieser Verabredung in die Familienberatungsstelle, nur in wenigen Fällen schloß sich die erste Therapiestunde (nach dem Erstgespräch) an die Testaufnahme an. Mit Ausnahme eines Vortests wurden die GRV auf Tonband aufgezeichnet, was von allen Familien als selbstverständlich hingenommen wurde (auch in den Therapiestunden werden üblicherweise Tonbandaufzeichnungen gemacht). Mitunter benützten Kinder die Gelegenheit, vor Beginn des Tests ins Mikrophon zu blasen oder sonstige Geräusche "zu Protokoll zu geben", dann verlor das Gerät jedoch schnell an Attraktivität. Um die Bandaufnahme zu vervollständigen, wurden während des Tests die Sitzordnung und v.a. die Variablen "Tafelhalten", "Vorschlagszahl" und "Initialdeutung" schriftlich festgehalten sowie Notizen über auffallendes non-verbales Verhalten gemacht, z.B. mimische oder motorische Äußerungen von Aggression, wie Grimassen oder Stoßen; außerdem wurde festzuhalten versucht, wenn sich ein Teilnehmer beispielsweise nur flüsternd äußerte, was in der Tonbandaufzeichnung untergegangen wäre. Die schriftlichen Aufzeichnungen wurden so gemacht, daß sie für die Familie als etwas zum Test Gehörendes, und nicht etwa als heimliche Notizen, erscheinen konnten. Dabei wurde aber für die Teilnehmer nicht ersichtlich, was im einzelnen festgehalten wurde. Zur Dauer der Untersuchung war den Familien bereits von den Therapeuten gesagt worden, sie sollten mit einer knappen Stunde rechnen. Die GRV selbst dauerten jeweils zwischen 20 und 45 min, wobei alle Familien von selbst zum Schluß kamen.

Handelte es sich um einen ersten GRV, wurde nach der Begrüßung und nachdem die Familie im Untersuchungszimmer Platz genommen hatte, eine Verbindung hergestellt zu den Vorbemerkungen, die der Therapeut im Erstgespräch über den GRV gemacht hatte. Wenn es ein zweiter GRV nach Abschluß der Therapie war, wurde der Familie mit Beziehung auf die erste Untersuchung gesagt, daß sie noch einmal den gleichen Test absolvieren sollten. Begann jemand in der Familie über die Therapie zu sprechen, wurde dieses Thema auf die Zeit nach der Aufnahme eines GRV verschoben. Nachdem alle Vorbereitungen und Einleitungen beendet waren, wurden die Familienmitglieder über ihre Aufgabe im GRV instruiert.

Bei einem GRV mit der ganzen Familie ist es wichtig, daß der Diagnostiker in möglichst kurzer Zeit Verbindung zu allen Familienmitgliedern bekommt und sie mit der Instruktion erreicht, daß sie für die Aufgabe motiviert werden. Abgesehen davon herrscht, verständlicherweise, in Familien, die zur Familientherapie kommen und Spannungen und Konflikte mitbringen, häufig keine "Spielstimmung". Manchmal besteht sogar ein Widerstand dagegen, sich gemeinsam mit etwas zu beschäftigen. Dann steht man vor dem Problem, daß die Menge der erhaltenen Information stark reduziert wird, weil sich die Teilnehmer zu wenig auf die gemeinsame Aufgabe einlassen. Auch wenn sehr junge Kinder dabei sind, erfordert die Instruktion mehr als ein technisch korrektes Vorgehen nach der von Willi (1973) gegebenen Anweisung.

Aus diesen Gründen entschieden wir uns dafür, die Instruktion jedes Mal frei zu formulieren und die Form auf die jeweiligen Bedingungen abzustimmen. Variationen der Form waren bedingt durch Alter und Auffassungsvermögen der Kinder, die allgemeine Stimmung in der Familie gegenüber der Aufgabe sowie die Mundart der Familie. Es wurde versucht, die eigene Sprechweise derjenigen der Familien und auch der Kinder etwas anzupassen, also kein "Schriftdeutsch" zu sprechen. Die Instruktion lautete demnach ungefähr so :

"Hier sind zehn Tafeln, auf denen bestimmte Bilder sind; es ist also nichts Bestimmtes zu sehen, sondern jeder kann alles mögliche erkennen. Die Aufgabe besteht jetzt darin, daß Sie (ihr) Ideen sammeln (t), was das alles sein könnte. Dann sollen Sie (sollt ihr) versuchen, eine gemeinsame Lösung zu finden, sich (euch) auf eine Idee zu einigen. - Wenn das nicht geht, und das kann schon vorkommen, ist es nicht so schlimm. Wir gehen dann zur nächsten Tafel über."

Auf diese Weise, und indem zu Rückfragen vor Testbeginn ermuntert wurde, verliefen die GRV meist ohne Zwischenfragen. Eine zeitliche Begrenzung erwies sich in keinem Fall als nötig.

Die Details der Auswertung und Darstellung der Ergebnisse sollen dem Leser hier erspart werden (Theil 1981, unveröffentl. Diplomarbeit). Vielmehr wollen wir der Diskussion der Ergebnisse selbst möglichst breiten Raum geben, um v.a. die einzelnen Interpretationsansätze darstellen zu können.

DISKUSSION DER ERGEBNISSE

Verhaltensbereich 1 - "Rangordnung"

Die Ergebnisse im ersten Verhaltensbereich des GRV, in der "Rangordnung", lassen keine Schlußfolgerungen darüber zu, ob die GRV-Daten die Sichtweise der systemorientierten Familientherapie wiedergeben oder ihnen widersprechen. Da uns im Zusammenhang mit der Suche nach einem geeigneten familiendiagnostischen Verfahren v.a. eine mögliche Übereinstimmung zwischen den aus dem GRV gewonnenen Aussagen und denen der Therapeuten interessierte, versuchten wir herauszufinden, ob sich nicht wenigstens ein Trend in Richtung einer Übereinstimmung zeigen würde, wenn wir bestimmte Zusatzannahmen machten. Für beide in diesem Zusammenhang formulierten Arbeitshypothesen gilt jedoch, daß der angenommene "Trend" sehr schwach ausgeprägt ist und nur mit größter Vorsicht als solcher bezeichnet werden soll.

So ergibt ein Vergleich der Familien mit vier Familienmitgliedern, daß bei denjenigen Familien, die ein klar umschriebenes Problem im Dominanzbereich haben, eine größere Übereinstimmung zwischen den GRV-Daten und den Einschätzungen der Therapeuten besteht als bei den anderen Familien. Die hier zugrundeliegende Arbeitshypothese enthält die Annahme, daß in Fällen, wo zwischen den jeweiligen Variablen des GRV (hier also den fünf Variablen des Rangordnungs- oder Dominanzbereichs) und einem zentralen Problem der interagierenden Personen eine deutliche inhaltliche Beziehung besteht, auch größere Übereinstimmung zwischen dem Verhalten der Familienmitglieder in der GRV-Situation und in der Therapie, und damit auch zwischen GRV-Daten und Einschätzungen der Therapeuten zu vermuten wäre. In diesen Fällen müßten dann die Variablen (1-5) des Verhaltensbereichs 1 von größerer therapeutischer Relevanz sein, und, bezogen auf die von der Familie

---

3 1. Tafelhalten, 2. Vorschlagszahl, 3. Initialdeutung, 4. Penetranz, 5. Entscheiden.

und vom Therapeuten formulierte Problemlage, eine höhere inhaltliche Validität besitzen. Dies scheint jedoch nur in sehr geringem Maße zuzutreffen, denn der erwartete Unterschied zeigte sich nicht bei einem Vergleich der Familien mit drei oder fünf Familienmitgliedern.

Die Annahme, daß die einzelnen Variablen des ersten Verhaltensbereichs unterschiedlich große Übereinstimmung zwischen GRV-Daten und Einschätzungen der Therapeuten aufweisen würden, beruht auf der Überlegung, daß diese das Konstrukt "Rangordnung" unterschiedlich gut operationalisierten. Da die Einschätzungen der Therapeuten auf dem Wege der "Operationalisierung" ihrer systemorientierten Sicht der Familienmitglieder in die vorgegebenen Begriffe oder Variablen des GRV erfolgten, ist dies von Bedeutung. Dafür sprechen auch die Ergebnisse der Faktorenanalyse des GRV von Engel (1978), die zwar die Extraktion eines Faktors "Dominanz" erlaubte, jedoch für die fünf Variablen aus dem ersten Verhaltensbereich sehr unterschiedliche Ladungen auf diesem Faktor erbrachte. Die höchste Ladung fand sich mit .75 bei Variable 5, "Entscheiden", gefolgt von .47 bei Variable 4, "Penetranz"; die Variablen 1, "Tafelhalten", und 2, "Vorschlagszahl", gehören nach Engel nicht zu diesem Verhaltensbereich: Sie laden mit 0.8 bzw. mit - 0.3 auf diesem Faktor. Zwar läßt sich - unter Vorbehalt - bei unseren Daten sagen, daß Variable 5 mehr Übereinstimmungen aufweist als die anderen vier, die übrigen Ergebnisse entsprechen aber nicht den Annahmen, die aus Engels Faktorenanalyse folgen würden. Hierfür kann es von entscheidender Bedeutung sein, daß in die Ergebnisse bei Engel ausschließlich GRV mit Paaren eingingen, während wir Familien untersucht haben, die z.T. sogar Kinder im Vorschulalter umfaßten.

Auf Grund der Verschiedenheit der Familien hinsichtlich des Familienzyklus, besonders des Alters der Kinder, der Größe und der unterschiedlichen Form auch ähnlicher Probleme leuchtet es ein, daß die einzelnen Variablen des GRV auch in unterschiedlichem Maße geeignet zu sein scheinen, das aus der Sicht des Therapeuten jeweils Typische für Familie und Problem abzubilden. So ist es evident, daß die Variablen "Tafelhalten", "Vorschlagszahl" und

"Initialdeutung" v.a. die Aktivität von (jüngeren) Kindern erfassen können, während die Variablen "Penetranz" und v.a. "Entscheiden" erheblich stärker "erwachsene" Verhaltensweisen betreffen.

Verhaltensbereich 2 - "Affektiver Beziehungsstil"

Wie für den Verhaltensbereich 1 des GRV gilt auch hier, daß man aus den Ergebnissen nicht schließen kann, ob die GRV-Daten die Sichtweise der systemorientierten Familientherapeuten wiedergeben oder ihnen widersprechen. Um die deutliche allgemeine Nichtübereinstimmung (nicht zu verwechseln mit Widerspruch) zwischen den aus dem GRV gewonnenen Aussagen und denen der Therapeuten differenzierter zu untersuchen, wurden die Ergebnisse für die einzelnen Variablen (6-8)[4] näher betrachtet. Dabei ließen sich zwei Tendenzen feststellen, die mit Hilfe von Arbeitshypothesen interpretiert werden können. Somit halten wir es für plausibel, daß die mangelnde Übereinstimmung zwischen GRV-Daten und Einschätzungen der Therapeuten in diesem Verhaltensbereich auf einen systematischen Unterschied zwischen den beiden Informationsquellen zurückzuführen ist: Während die Situation des GRV mit der Versuchsleiterin anscheinend mehr "positives" und weniger "ambivalentes" Interaktionsverhalten der Familienmitglieder hervorrief, scheint die Situation des Erstgesprächs und der Therapie (mit dem jeweiligen Therapeuten) weniger "positives" und mehr "ambivalentes" Interaktionsverhalten der Familienmitglieder provoziert zu haben, das wiederum die Therapeuten dazu veranlaßte, das Verhalten der Familienmitglieder im GRV entsprechend einzuschätzen.

Zur Interpretation dieser beiden Tendenzen, die sich in der gleichen Richtung auswirken, bieten sich vier Anhaltspunkte an:
1. die Therapeuten, 2. die Familien, 3. die Versuchsleiterin und 4. der GRV als Interaktionsanalyse.

---

4 6. positiv zustimmende, 7. negativ ablehnende, 8. ambivalente Beurteilungen.

1. Die Therapeuten

Es ist möglich, daß die Therapeuten die Familienmitglieder und ihre Interaktionen besonders problemorientiert wahrnahmen und beurteilten und so zu Einschätzungen kamen, die die jeweilige Familie als weniger "positiv" und stärker "ambivalent" darstellten, als sie "eigentlich" war. Über diese "eigentliche" und "wahre" Art der Familieninteraktion können wir aber nichts aussagen, da sie eine theoretische Konstruktion ist und sich als solche nicht empirisch erfassen läßt.

2. Die Familien

Man könnte auch annehmen, daß die Familien versuchten, sich in der "Testsituation" der Aufgabe entsprechend möglichst "gut" und "richtig" zu verhalten, während sie im Erstgespräch und in der Therapie selbst v.a. ihre Therapiebedürftigkeit und -willigkeit darstellten. Dazu kommt, daß der Therapeut die Möglichkeit, ja die Aufgabe hat, diese Bedürftigkeit mit der Familie zusammen herauszufinden, während in den GRV derartige Interventionen der Versuchsleiterin weder vorgesehen waren noch durchgeführt worden sind.

3. Die Versuchsleiterin

Vielleicht haben auch verschiedene "Personvariablen" der Versuchsleiterin dazu beigetragen, daß die Familienmitglieder die Instruktion so getreulich zu befolgen versuchten. Dieser Vermutung würde der subjektive Eindruck der Versuchsleiterin entsprechen, daß sie bemüht war, eher bedrückt oder lustlos wirkende Familienmitglieder zu aktivieren und im Sinne der Aufgabe zu motivieren. Ein solcher Versuchsleitereffekt dürfte nach eigener Einschätzung weniger auf verbale als auf nonverbale Botschaften zurückzuführen sein.

4. Der GRV als Interaktionsanalyse

Schließlich besteht noch die Möglichkeit, daß der GRV bei unseren

Familien das von den Therapeuten eingeschätzte, eher problematische Verhalten nicht oder nur wenig abbildete, weil der positive Aufforderungscharakter des GRV (vgl. 2.) so stark war, daß dieses - entgegen der Harmoniewünsche in den Familien - nur bei besonders negativ getönten Beziehungen zum Vorschein kam, wie es in zwei Fällen auch zu beobachten war. Auf der anderen Seite kann auch ein geringeres Maß an Angst und Abwehr gegenüber Ablehnung und Kritik dazu führen, daß nicht nur "positive", sondern auch "negative" und "ambivalente" Stellungnahmen auftreten oder häufiger werden; diese Reaktionen konnten wir nach der Therapie bei zwei weiteren Familien feststellen.

Die Tatsache, daß die bestehenden Tendenzen bezüglich der Variablen 6 und 8 (positive bzw. ambivalente Beurteilungen) vom ersten zum zweiten GRV an Stärke zunahmen, könnte auf drei Ursachen zurückzuführen sein. Erstens ist es denkbar, daß die Therapeuten die Familieninteraktion im zweiten GRV aus Bescheidenheit und Vorsicht weniger optimistisch beurteilten, um die Familie nach der Therapie nicht zu "rosig", den Erfolg ihrer therapeutischen Bemühungen nicht als zu groß darzustellen. Die zweite Möglichkeit besteht darin, daß sich die Familien beim zweiten GRV noch mehr bemühten, "positiv" zu sein oder zu scheinen, weil sie selbst einen Therapieerfolg dokumentieren wollten. Drittens kann man spekulieren, daß in therapeutisch relevanteren, und also für die Familien problemnäheren Situationen als dem GRV, auch mehr von diesen "ambivalenten" Äußerungen vorgekommen wären (was eine höhere Übereinstimmung mit den Einschätzungen der Therapeuten bedeutet hätte). Schließlich soll aber noch hinzugefügt werden, daß eine Familie, in der "überwiegend positive Stellungnahmen" auftreten, aus der Sicht des Familientherapeuten nicht immer und unbedingt eine funktionstüchtige Familie mit offenen und lebhaften Beziehungen sein muß. Je nach Ausgangslage kann es auch wünschenswert sein, daß weniger "positive" oder zumindest, daß auch "negative" und "ambivalente" Äußerungen in der Familie zugelassen werden.

Im Zusammenhang mit den beiden beschriebenen Tendenzen, die wir bei Variable 6, "positive Stellungnahme", und bei Variable 8,

"ambivalente Stellungnahme", festgestellt haben, erscheint ein Ergebnis aus dem Gruppenvergleich bei Engel (1978) interessant: Von den drei Variablen des zweiten Verhaltensbereichs differenzierten nur Variable 6 und 8 zwischen der Familientherapiegruppe und der Normalgruppe der Paare, während Variable 7 sich als "irrelevant" erwies. Bei uns hatte sich Variable 7 als die einzige der drei Variablen des zweiten Verhaltensbereichs erwiesen, bei der in keinem der beiden angestellten Vergleiche mehr Übereinstimmungen zwischen GRV-Daten und Einschätzungen der Therapeuten als Nichtübereinstimmung vorlagen.
Allerdings zeigte Engels Faktorenanalyse, daß nur Variable 8 eine hohe Ladung (.68) auf dem Faktor aufwies, der den zweiten Verhaltensbereich hatte darstellen sollen; die Ladungen der Variablen 6 und 7 betrugen nur .23 bzw. .39. Schließlich gibt dieser Faktor nach Meinung Engels nicht die affektive Beziehung zwischen den Teilnehmern wieder, sondern soll vorläufig als "allgemeine verbale Interaktion" bezeichnet werden (Engel 1978, S. 103). Dies schließt Engel aus den recht hohen Ladungen zweier anderer Variablen auf diesem Faktor (Variable 2, "Vorschlagszahl" mit .55, Intelligenzquotient mit .52) sowie aus der niedrigen Ladung der Variablen "Affektivität" des Expertenratings von - .10.
Wir sehen, daß nicht nur die Homogenität dieses Verhaltensbereichs, sondern auch die Übereinstimmung mit Expertenratings Schwierigkeiten bereiten, sowohl bei Engel wie bei uns. So plausibel diese drei Variablen hier auch scheinen, so sehr ihre atmosphärische Bedeutung nachzuvollziehen sein mag, so wenig ist es in diesem Fall gelungen, diese auch ins "Reich der harten Daten" hinüberzuretten. Für uns bleibt zu spekulieren, ob die Situation des GRV auf der einen Seite und die Situation des therapeutischen Erstgesprächs, bzw. die ganze Serie therapeutischer Sitzungen, auf der anderen Seite, nicht zu verschieden sind, als daß deutlichere oder größere Übereinstimmungen hätten resultieren können.

Verhaltensbereich 3 - "Kooperation"

Auch hier muß, wie schon für den ersten und zweiten Verhaltensbereich, festgestellt werden, daß die Ergebnisse keine Schlüsse darüber zulassen, ob die GRV-Daten die Sichtweise der systemorientierten Familientherapeuten wiedergeben oder ihnen widersprechen. Dies gilt für beide Variablen (Entscheidungsform und Anzahl gemeinsamer Lösungen) dieses Verhaltensbereichs, wobei die Nichtübereinstimmung (nicht zu verwechseln mit Widerspruch) zwischen den aus dem GRV gewonnenen Aussagen und denen der Therapeuten bei Variable 10, "Anzahl der gemeinsamen Lösungen", sehr deutlich ist. Bezüglich der Verteilung von Übereinstimmungen bei der Variable 9, "Entscheidungsform", erwies sich die Arbeitshypothese als plausibel, nach der die problematischen Entscheidungsformen von "autoritärer", "unklarer" oder "passiver" Art größere Übereinstimmung zwischen GRV-Daten und den Einschätzungen der Therapeuten aufweisen, was besonders für die "autoritäre" Entscheidungsform zutrifft. Als Ursache hierfür kann, ähnlich wie bei den im zweiten Verhaltensbereich festgestellten Tendenzen, die Tatsache angesehen werden, daß einerseits die Therapeuten dazu neigen, die problematischen Entscheidungsformen in der jeweiligen Familie für vorherrschend zu halten und "gute" Entscheidungen als wenig wahrscheinlich anzusehen. Andererseits zeigt sich, daß nach den Beobachtungen im GRV in den Familien gerade diese "gute" Entscheidungsform überwog.

Diese systematische Diskrepanz zwischen den GRV-Daten und den Therapeutenurteilen ist anscheinend dafür verantwortlich, daß die Übereinstimmung bei der "guten" Entscheidungsform 1 besonders gering ist, während sich die Nichtübereinstimmungen bei den übrigen drei, den problematischen Entscheidungsformen, auf drei Kategorien verteilen. Insofern müßte man eher davon sprechen, daß die problematischen Entscheidungsformen weniger Nichtübereinstimmungen aufweisen als die "gute" Entscheidungsform, und nicht davon, daß sie mehr Übereinstimmungen zeigten. Denn um eine überzeugende Übereinstimmung handelt es sich hierbei nicht.

In diesem Zusammenhang ist es interessant, daß bei Engels Gruppenvergleich die Variablen "Qualität des Entscheidens" (ungefähr entsprechend unserer Variable 9, "Entscheidungsform") und "Anzahl der gemeinsamen Lösungen" (bei uns Variable 10) nicht zwischen der Familientherapiegruppe und den anderen Gruppen differenzierten. Das Expertenrating dagegen bildete die Paare der Familientherapiegruppe hinsichtlich ihrer Kooperation als signifikant "schlechter" ab als die Paare der anderen Gruppen. Wir haben es hier - und vielleicht auch bei Engels Ergebnissen - mit einer Überschätzung (in positiver Richtung) der Familien durch den GRV bzw. mit einer Unterschätzung (in negativer Richtung) durch die Therapeuten/Experten zu tun, je nachdem, in welche Richtung man interpretieren will: Wie die Interaktion in den Familien im GRV "positiver" und weniger "ambivalent" erscheint als in den Therapeuten- und Expertenurteilen, so bildet der GRV sie auch als "kooperativer" ab, als es die Therapeuten und Experten darstellen.

Diese allgemeine Tendenz kann wieder auf vier Ursprünge zurückgeführt werden: 1. die Therapeuten, 2. die Familien, 3. die Versuchsleiterin und 4. den GRV als Interaktionsanalyse. Dabei erscheint der beschriebene Effekt in diesem Verhaltensbereich noch einleuchtender als im zweiten, da er genau in Richtung der Testaufgabe, der Instruktion des GRV liegt, nämlich sich auf eine gemeinsame Lösung zu einigen. Diese Aufgabenstellung impliziert eine Aufforderung an die Teilnehmer, sich kooperativ zu verhalten und demokratisch zu einigen, was einer "guten" Entscheidung entspräche. Insofern neigen wir zu der Auffassung, daß es weniger eine problemorientierte und selektive Wahrnehmung der Familientherapeuten (die "therapeutische Brille") war, die zu dieser Diskrepanz führte, sondern daß bei den hier untersuchten Familien das in Begriffen des GRV als wünschenswert definierte Kooperationsverhalten grundsätzlich, sozusagen strukturell, vorhanden oder verfügbar war, und daß der GRV eine Situation darstellte, in der die Realisierung dieser Verhaltensmöglichkeit nicht nur keine Schwierigkeiten bereitete, sondern sogar durch die Aufgabenstellung besonders erleichtert wurde.

ZUSAMMENFASSUNG UND SCHLUSSFOLGERUNGEN

Bei der geringen Übereinstimmung, die sich zwischen den Beobachtungen im GRV und den Einschätzungen der Therapeuten ergeben hat, erschien unsere ursprüngliche Absicht, die GRV-Ergebnisse auf die von den Therapeuten formulierten Therapieziele zu beziehen, nicht mehr als sinnvoll. Die Möglichkeit, an den Veränderungen vom ersten zum zweiten GRV ablesen zu können, ob die gewünschten Veränderungen im Interaktionsverhalten der Familienmitglieder eingetreten seien, besteht daher in diesem Fall nicht.

In allen drei Verhaltensbereichen des GRV sind die Übereinstimmungen zwischen den im GRV gewonnenen Daten und den Einschätzungen der Therapeuten über die familialen Interaktionsstrukturen allgemein von sehr geringem Ausmaß. Es findet sich keine Unterstützung für die Annahme, daß die von den systemorientierten Familientherapeuten als für die jeweilige Familie charakteristisch eingeschätzten Verhaltensweisen in der Interaktionsanalyse des GRV in gleicher Form wiedergefunden werden könnten. Vielmehr scheint sich zu bestätigen, was aus den bereits kurz angeführten erkenntnistheoretischen Überlegungen (vgl. Devereux 1976; Keeney 1979; Cromwell et al. s. S. 105 ff.) folgt, daß der Kontext und die Bedingungen einer Untersuchung von so entscheidender Bedeutung sind, daß ein und derselbe Gegenstand ganz verschiedene Formen annehmen kann.

So zeigten sich die Familien ihrem Therapeuten gegenüber anscheinend anders als in der Situation des GRV; daher waren auch zwischen den Einschätzungen, die die Therapeuten über das mutmaßliche Interaktionsverhalten der Familienmitglieder äußerten, und den Beobachtungen im GRV selbst wenig Übereinstimmungen zu finden. Dieser Mangel an Übereinstimmung weist außerdem eine klare Gestalt auf: Der GRV ließ die Familieninteraktion als "positiver", weniger "ambivalent" und als "kooperativer" erscheinen, als es die Therapeuten nach ihren Erfahrungen mit der Familie erwartet hatten. Mögliche Gründe dafür sind bereits diskutiert worden, daher schließen wir hier nur einige Überlegungen an, die die

Verwendung des GRV im Rahmen der systemorientierten Familientherapie betreffen.

Es wäre weder unseren methodischen Voraussetzungen noch dem systemtheoretischen Denken angemessen, aus den Ergebnissen schließen zu wollen, entweder der GRV oder die Therapeuten hätten die Familieninteraktion "verzerrt" dargestellt. Legt man eine ökosystemische Betrachtungsweise zugrunde, lautet die Schlußfolgerung anders: Allem Anschein nach bewirken die verschiedenen Bedingungen - einerseits die des GRV, andererseits die der therapeutischen Situation - bei den Familien auch verschiedene Aktualisierungen bezüglich des Interaktionsverhaltens, die zu den beschriebenen Unterschieden führen. Weder die eine noch die andere "Beschreibung" der Interaktion wäre demnach "unwahr" oder "falsch". Die jeweilige Form des Interagierens bedeutet vielmehr eine Anpassungsreaktion an die gegebenen und von den Familienmitgliedern erlebten Situationen und an die jeweiligen "demand characteristics". Nur dann, wenn man eine Bestätigung der therapeutischen Beurteilungen in Form einer unmittelbaren Abbildung erwartete, wäre es konsequent zu sagen: Der GRV hat sich in diesem Fall für die in der systemorientierten Familientherapie relevanten Fragen als wenig valide erwiesen.

In diesem Sinne wäre zu folgern, daß der GRV sich nicht dazu eigne, in einem Präpostdesign zu "testen", ob sich die familiale Interaktion in der gewünschten Weise verändert habe. Man kann aber die Frage stellen, wie der GRV überhaupt in einer für die Bedürfnisse systemorientierter Familientherapeuten fruchtbaren Form diagnostisch eingesetzt und ausgewertet werden könne. Als Kriterium für Therapieerfolg im Sinne einer unmittelbaren Abbildung kann er, nach unserem Verständnis, nur dann verwandt werden, wenn sich in den GRV-Daten vor Beginn der Therapie auch Verhaltensweisen der Teilnehmer spiegeln, die für die Therapie von Bedeutung sind, die sich also verändern sollen. Nur dann könnte ein GRV nach der Therapie zeigen, ob die angestrebten Veränderungen erreicht worden sind.

Nach unseren Erfahrungen mit dem GRV glauben wir, daß dies nur bei Familien zutreffen wird, bei denen das angestrebte Interaktionsverhalten (Kooperation usw.) auch in relativ angstfreien und wenig belastenden Situationen wie dem GRV nicht realisiert werden kann, bzw. bei Familien, die die bestehenden Konflikte und Spannungen auch dann nicht kontrollieren können. Bei unseren Familien scheint jedoch weitgehend die Möglichkeit bestanden zu haben, sich - nach eigenen Vorstellungen, und offenbar auch nach den im GRV angelegten Maßstäben - "gut", und das heißt kooperativ, zu verhalten.

Die Tatsache, daß in einer Familie bedeutende (als bedeutend erlebte) Schwierigkeiten im Zusammenleben vorhanden sind, schließt ja nicht aus, daß wesentliche Grundvoraussetzungen für erfolgreiche Interaktion, z.B. die Fähigkeit zu kooperieren, gegeben sind. Daß eine Instruktion wie die des GRV, sich auf eine gemeinsame Lösung zu einigen, so offensichtlich und genau befolgt wird, interpretieren wir einerseits mit dem in den Familien so häufig vorhandenen Wunsch, sich als Familie "gesund" und "harmonisch" darzustellen und sich in einer Testsituation im Sinne der Aufgabenstellung zu bewähren.

Andererseits meinen wir, daß die weit verbreitete Unsicherheit - nicht nur über die Zukunft der Familie, sondern auch darüber, wie sie heute funktionieren kann und soll -, die sich auch in dem Bedürfnis nach Familientherapie ausdrückt, dazu beitragen kann, daß Eltern (und vielleicht auch Kinder) nach äußeren Anhaltspunkten für ihr Verhalten in der Familie suchen. Solche "Anhaltspunkte" mögen in diesem Fall auf der einen Seite die aufgabenbezogene Instruktion des GRV, vermittelt durch die Versuchsleiterin, gewesen sein, auf der anderen Seite aber die vom Therapeuten gegebene "Erlaubnis", die Beziehungen in der Familie gerade mit ihren problematischen Seiten darzustellen.

Eine solche Orientierung an außerhalb der Familie stehenden Autoritäten wird verständlich, wenn man daran denkt, daß in den meisten dieser Familien die "Generationsgrenze", ihr Fehlen oder ihre mangelnde Klarheit, problematisch war: Die Eltern hatten Schwierigkeiten, ihre Elternrolle auszuüben; sie fürchteten sich, ihren Kindern und anderen mit Autorität und Konsequenz gegenüberzutreten. Damit hängt der Wunsch nach Leitlinien für Familienleben und Erziehung zusammen. Hinzu kommt noch, daß wir es hier mit Familien zu tun haben, die sich freiwillig an eine Institution um Hilfe bei ihren Problemen gewandt haben.

Wir halten es für sinnvoller, daß der GRV vom Therapeuten selbst mit der Familie durchgeführt und in die Therapie einbezogen wird, statt von einem unabhängigen Gutachter. Dies würde bedeuten, daß Therapeut und Familie die Informationen aus dem GRV im Sinne einer prozeßorientierten Interaktionsdiagnose auswerten und therapeutisch verwenden könnten. Vielleicht würde sich der GRV dann auch als problem- und therapierelevanter erweisen, als es bei uns der Fall war. Zumindest aber könnte in der Therapie der - möglicherweise auftretende - Unterschied zwischen dem Verhalten der Familienmitglieder in Problemsituationen und im GRV therapeutisch bearbeitet werden und eine weitere Facette ins therapeutische Bild bringen.

Kommen wir noch einmal auf die Auffassungen von Devereux (1976) zurück, daß das Auftreten eines nicht erwarteten Verhaltens gerade besondere Aufmerksamkeit verdiene, so ergeben sich einige auch für die Therapie wichtige Hinweise. Die Frage, welches Verhalten - das kooperative, also erfolgreiche, oder das nicht-kooperative und dem GRV-Kontext entsprechend als versagend einzustufende - für die Familie selbst in der Untersuchungssituation das "erwartete" gewesen sein mag, können wir nicht so einfach entscheiden. Bei einzelnen Familien werden negative Erwartungen vorgeherrscht haben ("wir können uns ja doch nicht einig werden"), bei anderen eher positive ("wir müssen uns eben Mühe geben, dann wird es schon gehen"). Für die "Experten", die Therapeuten, herrschte dagegen wohl mehr die Mißerfolgserwartung vor, daß die Familien doch in wesentlichen Verhaltensbereichen (die der GRV ja abdecken sollte) Schwierigkeiten aufweisen würden.

Daß die Familien trotz einer vielleicht spürbaren externen Attribution als "problematisch" und einer internen Attribution als "familientherapiebedürftig" - dennoch tendenziell kooperativ sein konnten, ist sicher als therapierelevantes Ergebnis anzusehen: Unseres Erachtens sollte daraus der Schluß gezogen werden, daß in vielen Fällen tatsächlich größere Möglichkeiten zu positivem Verhalten in der Familie bestehen, als in einer Problemsituation zunächst erkennbar wird. Es ergäbe sich ein Ansatz des "Lernens am Erfolg", wenn man diese Erfahrungen für die Familien therapeutisch fruchtbar machen würde.

Dies ist in unserem Fall geschehen: In eine Nachuntersuchung über die weiteren Entwicklungen in der jeweiligen Familie wurden auch Feedbackgespräche über die GRV-Ergebnisse integriert. Obwohl die Auswertung dieser Untersuchung noch im Gang ist, kann man bereits sagen, daß diese Rückmeldungen über das Verhalten im GRV von den Familienmitgliedern immer als nachvollziehbar und überzeugend, oft auch als bereichernd und unterstützend erlebt wurden. Diese Erfahrung spricht für eine modifizierte Anwendung des GRV im Kontext der systemorientierten Familientherapie.

Literatur

Devereux G (1976) Angst und Methode in den Verhaltenswissenschaften. Ullstein, Frankfurt Berlin Wien

Engel K (1978) Beiträge zur Konstruktvalidität des Gemeinsamen Rorschach-Versuches von Willi. Hochschul-Verlag, Stuttgart

Guntern G (1980) Die Kopernikanische Revolution in der Psychotherapie: Der Wandel vom psychoanalytischen zum systemischen Paradigma. Familiendynamik 5:2-41

Jankowski P (1978) Diagnostik in der Erziehungs- und Familienberatung. In: Pongratz LJ (Hrsg) Klinische Psychologie. Hogrefe, Göttingen (Handbuch der Psychologie, Bd 8, 2. Halbband, S 1726-1755

Keeney BP (1979) Ecosystemic epistemology: An alternative paradigm for diagnosis. Fam Process 18:117-129

Kuhn TS (1967) Die Struktur wissenschaftlicher Revolutionen. Suhrkamp, Frankfurt

Lakatos I, Musgrave A (Hrsg) (1974) Kritik und Erkenntnisfortschritt. Vieweg, Braunschweig

Masterman M (1974) Die Natur eines Paradigmas. In: Lakatos I, Musgrave A (Hrsg) Kritik und Erkenntnisforschritt. Vieweg, Braunschweig, S 59-88

Willi J (1969) Joint research testing of partner relationship.

Fam Process 8:64-78
Willi J (1973) Der Gemeinsame Rorschach-Versuch. Diagnostik von Paar- und Gruppenbeziehungen. Huber, Bern Stuttgart Wien

Der Reutlinger Familieninteraktions-Diagnosebogen: Ein Kategoriensystem zur Erfassung familialer Interaktion

E. J. Brunner, A. Odronitz-Dieterle und R. Brunner-Wörner

VORBEMERKUNG

Der Reutlinger Familieninteraktions-Diagnosebogen (RFD) stellt einen Versuch dar, auf dem Hintergrund der systemorientierten Familientherapie ein Hilfsmittel bereitzustellen, mit dem die Interaktionen, die in einem Familiensystem ablaufen, erfaßt werden können.[1]

Der vorliegende Versuch, mit Hilfe eines Kategoriensystems familiale Interaktion zu erfassen, stellt lediglich eine spezifische Möglichkeit neben anderen dar, eine Familiendiagnose im systemorientierten Sinne zu erstellen (zum Spektrum der Vorgehensweisen vgl. Brunner et al. S. 89 ff.). Es wird daher erwartet, daß das vorliegende Kategoriensystem zwar einen wichtigen Beitrag zur

1 Das Kategoriensystem wurde im Rahmen des Forschungsprojekts erstellt, das mit Unterstützung der Deutschen Forschungsgemeinschaft durchgeführt wurde: "Methoden der Interaktionsdiagnose bei Familienberatungsgesprächen" (Br 643/3). - Der RFD und die Handanweisung zum RFD liegen auch in holländischer Sprache vor. Die Übersetzung und Bearbeitung besorgte Pierre Smeets, an den sich interessierte niederländische Kollegen wenden können: Dr. P. Smeets, orthopedagoog, Kliniek kinderpsychiatrie, Radboudziekenhuis, Geert Grooteplein Zuid nr. 10, 6525 GA Nijmegen.

Interaktion in der Familie
Herausgegeben von E. J. Brunner

Familieninteraktionsdiagnose leisten kann, daß Verfahren wie der RFD jedoch - werden nur sie zur Anwendung gebracht - alleine nicht ausreichen. Vermutlich müssen qualitativ-interpretative Verfahren des Diagnostizierens ergänzend hinzugenommen werden.

Der RFD stellt einen Versuch dar, mit Hilfe von inhaltlich definierten Kategorien das Interaktionsgefüge zu erfassen, wie es sich im Verlauf eines Familienberatungsgesprächs zeigt. Ziel ist letztlich, das jeweilige Familiensystem treffend zu charakterisieren, was in der Praxis bedeuten würde, eine fundierte Ausgangsbasis für die Arbeit mit der Familie zu finden (vgl. auch das Kategoriensystem von Riskin u. Faunce 1980).

Es ist den Verfassern klar, daß sie sich mit der Erstellung eines Kategoriensystems eine ganze Reihe von Problemen einhandeln, angefangen von wissenschaftstheoretischen Fragestellungen, die damit berührt werden (s. dazu vor allem Merkens u. Seiler 1978), bis hin zu Fragen der Praktikabilität solcher Verfahren. Auf der anderen Seite gibt es eine Reihe von Gründen, die für die Erstellung eines Kategoriensystems sprechen:

- Ein Kategoriensystem kann Hinweise auf das Familiensystem geben, die vielleicht durch bloße Zuhilfenahme der Intuition des Beobachters (Beraters) verloren gehen würden.

- Der Vorgang der Interaktionsdiagnose eines Familiensystems kann durchsichtiger werden.

- Durch die Zuordnung von Kategorien zu den einzelnen Dyaden im System kann man den Besonderheiten einzelner Subsysteme in der Familie auf die Spur kommen.

- Die Zuhilfenahme eines Kategoriensystems stellt eine Möglichkeit dar, die Häufigkeit der auftretenden Interaktionsformen genau zu bestimmen. Solche Quantitäten lassen möglicherweise spezifischere Rückschlüsse auf entsprechende Charakteristika im Familiensystem zu.

- Da die Kategorien dem Gesprächsablauf folgen, ermöglichen sie eine eingehende Analyse des Interaktionsprozesses in der Familie. In diesem Zusammenhang sind Sequenzanalysen von besonderem Interesse.

DIE KATEGORIEN DES R F D

In der ersten Fassung (zur revidierten Fassung s. S. 302 ff.) enthält der RFD insgesamt neun Kategorien; sie lauten:

1. Kontakt aufnehmen	K
2. Initiative ergreifen	I
3. Unterbrechen	U
4. Themawechsel	T
5. Anerkennen, bestätigen, loben	B^+ (Beziehung plus)
6. Ablehnen, abwerten, anklagen, angreifen, nicht beachten	B^- (Beziehung minus)
7. Anweisung geben	An
8. Unvollständige Kommunikation	UK
9. Diskrepante Kommunikation	DK

Erläuterung der einzelnen Kategorien

Auf den folgenden Seiten werden die Kategorien einzeln vorgestellt und jeweils erläutert. Die Erklärung folgt dabei einem festen Schema:

Nr. (der Kategorie)
Kategorienbezeichnung
Chiffre
Inhalt
Beispiele
Anmerkung zum theoretischen Hintergrund

- Zunächst werden Kategoriennummer, Kategorienbezeichnung und Kategorienchiffre benannt.

- Dann wird (in einen Kasten eingerahmt) der Kategorieninhalt kurz skizziert. Durch die Formulierung soll deutlich werden, daß sich die Kategorien immer auf Kommunikationsdyaden beziehen (z.B. wer spricht mit wem?).

- Im Anschluß daran werden einige typische Beispiele gebracht, auf die die Kategorien zutreffen.

- Schließlich werden einige Hinweise zum theoretischen Hintergrund der jeweiligen Kategorie gegeben.

Nr. 1

KATEGORIE KONTAKT AUFNEHMEN

Chiffre K

Inhalt :

Wer spricht mit wem?
Wer nimmt mit wem Kontakt auf?
Wer nimmt mit wem Körperkontakt auf?

Beispiele

1) Berater: Wie geht es dir.damit, wenn deine Mutter das sagt, Thomas?

2) Vater: (Zur Mutter gewandt) Da möchte ich dir recht geben.

Anmerkung zum theoretischen Hintergrund

Bei der Kontaktaufnahme handelt es sich um eine Grundkategorie zwischenmenschlicher Kommunikation. Wichtig ist, daß erkenntlich ist, daß eine Person zu einer anderen spricht oder in anderer Weise explizit in Interaktion zu einer anderen Person tritt. In der Familientherapie ist dieses interaktionsstiftende Moment eines Familienmitgliedes gegenüber einem anderen durchgängig als entscheidende Variable bezeichnet worden (vgl. etwa Satir 1975, S. 49-80; Luthman u. Kirschenbaum 1977, S. 17-28). Besonders deutlich wird die Bedeutung der wechselseitigen Kontaktaufnahme in Minuchins Modell (1977, S. 70-81), wo sie als Hinweis auf Subsysteme oder Koalitionen gewertet wird.

Nr. 2

KATEGORIE INITIATIVE ERGREIFEN

Chiffre I

Inhalt :

Wer fängt an? Wer ergreift z.B. zu Beginn der Sitzung oder nach Pausen die Initiative? Wer bringt ein neues Thema, wenn das alte abgeschlossen ist?

Beispiele

1) Berater: Wer möchte anfangen?
   Mutter: Ja, mein Problem ist ...

2) Vater: Wenn du damit fertig bist, möchte ich etwas anderes vorbringen.

Anmerkung zum theoretischen Hintergrund

Beobachtungen dieser Art werden von vielen Familientherapeuten als wichtiger Hinweis auf die Verteilung von Positionen in der Familie angesehen (vgl. Haley 1977, S. 27 ff.)

Nr. 3

KATEGORIE UNTERBRECHEN

Chiffre U

Inhalt :

Wer unterbricht wen? (D.h., wer unterbricht den Partner, mit dem er gerade kommuniziert?) Wer unterbricht welche Dyade? (D.h., wer unterbricht welche Partner, die gerade miteinander kommunizieren?)

Beispiele

1) Mutter:	Die Schwierigkeit bei uns
Vater:	Von Schwierigkeit kann keine Rede sein
2) Mutter:	(zu ihrem Mann gewandt) Da hab ich grad wenig Hilfe von dir
Kind:	(zeigt dem Vater ein Bilderbuch) Papa, was ist das?

Anmerkungen zum theoretischen Hintergrund

Die Kategorie bezieht sich auf die Erfahrung, daß (nichtförderndes) Unterbrechen ein Hinweis auf die Dysfunktionalität eines Familiensystems ist. U dokumentiert jeweils eine Störung in der Beziehung.

Nr. 4

KATEGORIE THEMAWECHSEL

Chiffre T

Inhalt :

> Wer wechselt nach wem das Thema in unangemessener Weise?
>
> Wer bringt nach einem bestimmten Sprecher etwas Unpassendes zur Sprache?

Beispiele

1)	Berater:	(zum Vater gewandt) Wann fühlen Sie sich durch Ihren Sohn gestört? Was macht Ihr Sohn da?
	Vater:	Also, eigentlich kommen wir gut miteinander aus
2)	Mutter:	Karin hilft mir immer bei bestimmten Hausarbeiten. Ihre Hilfe möchte ich da nicht missen.
	Karin:	Ich finde, daß wir in der Familie viel zu wenig miteinander unternehmen.

Anmerkung zum theoretischen Hintergrund

Zu betonen ist, daß hier der inadäquate Themenwechsel innerhalb einer Kommunikationssequenz gemeint ist. Zur Dysfunktionalität für das Familiensystem vgl. Luthmann u. Kirschenbaum (1977, S. 45 f.); vgl. auch die "irrelevante Kommunikationsform" bei Satir (1975). Weiterhin können unangemessene Themenwechsel auf "geeichte Kommunikationszyklen" (Bandler et al. 1978) hinweisen.

Nr. 5

KATEGORIE ANERKENNEN, BESTÄTIGEN, LOBEN

Chiffre B^{+}

Inhalt :

Wer wendet sich anerkennend (bestätigend, lobend) wem zu? Wer unterstützt wen?

Beispiele

1) Therapeut: Ich finde das prima von dir!

2) Vater: Deine Zeugnisse waren diesmal wirklich gut!

Anmerkung zum theoretischen Hintergrund

Eine positive, förderliche Beziehung zwischen zwei kommunizierenden Partnern findet ihren Ausdruck darin, daß diese Partner sich gegenseitig verbal und nonverbal anerkennen und bestätigen. Von mehreren Familientherapeuten wird eine Wechselwirkung zwischen gelingender Kommunikation und hohem Selbstwertgefühl postuliert. Kommunikationsbeiträge, die Anerkennung und Ermutigung zum Ausdruck bringen, deuten auf eine positive Beziehung zwischen den Kommunikationspartnern hin (Satir 1975, S. 37-48; vgl. auch Watzlawick et al. 1969, S. 75, 84).

Nr. 6

KATEGORIE ABLEHNEN, ABWERTEN, ANKLAGEN, ANGREIFEN, NICHT BEACHTEN

Chiffre B^-

Inhalt :

Wer lehnt wen ab?
Wer wertet wen ab?
Wer klagt wen an?
Wer greift wen an?

Beispiele :

1) Mutter: (redet über den Vater) Er ist nicht dazu in der Lage, meine Wünsche an ihn mir von den Augen abzulesen.

2) Vater: (lacht) Also, meine Frau nimmt das alles viel zu schwer.

Anmerkung zum theoretischen Hintergrund

Korrespondierend zu B^+ weisen Kommunikationen, die Ablehnung ausdrücken, jeweils auf negative, nichtfördernde Beziehungsstrukturen hin. Entsprechend ist eine Wechselwirkung zwischen gestörter Kommunikation und niedrigem Selbstwertgefühl postuliert worden (vgl. Satir 1975). Watzlawick et al. (1969, S. 85) unterscheiden zwischen "Verwerfung" und "Entwertung". Letzteres ist in der Kategorie B^- enthalten (vgl. auch Satir 1975, S. 88-90; Bandler et al. 1978, S. 60).

Nr. 7

KATEGORIE ANWEISUNG GEBEN

Chiffre An

Inhalt :

Wer gibt wem eine Anweisung?

Beispiele

1) Therapeut (zur Mutter gewandt) Würden Sie das bitte direkt Ihrem Mann sagen!

2) Vater: (zum Kind, das in der Ecke lärmt) Jetzt sei bitte ruhig!

Anmerkung zum theoretischen Hintergrund

Nach familientherapeutischer Auffassung wird streng zwischen den verschiedenen Generationen eines Familiensystems unterschieden. Den Eltern eines funktionalen familiären Kommunikationssystems wird die Fähigkeit zugeschrieben, Verantwortung für die Erziehung der Kinder zu übernehmen. Anweisungen können in bezug auf das Familiensystem ein Indikator für das Funktionieren des elterlichen Subsystems sein. So wird etwa von den Familientherapeuten betont, daß es in bestimmten Situationen für die Eltern wichtig sein kann, daß sie Grenzen setzen (vgl. Minuchin 1977, S. 75 ff.; für die Therapeutenrolle vgl. Haley 1977, S. 54-88).

Nr. 8

KATEGORIE UNVOLLSTÄNDIGE KOMMUNIKATION

Chiffre UK

Inhalt :

Wer kommuniziert unvollständig mit wem?

Was fehlt in einer Kommunikation eines Kommunikationspartners mit einem anderen? [Gemeint sind: Sender (S), Inhalt (I), Empfänger (E), Kontext (K)]

Beispiele

1) Vater:	Wir haben da im allgemeinen keine Schwierigkeiten in der Familie.
2) Mutter:	Man weiß überhaupt nicht mehr, was man darüber denken soll.
3) Kind 1:	Ich finde, in der Familie könnten sich einige mehr bemühen.
4) Vater	Also, ich möchte sagen, daß das, so, finde ich, so ist es mir zu anstrengend.
5) Mutter:	Thomas kaut immer an den Fingernägeln.

Anmerkung zum theoretischen Hintergrund

Dysfunktionale Kommunikation spiegelt sich nach Haley (1969, S. 81-107) darin wider, daß in einer Kommunikationssequenz zwischen einem Kommunikator A und einem Kommunikator B wenigstens ein Element der folgenden 4 Aspekte fehlt: Entweder ist unklar, wer etwas sagt (z.B. "Man sagt, daß...") oder unklar, was genau gemeint ist (Inhaltsaspekt), oder unklar, wer angesprochen ist (z.B. "Ich möchte, daß man mich gern hat"); schließlich kann ein Hinweis darauf fehlen, in welchem Kontext eine Kommunikation auftritt (vgl. auch Bandler et al. 1978, S. 30; Satir 1973, S. 87).

Nr. 9

KATEGORIE DISKREPANTE KOMMUNIKATION

Chiffre DK

Inhalt :

Wer kommuniziert mit wem diskrepant? (Gemeint sind Diskrepanzen zwischen Einzelaussagen, Diskrepanzen zwischen verbalen, paraverbalen oder nonverbalen Aussagen; doppelte Botschaften, Paradoxien)

Beispiele

1) Vater:	Nein, ich möchte mehr alleine sein. Ich arbeite oft zu Hause, man kann mich jederzeit sprechen.
2) Mutter:	(lacht) Das stimmt mich sehr traurig.
3) Vater:	(zum Sohn) Du mußt mir mehr vertrauen. Ich schlage vor, daß wir dein Taschengeld reduzieren, bis du ...
4)	Sei spontan! (Watzlawick et al. 1969)
5)	Das eine merke dir, sei immer lieb zu mir! (in Holz gebrannter Spruch)
6)	Sie können sich versichert sein, daß wir an einem reibungslosen Ablauf zu Ihrer Zufriedenheit interessiert sind. (Anweisung im Warzimmer einer Klinik)

Anmerkung zum theoretischen Hintergrund

Grundlage für diese Kategorie ist die Double-bind-Theorie der Palo-Alto-Schule (Bateson et al. 1969,S. 11-43). Doppelte Botschaften können sich auf mehreren möglichen Ebenen manifestieren: Widerprüche im verbalen Inhalt selbst, Widersprüche zwischen verbaler und nonverbaler Kommunikation usw. (vgl. Watzlawick et al. 1969, S. 194-203; Luthmann u. Kirschenbaum 1977, S. 39; Bandler et al. 1978, S. 52 ff.).

ANWEISUNGEN ZUR BENUTZUNG DES RFD

Vorbemerkung

Im Rahmen einer Voruntersuchung zum RFD (s. auch S. 289 ff.) wurde mit einer schriftlichen Vorlage für die Benutzer des RFD gearbeitet.
Die Voruntersuchung wurde so durchgeführt, daß alle Beurteiler ein und denselben Text (Ausschnitt aus einer Familienberatung mit Familie L.) erhielten und nun die einzelnen Gesprächsbeiträge der Familienmitglieder jeweils einer bestimmten Kategorie zuordnen sollten. Auf diesem Hintergrund ist der übrige Instruktionstext zu verstehen.

Wendet man den RFD bei einer Ton- oder Bildaufzeichnung oder bei einer Beobachtung hinter der Einwegscheibe an, so ist analog vorzugehen und die Instruktionen sind entsprechend abzuändern.

Hinweise für die Beurteiler

Um eine möglichst hohe Übereinstimmung der Beurteiler zu erzielen, sind zwei Punkte für die Verwendung von Kategoriensystemen entscheidend:

1. Die Beurteiler müssen sich streng an die vorgegebenen Kategorien halten, die auf S. 277-285 im einzelnen beschrieben worden sind. Die Begriffsbestimmung der Kategorien sollte klar ersichtlich sein, um Zweifel an der Zuordnung der Kategorien zu den einzelnen Gesprächsbeiträgen zu vermeiden.

2. Ein weiterer Punkt, an den sich alle Beurteiler halten müssen, ist die Einteilung der zu beurteilenden Einheiten.

   Für unsere Zwecke haben wir beschlossen, als Einheit, der jeweils eine Kategorie zugeordnet wird, den einzelnen Gesprächsbeitrag eines Teilnehmers am Familienberatungsgespräch zu wählen. Die Einteilung in Einheiten erfolgt entweder anhand der Niederschrift des Gesprächs oder aber - bei Ton- oder Videoaufzeichnungen - am Gesprächsverlauf entlang, Sprecherbeitrag für Sprecherbeitrag. Mit jedem neuen Sprecher beginnt eine neue Einheit.

Tabelle 1 enthält sowohl die Einteilung in Beurteilungseinheiten als auch einen Hinweis, wie die Zuordnung der Kategorien zu diesen Beurteilungsinhalten gedacht ist:

Tabelle 1. Einteilung in Beurteilungseinheiten

	Kategorie
Berater: Wie geht's Ihnen so?	K
Mutter : Danke!	K
Berater: Gut?	
Mutter : Ja!	

Jeder neue Sprecherbeitrag erfordert also eine neue Zuordnung zu einer der Kategorien des RFD.

Die Kategorie soll mit Hilfe des Kürzels (der Chiffre), das oben angegeben worden ist, jeweils in die entsprechende Zeile eingetragen werden. Darüberhinaus soll auch noch - um dem Charakter der Interaktion (wenigstens im Zweiersystem) Rechnung zu tragen - angegeben werden, zwischen welchen Interaktionspartnern die Kommunikation, die gerade beurteilt wird, abläuft.

REGELN FÜR DIE KATEGORISIERUNG

1. Jede Sprecheräußerung sollte zu einer Kategorie zugeordnet werden.

2. Für den Fall, daß mehrere Kategorien zu einem Sprecherbeitrag passen, soll eine Entscheidung getroffen werden, welche der möglichen Kategorien als die - im entsprechenden Kontext - wichtig-

ste eingestuft wird. Wenn mehrere Kategorien notiert werden, sollte diejenige, die für den Gesprächskontext und -inhalt am wichtigsten erscheint, besonders kenntlich gemacht werden, etwa durch Einkreisen.

3. Wird die Kategorie UK (Unvollständige Kommunikation) oder DK (Diskrepante Kommunikation) für einen bestimmten Gesprächsbeitrag angegeben, so sollte notiert werden, worin die unvollständige bzw. diskrepante Kommunikation besteht.

Bei unvollständiger Kommunikation ist also anzugeben: S (Sender), E (Empfänger), I (Inhalt) oder K (Kontext). Unklare Mitteilungen eines Sprechers werden als UK signiert, mit einem entsprechenden Vermerk, daß hier der Inhalt (I) unvollständig ist.

Bei diskrepanter Kommunikation ist ein Hinweis erforderlich, in welcher Hinsicht Diskrepanz besteht, also z.B. Diskrepanz im Inhalt der Botschaft; Diskrepanz zwischen verbaler Botschaft und Kontext; usw.

Einzelbemerkungen zu einigen Kategorien

- Zur Abgrenzung von Kategorie "Kontakt aufnehmen" zur Kategorie "Initiative ergreifen" sei angemerkt:
  Ein Kommunikationsbeitrag wird immer dann mit I signiert, wenn ein Sprecher, nachdem ein Sachverhalt im gemeinsamen Gespräch abgeschlossen ist, mit einem neuen Thema einsetzt. K hingegen betrifft nicht das Aufgreifen einer neuen Thematik, sondern die eindeutig erkennbare Zuwendung, Kontaktaufnahme eines Partners mit einem anderen Partner.

- Bei der Kategorie "Themawechsel" sei noch einmal ausdrücklich darauf hingewiesen, daß nur bei inadäquatem Themawechsel T signiert wird.
- B^- wird auch signiert, wenn - aus dem Gesprächskontext erkennbar - ein Kommunikationspartner inhaltlich nicht auf einen anderen eingeht. Auch tangentiale Kommunikation (Watzlawick et al. 1969) fällt unter B^-.

Anhang: Ergebnisse aus der Voruntersuchung mit dem Kategoriensystem RFD. Revidierte Fassung des RFD

G. Kramer und E. J. Brunner*

KONZEPTION UND DURCHFÜHRUNG DER VORUNTERSUCHUNG

Um die Brauchbarkeit des Kategoriensystems zu testen, wurde eine Voruntersuchung durchgeführt, wobei sich praktizierende Familientherapeuten bereit erklärten, in dem Forschungsprojekt mitzuarbeiten[1]. Sie erhielten das Transkript eines Familienberatungsgespräches (s.oben). Es handelte sich dabei um einen Ausschnitt aus dem ersten Gespräch mit einer Familie, das zwei Studierende der Ev. Fachhochschule für Sozialwesen, Reutlingen, im Rahmen eines zweisemestrigen Einführungskurses in Familientherapie durchgeführt hatten. Die Wahl dieses Gesprächsausschnittes erfolgte rein zufällig aus einer größeren Anzahl von Aufzeichnungen.
Die Familientherapeuten wurden gebeten, in dem ca. 15minütigen

* Ein ausführlicher Forschungsbericht über die Voruntersuchung liegt vor in: Kramer G, Brunner EJ (1981) Entwicklung und Evaluation des Kategoriensystems R F D zur Erfassung familiärer Interaktion. Berichte aus dem Arbeitsbereich Pädagogische Psychologie, Universität Tübingen.

1 11 Familientherapeuten haben durch ihre Mitarbeit diese Vorstudie ermöglicht. Wir möchten Ihnen an dieser Stelle unseren Dank aussprechen. Besonderer Dank gebührt Dr. Klaus Antons, Willfried Becker, Ursula Graebe und Bernd Müller für ausführliche kritische Hinweise und Verbesserungsvorschläge zum Kategoriensystem.

Interaktion in der Familie
Herausgegeben von E. J. Brunner

Gesprächsausschnitt jeder Äußerung eines Familienmitgliedes eine Kategorie des RFD zuzuordnen, sowie zu notieren, an welches andere Familienmitglied diese Äußerung gerichtet ist. Betont wurde, daß als Einheit, der jeweils eine Kategorie zugeordnet wird, der einzelne Gesprächsbeitrag (Turn) eines Teilnehmers am Familienberatungsgespräch zu wählen ist. Mehrfachkategorisierungen sollten möglichst vermieden werden. Nonverbale und paraverbale Kommunikationsbeiträge sollten nicht einer Kategorie zugeordnet werden, es sei denn, daß solche Beiträge zweifelsfrei in einem bestimmten Interaktionskontext stehen und klar einer der neun Kategorien zugeordnet werden können.

AUSWERTUNG DER VORUNTERSUCHUNG

Die Auswertung gliedert sich nach folgenden Zielen der Untersuchung:

- Zunächst stehen Fragen nach der Brauchbarkeit der einzelnen Kategorien im Vordergrund.
- Dann wird als eine Möglichkeit der Reliabilitätsprfüfung die Interraterübereinstimmung berechnet.
- Abschließend sollen die Ergebnisse inhaltlich interpretiert werden.

Methodische Probleme

Eine erste Schwierigkeit bei der Auswertung der Daten aus der Explorationsstudie besteht darin, daß diese nur auf Nominalskalenniveau vorliegen. Obwohl in den letzten Jahren zweifellos eine Weiterentwicklung der verteilungsfreien Methoden der Statistik stattgefunden hat (vgl. z.B. Siegel 1956; Marascuilo u. McSwenney 1977; Büning u. Trenkler 1978; Haberman 1978; Lienert 1978), so sind diese doch nicht so ausgefeilt wie die Methoden für quantitative Variablen, insbesondere, wenn es sich um mehrdimensionale Problemstellungen handelt. Bei der vorliegenden Arbeit fällt be-

besonders ins Gewicht, daß als Maß der Zentraltendenz der Modus verwendet werden muß, ein Maß, das die Verteilung der Maßzahlen nicht berücksichtigt und daher sehr leicht durch Zufallsfehler beeinflußt werden kann; es ist das informationsärmste Maß der Zentraltendenz.

Ein weiteres methodisches Problem ergibt sich daraus, daß die Zahl der von den Beurteilern abgegebenen Kategorisierungen erheblich differierte (von 119 bis 340, s.unten). Zum Teil ist dies darauf zurückzuführen, daß ein Teil der Beurteiler sehr viele nonverbale bzw. paraverbale Gesprächsbeiträge kategorisiert hat, z.T. darauf, daß von manchen Ratern bestimmte Äußerungen überhaupt nicht einer Kategorie zugeordnet wurden. Fehlende Kategorisierungen wurden deshalb gesondert vermerkt (Kürzel: ∅).

Häufigkeitsverteilung der Kategorien

In einem ersten Arbeitsgang wurde die Häufigkeit der einzelnen Kategorien über die Rater hinweg für jeden einzelnen "turn" ausgezählt, und es wurden die Modi festgelegt. Die Aufsummierung der Häufigkeiten über die Turns hinweg ergibt ein generelles Bild vom Gebrauch der Kategorien (Tabelle 2):

Tabelle 2. Häufigkeitsverteilung der Kategorien

	K	∅	UK	U	I	B^{+}	T	B^{-}	DK	An
f	1584	812	482	303	184	157	122	100	71	2
f(%)	41,5	21,3	12,6	7,9	4,8	4,1	3,2	2,6	1,9	0,05
ohne ∅ (%)	52,7	-	16,0	10,1	6,1	5,2	4,1	3,3	2,4	0,07

Auf das Problem der fehlenden Kategorisierungen wurde schon verwiesen. Am auffälligsten ist die große Zahl der verwendeten K-Kategorisierungen, sie machen über die Hälfte aller Kategorisierungen aus. Über 10 % Verwendungshäufigkeit erreichen noch die Kategorien UK und U, alle anderen Kategorien bleiben deutlich unter 10 %. Für diese zunächst erstaunlichen Ergebnisse sind mehrere konkurrierenden Interpretationen denkbar:

- Die Kategorisierung bildet verläßlich die Familieninteraktion ab, was bedeuten würde, daß das Kontaktverhalten relativ unspezifisch und wohl auch wenig emotional ist (fehlende B^+, und B^-), daß kaum jemand in der Familie aktiv wird im Sinne von Initiative oder auch von (adäquatem) Themenwechsel.

- Die Beurteiler waren mit der Anwendung von 9 Kategorien überfordert und haben in unklaren Fällen auf die wohl am allgemeinsten definierte Kategorie K zurückgegriffen.

- Die Kategorien waren nicht hinreichend definiert und erläutert worden, so daß einige von ihnen nicht oder wenig berücksichtigt werden konnten.

Die folgenden Analysen sollen u.a. mit dem Ziel durchgeführt werden, Hinweise darauf zu erhalten, welche der Interpretationen möglicherweise zutreffen.

Häufigkeitsverteilung der Modi

Mit der Aufstellung der Häufigkeitsverteilung der Modi soll die Frage nach der "Konsensusfähigkeit" der Kategorien für mehrere Rater untersucht werden. Es ist denkbar, daß eine Kategorie durchaus immer wieder einmal verwendet wird, sich aber nie mehrere Rater auf sie einigen können, so daß sie trotz zunächst akzeptabel erscheinender Verwendungshäufigkeit aufgrund der divergierenden, mit ihr verbundenen Vorstellungen doch nicht zur Beschreibung des Familiengeschehens geeignet ist.

Bei dieser Häufigkeitsverteilung wird die Dominanz der Kategorie K mit 76,2 % aller Modi noch eindeutiger, d.h. sie stellt in fast 3/4 aller Fälle (der zu kategorisierenden Äußerungen) den Modus und drängt die anderen Kategorien in den Hintergrund, was dann doch wohl mehr für eine mangelnde Genauigkeit des Verfahrens spricht als für eine entsprechende Familienkonstellation.

Im Vergleich mit der allgemeinen Häufigkeitsverteilung wird der Anteil der Kategorien UK und U dadurch natürlich auch vermindert; interessant erscheint noch, daß trotz der insgesamt geringeren Verwendungshäufigkeit die Kategorie U mit 9,1 % mehr Modi stellt als die Kategorie UK mit 6,8 %. Unterbrechen ist wohl eindeutiger zu diagnostizieren als eine unvollständige Kommunikation. Diese Vermutung wird noch dadurch unterstützt, daß die durchschnittliche Anzahl der Nennungen der modalen Kategorie bei U etwas höher ist.

Um herauszufinden, ob bestimmte Kategorien besonders häufig gemeinsam auftreten, d.h. unscharf voneinander abgegrenzt sind, wurden die zu dem jeweiligen Modus gehörenden, am zweithäufigsten genannten Kategorien aufgelistet. Dabei fiel folgendes auf:

- Zusammen mit dem Modus K finden sich mehr als erwartet fehlende Kategorisierungen, was die Vermutung begründen kann, daß K eine Verlegenheitskategorisierung ist.
- Bei allen anderen Kategorien finden sich an zweiter Stelle, mehr als man dies erwarten würde, K-Kategorisierungen.
- Spezielle Überschneidungen zwischen den anderen Kategorien sind anhand dieser Analyse nicht feststellbar.

Zusammenfassend ergeben sich über die Kategorien aus diesem und dem letzten Abschnitt folgende Hinweise:

1. Sehr großen Raum nimmt die Kategorie K ein; sie scheint u.a. eine Art Verlegenheitskategorie zu sein.
2. Von der Auftretenshäufigkeit her von Bedeutung sind noch die Kategorien UK und U, wobei U deutlicher abgegrenzt ist - v.a. von K - als UK.

Häufigkeitsverteilung der Kategorien je Beurteiler

Die Tabelle 3 gibt Aufschluß über die Verwendung der Kategorien durch die einzelnen Rater. Voraussetzung für eine Interraterüber-

Tabelle 3. Die Verwendung der Kategorien durch die Rater (in absoluten Zahlen)

Rater	K	UK	DK	B^+	B^-	T	I	U	An	Gesamt
1	210	46	8	2	14	9	7	26	-	322
2	280	6	-	1	15	1	3	17	-	323
3	12	23	23	9	18	1	5	28	-	119
4	17	42	3	12	17	3	28	19	-	141
5	231	41	2	-	-	-	2	6	-	282
6	10	108	18	50	24	72	12	37	1	322
7	95	75	6	7	12	5	71	19	-	290
8	180	12	2	1	8	24	13	34	-	274
9	167	7	-	4	17	8	7	84	-	294
10	227	12	10	12	21	2	-	21	1	306
11	158	116	-	1	8	1	42	14	-	340
x	144.3	44.4	6.5	9.0	14.0	11.5	17.3	27.7	0.2	273.9
s	96.5	39.4	7.8	14.3	6.8	21.2	21.8	20.7	0.4	74.1
V (Variabilitätskoeffizient)	66.9	88.7	120.0	158.9	48.6	184.3	126.0	74.7	200.0	27.1

einstimmung ist ja, daß die einzelnen Kategorien ungefähr gleich häufig verwendet werden.

Deutlich ist, daß die Zahl der abgegebenen Kategorisierungen erheblich differiert: die niedrigste liegt bei 119 (Rater 3), die höchste bei 340 (Rater 11), was einen Unterschied von 221 oder 65 % (bei 340 = 100 %) ausmacht. Bei einem Mittelwert von 274 Kategorisierungen beträgt die Streuung s = 74.1; der Variabilitätskoeffizient (Streuungswerte in % des arithmetischen Mittels; Clauss u. Ebner 1972, S. 88 f.) fällt dabei jedoch mit 27,1 % noch relativ niedrig aus und wird v.a. durch die Rater 3 und 4 beeinflußt. Beide haben auffallend wenig K-Kategorisierungen verwendet, so daß der Schluß nahe liegt, daß sie viele Turns nicht geratet haben, die von anderen als K bestimmt wurden. Von den einzelnen Kategorien her gesehen ist die Variabilität in der Verwendung der Kategorien (bei Ausklammerung von An) am größten bei B^+ und T, am niedrigsten bei B^- , K und UK. Es handelt sich um einen Vergleich der Variabilitätskoeffizienten, da bei verschiedenartigen Mittelwerten Streuungen nicht direkt verglichen werden können.

Interraterübereinstimmung

Für die Übereinstimmung von zwei Ratern bei nominal skalierten Kategorien bietet sich das "kappa" von Cohen (1960) an. Bei mehr als zwei Beurteilern lassen sich zwar für je zwei Beurteiler kappas berechnen, die dann evtl. einer Interkorrelationsanalyse unterzogen werden können (Lienert 1978, S. 647). Bei 11 Ratern würde das jedoch eine Berechnung von 55 Kappa-Koeffizienten erfordern. Im vorliegenden Fall wurde auf einen Split-half-Ansatz zurückgegriffen: Die Rater wurden per Zufall in zwei Gruppen eingeteilt, der Modus in jeder Gruppe bestimmt, dann wurde die Übereinstimmung der Modi berechnet. Dieses Verfahren führt zwar vermutlich zu einer Überschätzung der Interraterübereinstimmung, da Abweichungen vom Modus praktisch unter "den Tisch fallen". Als erste Annäherung erschien diese Maßnahme jedoch sinnvoll.

Obwohl die mit diesem Verfahren berechnete Interraterübereinstimmung mit $k = 0.38$ signifikant ist, liegt sie doch sehr niedrig, auch gemessen an der maximal möglichen Übereinstimmung, die durch die jeweiligen Spalten- bzw. Zeilensummen (d.h. durch die Verwendungshäufigkeiten der Kategorien in beiden Untergruppen) bestimmt ist ($k_{max} = 0.85$).

Inhaltliche Auswertung der Kodierungen

Trotz der zunächst enttäuschend erscheinenden Ergebnisse bezüglich der Häufigkeitsverteilung und der Interraterübereinstimmung sollen die Kategorisierungen inhaltlich ausgewertet werden, da immer noch die Möglichkeit besteht, daß zumindest teilweise durch die Häufigkeitsverteilung der Kategorien Hinweise auf die Struktur der untersuchten Familie zu entnehmen sind.
Zunächst wurde eine Interaktionsmatrix erstellt, aus der hervorgeht, wer zu wem wie häufig in welcher Kategorie in Beziehung tritt. Damit können zumindest dyadische Prozesse erfaßt werden. (Die familientherapeutisch bedeutsamen triadischen Handlungssequenzen werden dadurch nicht erfaßt.)
Grundlage der Matrix sind die Modi jedes Turns, wobei jeder ver-

bale Turn, nicht jedoch die Kategorisierungen nonverbaler Ereignisse aufgenommen wurden. Während die Sprecher immer eindeutig zu erkennen sind, ist der Empfänger einer Botschaft nicht in jedem Fall klar zu lokalisieren.

Das auffälligste Ergebnis der Interaktionsmatrix ist, daß sehr viele Zellen leer bleiben. Das System der zu analysierenden Familie L. weist große Lücken im Kommunikationsnetz auf.
In dem kodierten Gesprächsausschnitt findet keine Kommunikation zwischen den beiden Beratern statt; Herr L. spricht keines der restlichen Familienmitglieder an; von den Kindern geht kein Gesprächsbeitrag zum Vater, von der Mutter keiner zur älteren Tochter und von der jüngeren Tochter keiner zur Mutter.
Manche Zellen sind nur mit sehr geringfügigen Häufigkeiten besetzt, d.h. in dem betreffenden Gesprächsausschnitt läuft sehr wenig an Interaktion, und zwar

- von Frau L. zu Herrn L. (2mal Kategorie B^-),
- von der älteren Tochter zur Mutter (1mal Kategorie K),
- von der Mutter zur jüngeren Tochter (1mal Kategorie B^-),
- vom älteren zum jüngeren Mädchen (1mal B^-) und
- vom jüngeren zum älteren Mädchen (2mal B^-).

Insgesamt scheint sehr wenig Kontakt innerhalb der Familie während des Beratungsgesprächs zu bestehen. Die wenigen stattfindenden Interaktionen (8 von insgesamt 317!) sind größtenteils negativ gefärbt (von insgesamt 11 B^- sind 6 deutlich innerhalb der Familie, bei 2 B^- ist der Empfänger unklar). Themawechsel oder Initiative kommen in der Familie überhaupt nicht vor, auch nicht gegenüber den Beratern; das bedeutet wohl, daß die Familienmitglieder sich deren Themen anpassen und ihnen die Gesprächsführung völlig überlassen.

Die Berater gemeinsam geben die Hälfte (50,5%) aller Äußerungen ab, sie ziehen 38,5 % der Äußerungen auf sich, bei weiteren 20,2% der Äußerungen ist der Empfänger unklar. Insgesamt laufen 77,3% der Interaktionen eindeutig zwischen ihnen und den einzelnen Familienmitgliedern ab, so daß in diesem Gesprächsausschnitt leider sehr wenig von den Interaktionsmustern der Familie erkennbar ist.

Die Analyse der Kodierungen erlaubt auch eine Auswertung der individuellen Kommunikationsstile:

Erster Berater: Er ist am aktivsten in der Sitzung, von ihm gehen die meisten Mitteilungen aus (28,1 %; wenn alle Beteiligten gleich aktiv gewesen wären, wären 16,6 % zu erwarten gewesen). Als einziger wechselt er die Themen (2mal Kategorie T), ergreift am häufigsten die Initiative.
Er nimmt wenig Kontakt mit dem Vater und auch mit der jüngsten Tochter auf, seine Aufmerksamkeit richtet sich v.a. auf die ältere Tochter und die Mutter, der gegenüber er auch die Themenwechsel vornimmt.

Zweiter Berater: Er ist ebenfalls aktiver als die Familienmitglieder. Auffallend ist ein hoher Prozentsatz an kodierten UK bei ihm (36,4 % aller UK; in 3/4 der Fälle betrifft es seine Kommunikation mit der jüngsten Tochter). Als einziger äußert er einmal ein eindeutiges B^+ gegenüber der jüngsten Tochter.
Die Äußerungen des zweiten Beraters sind gleichmäßiger als beim anderen Berater an alle Familienmitglieder gerichtet, allerdings erhält auch von ihm der Vater die geringste Aufmerksamkeit.

Herr L.: Der Vater ist der zurückhaltendste in der Runde (6,3 % aller Äußerungen), er spricht nur zu den Beratern oder es ist nicht klar ersichtlich, an wen sich seine Gesprächsbeiträge richten. Nach den Kodierungen erhält er 2mal die Kategorie B^- von seiner Frau, was in Anbetracht der geringen Zahl von Äußerungen, die an ihn gerichtet sind, sehr viel ist.

Frau L.: Die Mutter ist von den Familienmitgliedern am aktivsten (19,2 % aller Äußerungen), wobei auch sie sich v.a. an die Berater wendet. Ihr wird die einzige diskrepante Kommunikation in dem analysierten Textstück zugeschrieben. 3mal wurde bei ihr die Kategorie B^- notiert (gegenüber Familienmitgliedern).
Bei Frau L. findet sich die Kategorie U am häufigsten (45,8% aller signierten U). Während Frau L. relativ viele Kommunikationsbeiträge an andere richtet, wird sie selbst wesentlich seltener angesprochen.

Ältere Tochter: Diese spricht ihre Mutter und ihre Schwester kaum an. Ihre Kommunikationsbeiträge werden von den Kodierern im Vergleich zu den anderen Familienmitgliedern häufig als unvollständig deklariert (Anteil von UK: 27,3 %).

Jüngere Tochter: Natalie nimmt verbal überhaupt keinen Kontakt mit ihren Eltern auf. 2mal spricht sie ihre Schwester an; beide Male notieren die Kodierer die Kategorie B^-.

Natalie macht in den ausgewerteten Textstück insgesamt die meisten negativen Beziehungsaussagen (54,5 %). Sie erhält ebenso wie ihre Schwester selbst 2mal ein B^-.

Zusammenfassend kann man - wagt man überhaupt Aussagen in Anbetracht der wenigen Zahlen, die aus den Kodierungen resultierten - die Familie als ein rigides System bezeichnen, in dem der Vater hinsichtlich der Gesprächsbeiträge eine Randstellung einnimmt. Frau L. ist demgegenüber am aktivsten. Sie kann - so hat es den Anschein - die anderen Familienmitglieder "schlecht gelten lassen" (häufiges Unterbrechen; negative Beziehungsaussagen). Aufgrund des zahlenmäßig geringen Umfangs an Kodierungsdaten können keine Aussagen über Bündnisse und Koalitionen in der Familie gemacht werden. Auffällig ist eine Feindseligkeit, die in der Familie vorzuherrschen scheint.

Faßt man die Ergebnisse der Vorstudie zusammen, so läßt sich festhalten:

- Aufgrund der häufigen Verwendung der Kategorie K durch die 11 Kodierer ist es schwierig, Aussagen über die Brauchbarkeit der anderen Kategorien zu machen. Zumindest in dem bearbeiteten Familiengespräch war die Kategorie 7, "Anweisung geben", unbedeutend.

- Die Interraterübereinstimmung in der Anwendung der Kategorien war relativ niedrig.

- Trotz dieser methodischen Mängel finden sich wichtige Übereinstimmungen zwischen einer Interpretation der Kategorisierungen und einer freien Interpretation[2] des Familiengespräches, was darauf hindeutet, daß die Kategorien grundsätzlich auf relevante Aspekte der Familieninteraktion hinweisen.

KRITISCHE EINSCHÄTZUNG DES VERFAHRENS

Kritik und Verbesserungsvorschläge am Kategoriensystem

Von den elf Kodierern haben sich vier die Mühe gemacht, über die Zuordnung von Kategorien zum verbalen Interaktionsgeschehen der Familie L. hinaus eigene Stellungnahmen zum Kategoriensystem selbst abzugeben.

Die Familientherapeuten beklagen sich durchgehend über den hohen Zeitaufwand für die Mitarbeit an der Voruntersuchung. Ein Beurteiler äußert, daß sich bei ihm "Unwillen und Mißmut" bei der Auswertung geregt habe. Offenbar dauerte die Kodierung des Transkripts (einschließlich der Einarbeitung in das Kategoriensystem) mehrere Stunden.

Während die Idee grundsätzlich für gut geheißen wird, gibt es insgesamt doch eine Menge an Verbesserungsvorschlägen. So kritisiert eine Raterin, daß sie das Raster zwar zur Nachbesprechung von Videoaufnahmen von Familiengesprächen als brauchbar empfände, daß aber der Anspruch, mit dem Kategoriensystem das Insgesamt der Interaktionen erfassen zu wollen, zu hoch gegriffen sei, da über das vorliegenden Transkript nur der verbale Teil der Inter-

---

2 Eine ausführlichere Dokumentation des Vergleichs der RFD-Ergebnisse aus dieser Vorstudie mit Daten aus einer interpretativen Auswertung desselben Gesprächstranskripts findet sich in Brunner (1982).

aktionen erfaßt werden würde.

Kritikpunkte, die das Transkript betreffen

Hauptkritikpunkt ist die unsystematische Erfassung des para- und nonverbalen Verhaltens, welches die Einschätzung des verbalen Verhaltens erheblich beeinflussen kann. Den Kodierern war wohl auch unklar, ob die wenigen nonverbalen Beobachtungen, die im Transkriptionstext notiert waren, ebenfalls eingestuft werden sollten oder nicht.

Ein zweites Problem ist die Einteilung der Turns. Vorgegeben war, daß als Beurteilungseinheit der einzelne Sprecherbeitrag anzusehen sei. Die Wahl dieser Kodierungseinheit ist nicht unproblematisch, stellenweise weist die dadurch vorgenommene Einteilung eine gewisse Willkürlichkeit auf.

Schließlich ist die Auswahl des Gesprächsausschnittes als nicht sehr glücklich empfunden worden, da wenig an Familieninteraktion deutlich wurde. Die Kategorisierung wäre wahrscheinlich bei Textausschnitten leichter gefallen, in denen mehr Dynamik in der Familieninteraktion sichtbar wird. Zu dieser Kritik ist jedoch grundsätzlich anzumerken, daß die Auswahl des zu beurteilenden Transkripts wirklich "at random" (im strengen Sinne) getroffen worden war. Jede andere willkürliche Auswahl eines vermutlich "geeigneten" Familiengesprächsausschnitts wäre methodologisch problematisch.

Generelle Kritik am Kategoriensystem und an den Anwendungsregeln

Mehreren Ratern waren die Definitionen der Kategorien zu ungenau, sie ließen offenbar einen zu weiten Interpretationsspielraum. Nach Ansicht eines Raters beinhalten die neun Kategorien ein "aktives Ingangsetzen oder Stoppen von Interaktionen". Was ihm fehlt, ist "eine Dimension oder Kategorie, die das Stagnieren oder Nivellieren der Interaktion als Ziel, Inhalt oder direkten Eingriff wiedergibt".

Die Abgrenzung einzelner Kategorien voneinander erschien in einigen Fällen als nicht ausreichend. Von daher ist auch der mehrfach geäußerte Wunsch von den Beurteilern verständlich, Mehrfachkategorisierungen vornehmen zu können, sich nicht auf eine vorrangige Kategorie beschränken zu müssen. Sie befürchteten einen Informationsverlust.
Ein ähnliches Problem taucht auf, wenn bei einer Kodierung der Empfänger einer Botschaft festgelegt werden soll. Relativ oft werden mehrere Personen angesprochen, so z.B. wenn ein Berater die Geschwister anspricht; wenn nun ein Kind antwortet, kann dies aber nicht im nachhinein als das allein angesprochene angesehen werden. Vor allem wenn das Familiengespräch nur schriftlich vorliegt, ist die Gefahr groß, daß mehr oder weniger zufällig derjenige, der antwortet, dann auch post festum als Empfänger angesehen wird.

Kritik an einzelnen Kategorien

UK und DK: Der Übergang zwischen den beiden Kategorien kann fließend sein. Zudem könnte unterschieden werden zwischen unvollständiger bzw. diskrepanter Kommunikation, die eine Fortführung der Interaktion provoziert, und derjenigen, die ihr ein abruptes Ende setzt (UK^+ und UK^- bzw. DK^+ und DK^-).
Bei der unvollständigen Kommunikation ist weiterhin zu fragen, für wen sie eigentlich unvollständig ist; möglich wäre, daß dies zwar für den Berater zutrifft, daß der äußerlichen Unvollständigkeit aber eine durchaus funktionale Familiensprache zugrunde liegt. Bei dieser Kategorie wird besonders deutlich, wie problematisch das "Skelettieren" in einzelne Sprechbeiträge ist.

I : In der Definition dieser Kategorie fehlt besonders die nonverbale Ebene, die v.a. bei Kindern beachtet werden kann. Von einem der Kodierer kommt der Vorschlag, diese Kategorie auszuweiten auf neue Wendungen im Gesprächsverlauf überhaupt.

U und T: Dem Unterbrechen und dem Themenwechsel geht häufig eine Aufforderung voraus, eine "Situation zu retten". Dies wird nicht berücksichtigt, wenn dem Unterbrecher allein eine solche Kategorisierung zugeordnet wird. Zudem ist die Frage, wie und wann unterbrochen wird, ob es sich um echtes Unterbrechen im Sinne einer Störung handelt oder um funktionales Sicheinschalten. Nur der Fall der inadäquaten Unterbrechung (als dysfunktionales Kommunikationsmuster) sollte als Kategorie U signiert werden.

Adäquatheit ist auch der Schlüssel für die Beurteilung einer Kommunikation als "Themenwechsel". Die Feststellung, daß diese Kategorie vorliegt, kann oft erst sehr viel später aus dem Zusammenhang mit dem vorausgehenden Thema erschlossen werden. Die Kategorie "Themenwechsel" wird in der Praxis der Familientherapie relativ oft als ein Index für dysfunktionale Kommunikation angesehen. Vermutlich kann die Zuordnung dieser Kategorie in der Life-Situation der Beratung klarer vollzogen werden als auf dem Hintergrund eines schriftlich fixierten Gesprächstextes.

B^+ und B^- : Auch hier ist eine Kodierung bei Texten erschwert. Die Zuordnung dieser Kategorien ist stark von der Übereinstimmung zwischen verbalem und nonverbalem Verhalten abhängig. Fehlt der "Ton", so ist z.B. nicht feststellbar, ob ein "Lob" nicht in Wirklichkeit eine Art Kritik oder Abwertung des Partners darstellt.

Änderungsvorschläge

Den Kodierern, die sich schriftlich zu dem Kategoriensystem geäußert haben, fehlt eine relativ neutrale Kategorie, die unterschiedlich bezeichnet wird:
a) "back channel behavior"
b) Fortführung eines Kontakts auf der Inhaltsebene oder Kontakt durch redundanten inhaltlichen Austausch
c) Informationen geben
d) Sachliche, emotional neutrale Fragen, Fortführung des laufenden Gesprächs

Im übrigen ergibt sich ein gewisser Widerspruch: während die Verbesserungsvorschläge im einzelnen auf eine größere Differenzierung und damit eine höhere Anzahl von Kategorien hinauslaufen, wird auf der anderen Seite der Vorschlag gemacht, die Zahl der Kategorien zu reduzieren, was sicherlich eine einfachere Anwendung zur Folge hätte. Hier zeigt sich ein Konflikt auf zwischen der praktischen Anwendbarkeit eines Kategoriensystems einerseits, und der Ermöglichung von differenzierten Aussagen andererseits.

Aus den schriftlichen Stellungnahmen der Kodierer, die zur Explorationsstudie vorliegen, resultierten auch Vorschläge,zu erwägen, inwieweit es sinnvoll sein könnte, das bisherige Kategoriensystem zu modifizieren. Einige der bisher vorgeschlagenen Kategorien erschienen problematisch: K war eher eine Verlegenheitskategorie; I und An waren nicht klar genug definiert, bzw. erschienen nicht als bedeutend für die Analyse von Familiensystemen. Es könnte daher der Versuch gewagt werden, auf diese Kategorien zu verzichten.

Unter Berücksichtigung der Erfahrungen mit dem Probelauf der ersten Fassung des Interaktionsanalysesystems unter Hinzunahme der kritischen Verbesserungsvorschläge einiger Familientherapeuten könnte eine revidierte Form wie folgt aussehen:

Kategorie I : Information geben
Information erfragen
(diese Kategorie bezieht sich auf den Inhaltsaspekt einer Mitteilung und erfaßt z.B. die "Fortführung des laufenden Gesprächs" und die "sachlichen und emotional neutralen präzisierenden Fragen" sowie Statements, die jemand äußert.)

Kategorie II : Unterbrechen
(inadäquates Unterbrechen)

Kategorie III : Themenwechsel+
(konstruktive Fortführung eines Gesprächs durch eine Hilfestellung; in diese Kategorie geht auch die ehemalige Kategorie "Initiative ergreifen" ein.)

Kategorie IV : Themenwechsel⁻
(inadäquater Themawechsel, der eine dysfunktionale Kommunikationsstruktur widerspiegelt.)

Kategorie V : Beziehung^{+}
(explizit ausgesprochene Anerkennung; explizit gemachte positive Beziehung.)

Kategorie VI : Beziehung^{-}
(explizit angesprochene Abwertung, Ablehnung, Anklage; explizit gemachte negative Beziehung.)

Kategorie VII : Unstimmige Kommunikation
(Zusammenfassung der ehemaligen Kategorien "Unvollständige Kommunikation" und "Diskrepante Kommunikation" in eine gemeinsame Kategorie.)

Literatur

Bandler R, Grinder J, Satir V (1978) Mit Familien reden. Gesprächsmuster und therapeutische Veränderung. Pfeiffer, München

Bateson G, Jackson DD, Haley J, Weakland JH (1969) Auf dem Weg zu einer Schizophrenie-Theorie. In: Bateson G, Jackson DD, Haley J et al. (Hrsg) Schizophrenie und Familie. Suhrkamp, Frankfurt, S 11-43

Brunner EJ (1982) Zur Analyse von Interaktionsstrukturen im Familiensystem. Prax Kinderpsychol Kinderpsychiatr 31:300-307

Büning H, Trenkler G (1978) Nichtparametrische statistische Methoden. De Gruyter, Berlin New York

Clauss G, Ebner H (1972) Grundlagen der Statistik für Psychologen, Pädagogen und Soziologen. Volkseigener Verlag Volk und Wissen, Berlin

Cohen J (1960) A coefficient of agreement for nominal scales. Educ Psychol Measur 20:37-46

Haberman (1978) Analysis of qualitative data. Academic Press, New York San Francisco London

Haley J (1969) Die Interaktion von Schizophrenen. In: Bateson G, Jackson DD, Haley J et al. (Hrsg) Schizophrenie und Familie. Suhrkamp, Frankfurt, S 81-197

Haley J (1977) Direktive Familientherapie. Strategien für die Lösung von Problemen. Pfeiffer, München

Lienert GA (1978) Verteilungsfreie Methoden in der Biostatistik, Bd 2. Hain, Meisenheim

Luthman SG, Kirschenbaum M (1977) Familiensysteme. Wachstum und Störungen. Einführung in die Familientherapie. Pfeiffer,München
Marascuilo LA, McSweeney M (1977) Nonparametric and distribution-free methods for the social sciences. Brooks Cole, Montercy
Merkens H, Seiler H (1978) Interaktionsanalyse. Kohlhammer,Stuttgart Berlin Köln Mainz
Minuchin S (1977) Familie und Familientherapie. Theorie und Praxis struktureller Familientherapie. Lambertus, Freiburg
Riskin J, Faunce EE (1980) Familieninteraktions-Skalen. In: Watzlawick P, Weakland JH (Hrsg) Interaktion. Huber, Bern Stuttgart Wien, S 155-184
Satir V (1973) Familienbehandlung. Kommunikation und Beziehung in Theorie, Erleben und Therapie. Lambertus, Freiburg
Satir V (1975) Selbstwert und Kommunikation. Familientherapie für Berater und zur Selbsthilfe. Pfeiffer, München
Siegel SS (1956) Nonparametric statistics for the behavioral sciences. McGraw-Hill, New York
Watzlawick P, Beavin JH, Jackson DD (1969) Menschliche Kommunikation. Formen, Störungen, Paradoxien. Huber, Bern Stuttgart Wien

Abschließende Einschätzung der einzelnen methodischen Verfahren

E. J. Brunner

Abschließend sollen die verschiedenen methodischen Zugänge zur Familiendiagnose gewürdigt werden, insbesondere unter dem Gesichtspunkt, daß dem familientherapeutischen Praktiker Kriterien an die Hand gegeben werden, die eine Orientierung bei der Wahl diagnostischer Methoden ermöglichen.

Welche Kriterien lassen sich nun für eine solche Auswahl angeben? Hier gilt es, zunächst auf die verschiedenen Möglichkeiten zu achten, die zur Beurteilung familientherapeutischer Erhebungsverfahren zur Verfügung stehen. Kriterien für eine Auswahl können erstellt werden unter Berücksichtigung

- wissenschaftstheoretischer Maßstäbe,
- methodenkritischer Gesichtspunkte und
- praxisrelevanter Erfordernisse.

Ich bin mir dessen bewußt, daß die Erfordernisse der familientherapeutischen Praxis immer wieder in den Vordergrund gerückt werden. Familientherapeuten werden sich bei der Wahl diagnostischer Verfahren v.a. daran orientieren, inwieweit sich die Methoden ohne größeren Aufwand in der familientherapeutischen Praxis verwenden lassen. In diesem Zusammenhang ist die Forderung nach hoher ökologischer Validität der Verfahren als berechtigtes Postulat zu berücksichtigen.

Interaktion in der Familie
Herausgegeben von E. J. Brunner

Da sich jedoch die theoretischen Voraussetzungen in der Familientherapie grundsätzlich verändert haben und sich durch die Übernahme der systemischen Denk- und Arbeitsweise ein grundlegender Wandel in der Familiendiagnostik vollzieht, scheint es mir angebracht, diesen zentralen Gesichtspunkt an erster Stelle zu benennen und ihn für eine Erstellung von Auswahlkriterien allen übrigen Überlegungen voranzustellen.

An zweiter Stelle möchte ich dann die methodenkritischen Maßstäbe diskutieren, die sich aus einer Übertragung der psychologischen Testgütekriterien auf familiendiagnostische Verfahren ergeben. Es kann m.E. nicht darauf verzichtet werden, die Gütekriterien der Objektivität und Reliabilität auf familientherapeutische Erhebungsverfahren anzuwenden, auch wenn - von einem systemischen Standpunkt aus - argumentiert werden kann, der diagnostizierende Therapeut brächte seine eigene Sicht der Dinge in den Diagnoseprozeß ein und könne letztlich gar nicht "objektiv" sein, da er nicht die Natur eines Familiensystems erfassen würde, sondern eigentlich die <u>Beziehung</u> zwischen sich und dem untersuchten Familiensystem. (In diesem Zusammenhang verweise ich noch einmal auf die Ausführungen von Reiter-Theil zu den wissenschaftstheoretischen Grundlagen der systemorientierten Familientherapie, S. 17 ff.)

Bei all dem ist der Besonderheit Rechnung zu tragen, die sich durch die Übernahme familientherapeutischer Annahmen für die Familiendiagnose vollzogen hat: Eine "Diagnose" in der Familientherapie ist etwas anderes als eine Diagnose im klassischen klinisch psychologischen oder psychiatrischen Bereich. "Eine psychiatrische Diagnose umfaßt das Zusammentragen von Daten vom Patienten oder über den Patienten und die Etikettierung des gesamten Paketes von Informationen, die zusammengekommen sind. Zur Familiendiagnose dagegen gehört die Anpassung des Therapeuten an die Familie mit dem Ziel der Bildung eines therapeutischen Systems und die anschließende Beurteilung der familialen Interaktion im gegenwärtigen Zeitpunkt, wie er sie erlebt und erfahren hat" (Minuchin 1977, S. 164).

Das "Zusammentreffen des Therapeuten mit der Familie" (a.a.O., S. 166) ist ein integraler Bestandteil der Familiendiagnose und wird in der familientherapeutischen Literatur entsprechend gewürdigt. Diagnose und Therapie werden damit letztlich zu einer untrennbaren Einheit, was systemisch gesehen auch völlig konsequent ist. Für eine analytische Durchdringung dieser ineinanderverwobenen Prozesse von Diagnose und Therapie ergeben sich dadurch Schwierigkeiten. Familientherapeutische Praktiker scheuen sich, diese Art von Analysen durchzuführen, vermutlich schon deshalb, weil ihre eigene Person (als diagnostisches Instrument) plötzlich so vehement im Rampenlicht steht. Eine selbstkritische Haltung ist aber unabdingbar, wollen sich Familientherapeuten nicht allzusehr der Gefahr sich selbst erfüllender Prophezeiungen aussetzen, dann etwa, wenn sie ihre Diagnosen durch ihre Therapie bestätigt sehen.

Auf dem Hintergrund dieser einleitenden Bemerkungen möchte ich drei Forderungen formulieren:

1. Die geeignete Wahl diagnostischer Verfahren in der Familientherapie hängt an erster Stelle mit der Beantwortung der Frage zusammen, ob das betreffende familiendiagnostische Verfahren die <u>systemische</u> Denk- und Arbeitsweise in angemessener Weise zuläßt.

2. Eine Überprüfung verwendeter familiendiagnostischer Verfahren anhand psychologischer Testgütekriterien erscheint mir unerläßlich. Diese Evaluationsprozesse erfordern die angemessene Berücksichtigung des systemtheoretischen Postulats (vgl. dazu Forderung 1).

3. Spezielle Erfordernisse der familientherapeutischen Praxis, etwa die besondere Rolle des Familientherapeuten im diagnostischen Prozeß, sind bei der Wahl der Verfahren zu bedenken.

Forderung 1:

Die geeignete Wahl diagnostischer Verfahren in der Familientherapie hängt an erster Stelle mit der Beantwortung der Frage zusammen, ob das betreffende familiendiagnostische Verfahren die systemische Denk- und Arbeitsweise in angemessener Weise zuläßt.

Jede Familiendiagnose in der systemorientierten Familientherapie erfordert eine entsprechende Berücksichtigung des spezifischen theoretischen Hintergrunds. Wenn es in der Familientherapie auch noch weitgehend an elaborierten Theorien fehlt, so kann doch von einigen fundamentalen Grundsätzen ausgegangen werden, die für alle systemorientierten Familientherapeuten verbindlich sind.

Dazu gehört das Prinzip des Holismus, bei dem der ganzheitliche und übergreifende Charakter psychischer und sozialer Prozesse betont wird. Das heißt für unseren Kontext (Frage nach Kriterien für die Wahl familiendiagnostischer Verfahren):

Inwieweit ist das in Frage kommende methodische Verfahren geeignet, das Familiensystem als ganzes zu erfassen? Von den hier vorgestellten Methoden kommt zweifellos dem diagnostischen Interview am ehesten das Prädikat "systemumgreifend" zu. Der diagnostizierende Therapeut besitzt, wenn er sich entsprechend bemüht, alle Voraussetzungen, ein Familienganzes als solches zu erfassen. Besser als jedes einzelne Meßinstrument kann das menschliche Individuum nach entsprechender Schulung sowohl die Fülle verfügbarer Daten zum Systemganzen integrieren, als auch das Insgesamt an gleichzeitig ablaufenden Interaktionsprozessen erfassen. Zu betonen ist allerdings der Aspekt des Trainings: Ohne entsprechende Schulung fällt es uns, die wir traditionellerweise lineare und kausale Denkmodelle gewohnt sind, recht schwer, vernetzt zu denken und entsprechend zu handeln.

Die übrigen vorgestellten Methoden erlauben ebenso einen holistischen Zugang zum Familiensystem, allerdings nur auf indirekte Art und Weise. Informationen über dyadische oder individuelle Zusammenhänge in einem Familiensystem stellen zunächst einmal punktuelle Ausschnitte aus dem Ganzen dar und müssen nachträglich zu einem Systemganzen integriert werden. Es läßt sich leicht denken, daß dieser Vorgang methodologisch nicht unproblematisch ist. Gleichwohl sind die Meßverfahren insofern dem menschlichen Urteil vorzuziehen, als sie sich leichter einer Kontrolle unterziehen lassen (s. unten zu 2).

Der Güte des therapeutischen Urteils läßt sich jedoch durchaus überprüfen. So wird der angehende Familientherapeut im Verlauf seiner Ausbildung zu regelmäßiger Selbstkontrolle angehalten, da über geeignete Medien (Rollenspiel, Videoaufzeichnungen usw.) ein ständiger Konfrontationsprozeß mit den Wahrnehmungen und den parallel laufenden Hypothesenbildungen gegeben ist. Der Anfänger und der fortgeschrittene Praktiker sind dann mit der ständigen Selbstbeurteilung vertraut und beziehen sich selbst stets kritisch in ihre diagnostischen Aussagen über die Familie ein.

Um dies an einem Beispiel zu verdeutlichen:
Der Familientherapeut lernt zu sagen:"Ich sehe das Familiensystem, mit dem ich gerade in Beratung und Therapie zu tun habe, als eines an, das ..." (Der Familientherapeut verlernt zu sagen: "Die Familie ist ...").

Damit wären wir auch schon bei einem zweiten Kriterium, das durch die Festlegung auf das systemische Paradigma für die Wahl von Erhebungsmethoden von Bedeutung ist:

Inwieweit ist durch die verwendete Analysetechnik gewährleistet, daß der diagnostizierende Therapeut als ein Teil des Gesamtsystems, das die zu diagnostizierende Familie u n d den Diagnostiker umfaßt, verstanden wird? Die Relativität des diagnostischen Urteils liegt also nicht nur an den Mängeln und Schwächen des diagnostischen Instruments selbst, sondern in entscheidendem Maß an den Unzulänglichkeiten des Anwenders dieses Instruments. Selbst wenn genügend klare Aussagen und Analysen zu Objektivität und Reliabilität eines Verfahrens gegeben sind, bleiben naturgemäß noch genügend Freiheiten für eine Interpretation der Ergebnisse übrig. Und eben hierin liegt die wesentlichste Beschränkung, die mit der Wahl eines Meßinstruments zur Erfassung der Familiendiagnose gegeben ist.

Die Interpretation eines Diagnostikers ist insofern die Schwachstelle im Analyseprozeß, als hier - mehr oder weniger bewußt - die Wahrnehmungen, Einstellungen und Urteile des Therapeuten mit eingehen, deren Überprüfung meist nicht Gegenstand der Erörterung ist. Aus systemischer Sicht tritt hier ein, was Bateson mit den Worten umschreibt: "The probe we stick into a human material always has another end which sticks into us" (zitiert nach Keeney 1979, S. 122).
Die Interpretation der Analyseergebnisse sagt insofern gelegentlich mehr über den Interpreten aus als über die beurteilten Familien. Die Überprüfung diagnostischer Aussagen ist in dieser Hinsicht mehr als ein methodologisches Postulat.

Schauen wir uns nun die vorgestellten Analysemethoden unter diesen Gesichtspunkten an:
Das <u>Interview</u> ist in der eben diskutierten Hinsicht einerseits sehr gefährdet, andererseits bietet es auch gute Chancen für eine systemische Betrachtungsweise. Problematisch ist die Interviewtechnik insofern, als sie sicher besonders anfällig für die verzerrenden Einflußvariablen des diagnostizierenden Therapeuten ist, die ich eben skizziert habe. Der unmittelbar im diagnostischen Prozeß stehende Therapeut läuft in besonderer Weise Gefahr, seine eigenen Maßstäbe der betreffenden Familie überzustülpen. Formen der Kontrolle solcher möglicher Überfremdungen sind hier äußerst wichtig.
So sollten - analog zur Kontrolle vorgenommener Interpretationen von Gesprächstexten (Brunner 1982) - die zugrundeliegenden Interpretationsschemata und die Analysekriterien transparent gemacht werden. Diese Forderung gilt entsprechend auch für die übrigen Diagnoseverfahren dieses Buches, sofern Interpretationsschemata und Analysekriterien nicht explizit formuliert worden sind (etwa in Form einer Handanweisung oder über andere Hinweise zu den einzelnen Verfahren).

Die Chance der Interviewtechnik liegt andererseits darin, daß der Therapeut sich nicht nur dessen gewahr werden kann, daß er ein Teil des Systems "Diagnostiker - zu diagnostizierende Familie" ist, sondern daß er sich auch entsprechend verhalten und seine diagnostischen Urteile unmittelbar relativieren kann. Selbstwahrnehmung und Selbstkontrolle des Therapeuten gewinnen hier entscheidend an Bedeutung.

Nun könnte man meinen, daß alle anderen Erhebungsverfahren der Familiendiagnostik für diese Fragestellung weniger Schwierigkeiten bereiten; man könnte doch davon ausgehen, daß jeder, der ein familiendiagnostisches Verfahren auf dem systemischen Hintergrund anwendet, sich der Relativität des Urteils bewußt ist und sogar günstigere Voraussetzungen hat, den Fehlinterpretationen entgegenzusteuern, als dies etwa bei der Verwendung des Familieninterviews der Fall ist. Man könnte annehmen, daß Daten, die auf objektivere und verläßlichere Art und Weise erhoben worden sind, ebenso objektiv als systembedingt behandelt werden.
Dies nun scheint mir keinesfalls selbstverständlich zu sein; ich fürchte im Gegenteil: Allein durch die Tatsache, daß Meßdaten irgendeiner Form vorliegen, besteht die Gefahr, daß der systemische Charakter der erhobenen und zu interpretierenden Daten vernachlässigt wird. Der Diagnostiker kann sich allzuleicht durch die objektive und standardisierte Verfahrensweise dazu verleiten lassen, seinen Part als Mitglied des Systems "Diagnostiker - zu diagnostizierende Familie" nicht genügend in Rechnung zu stellen, und aus den Augen zu verlieren, daß er mit der Diagnose und der Interpretation der Familie auch eine Diagnose und Interpretation seiner eigenen Beziehung zu dieser Familie formuliert.

Es kann also nicht deutlich genug darauf hingewiesen werden, daß sowohl Daten aus Interaktionsanalysen, die mit Hilfe eines Kategoriensystems oder mit Hilfe etwa des Gemeinsamen Rorschach-Versuchs erhoben worden sind, als auch Daten über die Charakteristika einzelner Systemmitglieder aus systemischer Sicht nichts anderes als letztlich "subjektive" Daten sind, d.h. Daten, die vom Diagnostiker aus dessen begrenzter Warte erhoben und weiterverwendet werden.

Mit Nachdruck ist daher die Forderung zu unterstreichen, daß bei keiner Familiendiagnose die Diagnose des Diagnostikers fehlen sollte. Es sollte zur Regel werden, das Instrument, das bei einer Familie angewandt wird, auch beim Familiendiagnostiker anzuwenden (sofern dies irgend möglich ist). Hierbei ist darauf zu achten, daß der Kontext der Datenerhebung nicht verändert wird, ein Sachverhalt, der sich verzerrend auf eine Messung auswirken könnte (vgl. dazu Reiter-Theil, S. 247 ff. über die Möglichkeit der Diagnose mit Hilfe des Gemeinsamen Rorschach-Versuchs).

Forderung 2:

Eine Überprüfung verwendeter familiendiagnostischer Verfahren anhand psychologischer Testgütekriterien ist unerläßlich. Jede Evaluation erfordert die angemessene Berücksichtigung des systemtheoretischen Postulats (vgl. dazu Forderung 1).

Schien es so, als ob es durch die Ausführungen zu der ersten, von mir erhobenen Forderung überflüssig werden würde, sich in der Familiendiagnose überhaupt noch mit standardisierten Verfahren zu befassen, so möchte ich nun mit der zweiten Forderung einem solchen möglichen Mißverständnis entschieden entgegentreten.

Jedes familiendiagnostische Verfahren, das im Rahmen der systemorientierten Familientherapie zur Anwendung kommt, gewinnt erheblich an Wert und Bedeutung, wenn es Evaluationsprozessen unterzogen wird. Abgesehen davon, daß ein Bedarf an qualifizierten Instrumenten und Erhebungsmethoden besteht, der entsprechende Standardisierungen und Evaluationsprozesse erforderlich macht, ist es auch unabhängig davon wünschens- und erstrebenswert, daß die familiendiagnostischen Verfahren auf dem Hintergrund der systemischen Familientherapie systematisiert und weiterentwickelt werden.

Gerade die in Forderung 1 angesprochene Unsicherheit und Fehlbarkeit des diagnostizierenden Familientherapeuten regen dazu an, das Spektrum familiendiagnostischer Erhebungsmethoden daraufhin durchzusehen, wie es sich mit erprobten und geeigneten Verfahren verhält.

Wie andere Verfahren in der Psychologie und Psychotherapie sollten auch die familiendiagnostischen Methoden ein Höchstmaß an Objektivität, Zuverlässigkeit und Gültigkeit aufweisen. Das familientherapeutische Interview ist in dieser Hinsicht das problematischste Verfahren. Die direkt und im Prozeß der therapeutischen Interaktion vorgenommene Diagnose ist gegenüber vielen Störprozessen recht anfällig. Eine Verbesserung kann bereits erreicht werden, wenn das Interview mit der Familie (wenigstens ein Stück weit) als schriftliches Protokoll vorliegt und dadurch eine Kontrolle der Diagnose möglich wird. Ton- oder Videoaufzeichnungen von Familiengesprächen können in dieser Hinsicht ebenso förderlich sein.

Voraussetzungen für eine qualifizierte Evaluation der vorgenommenen diagnostischen Interpretationen sind dabei:

- Der (familientherapeutische) theoretische Hintergrund der vorgenommenen Interpretation muß angegeben werden, da sich Unterschiede in der Konzeption auch auf das diagnostische Vorgehen auswirken (vgl. Reiter-Theil u. Brunner, S. 41 ff.).

- Eine Kontrolle einer einzelnen Interpretation sollte durch die Hinzuziehung weiterer Interpretationen stattfinden. Insbesondere sollte sich der Interviewer darüber klar werden, welche seiner eigenen Beziehungsdefinitionen er in die Diagnose der Familie mit einfließen läßt. Unter Umständen benötigt er dazu kollegiale Unterstützung.

Die übrigen familiendiagnostischen Verfahren, die in diesem Buch vorgestellt worden sind, sind hinsichtlich ihrer Beurteilung nach psychologischen Testgütekriterien unterschiedlich einzuordnen:

Einen breiten Raum nahm die Darstellung der projektiven Verfahren ein. Kann man hierbei mit einer zufriedenstellenden Objektivität der Verfahren rechnen, was ihre Durchführung anbelangt (vorausgesetzt die Durchführung der Tests ist standardisiert), so liegt der kritische Punkt wiederum in der Interpretation der Rorschach-Antworten, TAT-Geschichten usw. Relativ verläßlich dürften die in diesem Zusammenhang erhobenen Verhaltensdaten sein (zum Gemeinsamen Rorschach-Versuch vgl. hierzu Reiter-Theil, S. 247 ff.), sofern auch hier Messung und Auswertung standardisiert sind. Für den familientherapeutischen Praktiker haben die projektiven Verfahren insofern einen Vorteil, als bereits eine umfangreiche Literatur zu diesem Thema vorliegt (vgl. Brintzinger-von Köckritz, S. 217 ff.) und damit Vergleichsmöglichkeiten und u.U. auch Vergleichsdaten gegeben sind.

Testpsychologisch kommen diejenigen Verfahren am besten weg, die sowohl standardisierte Durchführungs- als auch Auswertungsbestimmungen aufweisen. Die Verwendung eines Analyseinstruments in der Art des Reutlinger Familieninteraktions-Diagnosebogens ist insofern empfehlenswert (vgl. Brunner et al., S. 273 ff.).

Unter Punkt 1 wurde schon betont, daß auch die Einbeziehung standardisierter Erhebungsverfahren den Familiendiagnostiker nicht von der Verpflichtung befreit, die systemischen Zusammenhänge mit zu berücksichtigen. Zur Diagnose des Diagnostikers können dieselben Verfahren eingesetzt werden wie für die Diagnose der Familie selbst. Um jedoch die Beziehungsdefinitionen mit zu erfassen, die der Diagnostiker stets gegenüber der von ihm untersuchten Familie trifft, ist es von Vorteil, wenn die Erhebungsverfahren für Familie und Familientherapeut <u>parallel</u> angewendet und ausgewertet werden.

Forderung 3:

Spezielle Erfordernisse der familientherapeutischen Praxis, etwa die besondere Rolle des Familientherapeuten im diagnostischen Prozeß, sind bei der Wahl der Verfahren zu bedenken.

Nicht zu Unrecht nahm die Erörterung des familientherapeutischen

Interviews einen breiten Raum ein. Kein anderes Verfahren kommt den spezifischen Erfordernissen der familientherapeutischen Praxis so weit entgegen, wie sie hier nur skizzenhaft angedeutet werden können.

Da es in der familientherapeutischen Behandlung einerseits darauf ankommt, das gesamte Familiensystem zu erfassen, und andererseits die Notwendigkeit besteht, die Familiendiagnose als Prozeß zu verstehen, sind alle Verfahren, die nur einzelne Systemmitglieder punktuell diagnostizieren, als wenig geeignet für eine systemorientierte Familiendiagnose anzusehen. Jede einzelne Querschnittsmessung stellt nur einen schmalen Ausschnitt aus dem komplexen Geschehen des Interaktionsgefüges einer Familie dar. Eine einzelne Messung (etwa vor Beginn der Therapie) kann nicht den Anspruch erheben, ein repräsentatives Bild der diagnostizierten Familie bereitzustellen. Jede Familiendiagnose muß im Prinzip auf Längsschnittmessungen basieren, sollte über Zeitreihen- und Sequenzanalysen erfolgen.

Beim Interview sind - bei allen sonstigen testpsychologischen Mängeln - die eben genannten Voraussetzungen gegeben. Ebenso bei einem gesprächs- oder einem interaktionsanalytischen Verfahren, sofern es nicht nur einzelne Meßdaten erbringt, sondern auch Informationen über strukturelle Zusammenhänge liefert.

Unter diesem Gesichtspunkt ist ein jedes Verfahren in der Familiendiagnostik vorzuziehen, das nicht die Mängel des Interviews aufweist und auch nicht technisch aufwendige Analyseinstrumente voraussetzt, die für einen familientherapeutischen Praktiker nicht in Frage kommen, da sie für ihn nicht ökonomisch sind.

Nicht zuletzt ist mit dem vorliegenden Buch intendiert, die Arbeit auch in der zuletzt genannten Richtung voranzutreiben. Die Entwicklung geeigneter Analyseinstrumente in der Familientherapie sollte weiter ausgebaut, zusätzliche Evaluationstechniken sollten erprobt und die Familientherapieforschung sollte auf diesem wichtigen Sektor noch stärker gefördert werden.

Literatur

Brunner EJ (1982) Interpretative Auswertung. In: Huber GL, Mandl H (Hrsg) Verbale Daten. Eine Einführung in die Grundlagen und Methoden der Erhebung und Auswertung. Beltz, Weinheim Basel, S 197-219

Keeney BP (1979) Ecosystemic epistemology: An alternative paradigm for diagnosis. Fam Process 18:117-129

Minuchin S (1977) Familie und Familientherapie. Theorie und Praxis struktureller Familientherapie. Lambertus, Freiburg

Sachverzeichnis

GPSR Compliance

The European Union's (EU) General Product Safety Regulation (GPSR) is a set of rules that requires consumer products to be safe and our obligations to ensure this.

If you have any concerns about our products, you can contact us on ProductSafety@springernature.com

In case Publisher is established outside the EU, the EU authorized representative is:

Springer Nature Customer Service Center GmbH
Europaplatz 3
69115 Heidelberg, Germany

Batch number: 10844827

Printed by Printforce, the Netherlands